DIREITO À PRISÃO

CONTRADIÇÕES DO CÁRCERE

Editora Appris Ltda.
1.ª Edição - Copyright© 2025 do autor
Direitos de Edição Reservados à Editora Appris Ltda.

Nenhuma parte desta obra poderá ser utilizada indevidamente, sem estar de acordo com a Lei nº 9.610/98. Se incorreções forem encontradas, serão de exclusiva responsabilidade de seus organizadores. Foi realizado o Depósito Legal na Fundação Biblioteca Nacional, de acordo com as Leis n°s 10.994, de 14/12/2004, e 12.192, de 14/01/2010.

Catalogação na Fonte
Elaborado por: Josefina A. S. Guedes
Bibliotecária CRB 9/870

A485d 2025	Amaral, Bruno Falci 　Direito à prisão: contradições do cárcere / Bruno Falci Amaral. – 1. ed. – Curitiba: Appris, 2025. 　233 p. ; 23 cm. – (Ciências sociais – Seção serviço social, I). 　Inclui bibliografias. 　ISBN 978-65-250-7528-0 　1. Prisão. 2. Direitos fundamentais. 3. Educação. 4. Trabalho. I. Título. 　　　　　　　　　　　　　　　　　　　　CDD – 364.6

Livro de acordo com a normalização técnica da ABNT

Editora e Livraria Appris Ltda.
Av. Manoel Ribas, 2265 – Mercês
Curitiba/PR – CEP: 80810-002
Tel. (41) 3156 - 4731
www.editoraappris.com.br

Printed in Brazil
Impresso no Brasil

Bruno Falci Amaral

DIREITO À PRISÃO

CONTRADIÇÕES DO CÁRCERE

Appris
editora

Curitiba, PR
2025

FICHA TÉCNICA

EDITORIAL	Augusto Coelho
	Sara C. de Andrade Coelho

COMITÊ EDITORIAL
- Ana El Achkar (Universo/RJ)
- Andréa Barbosa Gouveia (UFPR)
- Antonio Evangelista de Souza Netto (PUC-SP)
- Belinda Cunha (UFPB)
- Délton Winter de Carvalho (FMP)
- Edson da Silva (UFVJM)
- Eliete Correia dos Santos (UEPB)
- Erineu Foerste (Ufes)
- Fabiano Santos (UERJ-IESP)
- Francinete Fernandes de Sousa (UEPB)
- Francisco Carlos Duarte (PUCPR)
- Francisco de Assis (Fiam-Faam-SP-Brasil)
- Gláucia Figueiredo (UNIPAMPA/ UDELAR)
- Jacques de Lima Ferreira (UNOESC)
- Jean Carlos Gonçalves (UFPR)
- José Wálter Nunes (UnB)
- Junia de Vilhena (PUC-RIO)
- Lucas Mesquita (UNILA)
- Márcia Gonçalves (Unitau)
- Maria Aparecida Barbosa (USP)
- Maria Margarida de Andrade (Umack)
- Marilda A. Behrens (PUCPR)
- Marília Andrade Torales Campos (UFPR)
- Marli Caetano
- Patrícia L. Torres (PUCPR)
- Paula Costa Mosca Macedo (UNIFESP)
- Ramon Blanco (UNILA)
- Roberta Ecleide Kelly (NEPE)
- Roque Ismael da Costa Güllich (UFFS)
- Sergio Gomes (UFRJ)
- Tiago Gagliano Pinto Alberto (PUCPR)
- Toni Reis (UP)
- Valdomiro de Oliveira (UFPR)

SUPERVISORA EDITORIAL	Renata C. Lopes
PRODUÇÃO EDITORIAL	Bruna Holmen
REVISÃO	Cristiana Leal
DIAGRAMAÇÃO	Bruno Ferreira Nascimento
CAPA	Carlos Pereira
REVISÃO DE PROVA	Jibril Keddeh

COMITÊ CIENTÍFICO DA COLEÇÃO CIÊNCIAS SOCIAIS

DIREÇÃO CIENTÍFICA Fabiano Santos (UERJ-IESP)

CONSULTORES
- Alícia Ferreira Gonçalves (UFPB)
- Artur Perrusi (UFPB)
- Carlos Xavier de Azevedo Netto (UFPB)
- Charles Pessanha (UFRJ)
- Flávio Munhoz Sofiati (UFG)
- Elisandro Pires Frigo (UFPR-Palotina)
- Gabriel Augusto Miranda Setti (UnB)
- Helcimara de Souza Telles (UFMG)
- Iraneide Soares da Silva (UFC-UFPI)
- João Feres Junior (Uerj)
- Jordão Horta Nunes (UFG)
- José Henrique Artigas de Godoy (UFPB)
- Josilene Pinheiro Mariz (UFCG)
- Leticia Andrade (UEMS)
- Luiz Gonzaga Teixeira (USP)
- Marcelo Almeida Peloggio (UFC)
- Maurício Novaes Souza (IF Sudeste-MG)
- Michelle Sato Frigo (UFPR-Palotina)
- Revalino Freitas (UFG)
- Simone Wolff (UEL)

APRESENTAÇÃO

O sistema penitenciário brasileiro abarca questões complexas que precisam de discussão na sociedade organizada, sobretudo quando o assunto remete às contradições que permeiam o ambiente de privação da liberdade. Os direitos fundamentais, outrora promovidos pela Constituição Federal de 1988, são sistematicamente violados em decorrência dos paradoxos que envolvem a teoria e a realidade das prisões.

Nesse sentido, reputa-se como importante a discussão e reflexão sobre esse tema interdisciplinar, de maneira a buscar alternativas que possam, de alguma forma, atenuar o sofrimento proporcionado pelo enclausuramento, ao mesmo tempo que haja a promoção dos instrumentos legislativos para que a diminuição da pena possa ser efetivamente garantida e incentivada.

A superlotação acaba por ser a raiz do problema que impede o sucesso da ressocialização dos presos, que se manifesta sobretudo na escassez de espaço no interior das celas. Aliado a esse problema, o Estado apresenta deficiência em proporcionar aos reclusos os mecanismos de remição de pena e reintegração social, por meio do trabalho e da educação, violando sistematicamente os direitos disciplinados na Constituição Federal de 1988.

Diante do contexto de superlotação das unidades prisionais e da ineficiência dos programas de remição de pena por meio do trabalho e da educação, é fundamental não desistir do ideal de ressocialização, mas sim reconstruí-lo mediante políticas sociais eficazes vinculadas às estratégias de gestão penitenciária, que priorizem a proteção de direitos e a prestação de assistência, conforme previsto na lei de execução penal e tratados internacionais de Direitos Humanos que o Brasil ratificou.

LISTA DE SIGLAS

CF Constituição Federal de 1988
CPP Código de Processo Penal
INFOPEN Levantamento Nacional de Informações Penitenciárias
LEP Lei de execução penal
SISDEPEN Sistema de Informações do Departamento Penitenciário Nacional
STF Supremo Tribunal Federal
STJ Superior Tribunal de Justiça

SUMÁRIO

1.
INTRODUÇÃO 11

2.
DIREITOS E POLÍTICAS SOCIAIS... 21
2.1 INTRODUÇÃO AOS DIREITOS FUNDAMENTAIS CONSTITUCIONAIS.......... 21
2.2 APONTAMENTOS HISTÓRICOS QUE TANGENCIAM OS DIREITOS SOCIAIS... 24
2.3 A RESERVA DO POSSÍVEL COMO OBSTÁCULO À IMPLEMENTAÇÃO DOS DIREITOS SOCIAIS 31
2.4 O MÍNIMO EXISTENCIAL COMO NÚCLEO INTANGÍVEL DOS DIREITOS CONSOLIDADOS 38
2.5 A VEDAÇÃO DO RETROCESSO SOCIAL COMO FORMA DE PRESERVAÇÃO DOS DIREITOS ADQUIRIDOS.. 42
2.6 O DESENVOLVIMENTO DOS PROGRAMAS SOCIAIS NAS PENITENCIÁRIAS DO BRASIL... 45
2.7 O "ESTADO DE COISAS INCONSTITUCIONAL" NO SISTEMA CARCERÁRIO BRASILEIRO 53

3.
POBREZA, CRIME E PRISÃO 57
3.1 O ESTADO COMO INSTRUMENTO DA CLASSE SOCIAL DOMINANTE 57
3.2 A SELETIVIDADE PRISIONAL REPRESENTADA NO ENCARCERAMENTO..... 62
   3.2.1 A criminalização da pobreza em casos de furto famélico 69
   3.2.2 O desvio de recursos públicos nos crimes ligados à corrupção 73
   3.2.3 A aplicação da teoria da coculpabilidade em defesa da dignidade da pessoa humana.. 76
3.3 A COMPLEXIDADE CRIMINAL EXPLORADA PELA CRIMINOLOGIA 82
   3.3.1 A evolução histórica da criminologia..................................... 84
      3.3.1.1 A Teoria do Etiquetamento (*Labelling Approach*) 90
      3.3.1.2 A Criminologia Crítica ou Radical 95

4.
POLÍTICAS SOCIAIS VINCULADAS À REMIÇÃO 99
   4.1 REGISTROS HISTÓRICOS QUE PERMEIAM O CÁRCERE 99
      4.1.1 A evolução histórica da pena de prisão 99
      4.1.2 Aspectos gerais da origem da prisão no Brasil 116
      4.1.3 Os sistemas penitenciários projetados 122
   4.2 O INSTITUTO DA REMIÇÃO 127
      4.2.1 A gênese da remição relacionada ao trabalho 127
      4.2.2 O advento da remição pelo estudo 133
      4.2.3 A consolidação da remição pela leitura 137
      4.2.4 A possibilidade de aplicação da remição pela prática esportiva 139
   4.3 A EDUCAÇÃO PARA ALÉM DA RESSOCIALIZAÇÃO 141
   4.4 A FORÇA DE TRABALHO COMO INSTRUMENTO DE REINTEGRAÇÃO SOCIAL .. 149

5.
CONTRADIÇÕES DO CÁRCERE 159
   5.1 A SUPERLOTAÇÃO DAS UNIDADES PRISIONAIS COMO OBSTÁCULO À RESSOCIALIZAÇÃO 159
   5.2 O DISCURSO IDEOLÓGICO DA RESSOCIALIZAÇÃO A QUEM NUNCA FOI SOCIALIZADO ("SOCIALIZAÇÃO ÀS AVESSAS") 169
   5.3 A INEFICIÊNCIA DO ESTADO EM DISPONIBILIZAR A REMIÇÃO PELO TRABALHO E/OU ESTUDO 172
   5.4 A INCOMPATIBILIDADE DO SISTEMA DE ENSINO TRADICIONAL À REALIDADE DA PRISÃO 177
   5.5 A ARQUITETURA REPRESSIVA COMO CARACTERÍSTICA INERENTE AO SISTEMA 185
   5.6 A POSSIBILIDADE DE REMUNERAÇÃO ABAIXO DO SALÁRIO-MÍNIMO 188
   5.7 A EXPLORAÇÃO DO TRABALHO PRISIONAL POR MEIO DE CONVÊNIO COM EMPRESAS PARTICULARES 193
   5.8 O DIREITO FUNDAMENTAL À VEDAÇÃO DO TRABALHO FORÇADO NO ÂMBITO PRISIONAL 202

6.
CONSIDERAÇÕES FINAIS 209

REFERÊNCIAS 217

1.
INTRODUÇÃO

     O sistema prisional brasileiro é conhecido por suas deficiências e desafios, questões que abrangem vários aspectos controversos, incluindo gênero, raça, educação e idade. O enfoque se concentra em torno do conceito de um sistema de justiça criminal que é predominantemente excludente, resultando no encarceramento inevitável de indivíduos que preenchem critérios específicos, problema multifacetado que dá origem a numerosos pontos de discórdia. De acordo com os dados apresentados na Tabela 1 a seguir, tem-se a compreensão aproximada das condições objetivas em que se encontram os estabelecimentos prisionais no Brasil.

Tabela 1 – Raio-X dos estabelecimentos prisionais[1] em 31/12/2023

GÊNERO		RAÇA		FAIXA ETÁRIA	
Masculino	95,82%	Amarela	1,04%	18 a 29 anos	40,78%
Feminino	4,18%	Preta	16,71%	30 a 45 anos	45,88%
		Parda	51,57%	Mais de 45 anos	12,39%
		Indígena	0,22%	Sem informações	0,95%
		Branca	30,46%		

ESCOLARIDADE	
Analfabeto	2,39%
Fundamental (completo ou incompleto)	59,68%
Médio (completo ou incompleto)	31,38%
Superior (completo ou incompleto)	2,21%
Acima de superior	0,13%
Sem informações	4,21%

Fonte: elaboração do autor com base no banco de dados do Sistema de Informações do Departamento Penitenciário Nacional (SISDEPEN)

---

[1] Presos em celas físicas da justiça estadual.

Mediante uma análise preliminar e sumária dessa tabela, constata-se que a população carcerária é composta predominantemente por homens pardos de baixa escolaridade. Dessa forma, a deficiência ou a ausência de base educacional eficiente está intrinsecamente relacionada à população privada da liberdade. Constata-se que cerca de 60% dos reclusos possuem apenas o ensino fundamental (completo ou incompleto). Ademais, a gênese do problema segregador ligado à raça remonta à história do Brasil e deságua, atualmente, apresentando o encarceramento de aproximadamente 68% da população parda e preta, revelando forte viés excludente em todo o aparato de justiça.

O paradoxo reside no fato de a degeneração do sistema prisional ser simultaneamente preocupante e desconcertante, na medida em que a postura protecionista da lei de execução penal se revela ineficaz na consecução dos objetivos pretendidos, pois carece dos programas de apoio necessários à reabilitação dos presos. Sob esse viés, para compreender o processo de reintegração dos indivíduos na sociedade, entende-se que o primeiro passo teórico-prático está em abordar a questão da superlotação das prisões, causa subjacente dos incidentes de violência e revoltas nas instalações prisionais. Ao responder a esse problema, reconhece-se que o caminho seria aberto para a implementação de outras iniciativas destinadas à ressocialização, ao mesmo tempo em que se preservaria a dignidade humana daqueles privados temporariamente da liberdade.

Diante do cenário apresentado de maneira preliminar, foram coletadas, sistematizadas e descritas as informações no formato de dados estatísticos por meio da plataforma SISDEPEN[2] como forma de subsidiar a análise conjuntural do sistema carcerário. Esse sistema de informações foi criado com o objetivo de construir um banco de dados unificado que pudesse agregar elementos federais e estaduais sobre os estabelecimentos penais e a população penitenciária, sendo os dados atualizados regularmente pelos gestores das unidades prisionais.

Fundamentado nessa base, a obra traz como delimitação do espaço temporal o exame dos períodos concernentes à introdução, ao desenvolvimento e à consolidação da plataforma SISDEPEN entre 2016 e 2023[3],

---

[2] Trata-se de ferramenta de uso gratuito fornecida pelo Ministério da Justiça, que possui o foco na coleta de informações padronizadas de todos os estabelecimentos prisionais do país.

[3] Anteriormente ao ano de 2016, os dados penitenciários eram reunidos por meio da ferramenta chamada INFOPEN, responsável pela sintetização das informações penitenciárias em todo o território nacional. No ano de 2016, os dados passaram para a gestão do SISDEPEN em atendimento à Lei n.º 12.714/2012, que exigiu a compilação e manutenção de uma base de dados atualizada e informatizada da execução da pena.

enfatizando o constante aprimoramento da base de dados por parte do governo federal, o que concede segurança e confiança na consulta dos dados. Destaca-se que essa fonte de dados é aberta a todos os que tenham interesse sobre o assunto.

Para compreender verdadeiramente o sistema de justiça criminal, é necessário adotar uma perspectiva de investigação e análise fundamentadas no cenário crítico, enfatizando as categorias que se manifestam no âmbito da economia política, sob a qual prevalece o conflito entre os proprietários do capital e os trabalhadores assalariados. O direito penal se apresenta como mecanismo de manutenção da hierarquia social, garantindo o domínio das classes dominantes e a subjugação das classes subordinadas. Em essência, é um sistema em que os proprietários dos meios privados fundamentais de produção criam e controlam as leis com o objetivo subjacente de governar os pobres.

A punição possui duplo propósito no ordenamento jurídico brasileiro: a prevenção e a retribuição ao crime cometido, quer neutralizando o indivíduo dentro da prisão para evitar novos crimes, quer utilizando técnicas de mudança, a exemplo do programa de ressocialização. Muito se discute sobre os conceitos de criminalização e das alternativas ao encarceramento, mas pouco se debate a respeito do que fazer com quem está incluído na realidade prisional, motivo pelo qual a complexidade que envolve o cárcere precisa ser dialogada.

Nesse contexto, faz-se necessário apresentar e discutir aquele que hoje é o principal recurso encontrado pelos reclusos em busca da abreviação do período na cadeia: a remição penal. Para além de um instituto que possibilita o cômputo de dias trabalhados e estudados como parte da pena cumpridos, o trabalho e o estudo se inserem na realidade prisional como uma possível tentativa de preparo para a vida em liberdade.

A propósito, as ações, os programas e os projetos relacionados à educação e ao trabalho na prisão possuem dupla finalidade: primeiramente, conferir aos presos novos conhecimentos que possibilitem melhores condições de vida mediante o desempenho de um ofício quando alcançarem a liberdade; em segundo lugar, o recluso pode ser beneficiado pelo abreviamento da pena à medida que trabalhe e estude dentro do estabelecimento penal.

No âmbito trabalhista, historicamente a percepção do trabalho sofreu uma mudança significativa em sua avaliação e importância na existência humana. Atualmente, o trabalho é apreendido e compreendido como um aspecto vital da identidade pessoal e está associado às qualidades de um cidadão responsável. Até final do século XIX no Brasil, o trabalho carregava uma conotação negativa e era relegado a indivíduos considerados inferiores, a exemplo dos escravizados. A transformação na percepção do trabalho coincidiu com a ascensão do capitalismo (no continente europeu) e o estabelecimento de um mercado de trabalho. No Brasil, a mudança ocorreu tardiamente, em decorrência da exploração prolongada de trabalhadores negros, indígenas e estrangeiros.

Portanto, a caracterização do trabalho passou de uma forma de punição e retribuição à posição de respeito e estabilidade aos indivíduos, inclusive como direito fundamental garantido pelo Estado. Simultaneamente à garantia, nota-se que o vínculo com trabalho aparece também como uma espécie de privilégio, tendo em conta a questão predominante do desemprego na sociedade contemporânea. Contudo, isso também leva ao aprofundamento das disparidades sociais, pois a classe trabalhadora acaba por ser obrigada a aceitar circunstâncias de emprego cada vez mais exploratórias, independentemente da adesão aos padrões formais ou legais.

O trabalho prisional tem sido um conteúdo teórico-prático constante nas discussões em torno da punição. Quando analisado através da lente da retribuição ao crime cometido, o trabalho realizado nas prisões pode ser visto como um meio de intensificação da pena, o que exaspera sua natureza angustiante. Por outro lado, no âmbito da prevenção criminal, é frequentemente apontado como a principal ferramenta para alcançar o difícil objetivo da ressocialização dos indivíduos encarcerados. Após um exame cuidadoso das contradições e ambivalências apresentadas, entende-se que o verdadeiro propósito do trabalho prisional, oculto por trás da retórica inatingível da ressocialização, é disfarçar os objetivos subjacentes ao encarceramento no capitalismo moderno. Isto serve para fortalecer a ideologia predominante fundamentada no discurso de que a diminuição da criminalidade está atrelada às penas privativas de liberdade. Contudo, o trabalho realizado dentro das prisões parece ainda mais peculiar e incerto do que aquele realizado pela classe trabalhadora no mundo exterior: os indivíduos que já são vulneráveis e provavelmente marginalizados no mercado de trabalho formal verão sua vulnerabilidade agravada pelo processo de privação da liberdade.

O trabalho prisional se apresenta como ferramenta para a reintegração dos reclusos na sociedade, em que a remuneração e a remição desempenham um papel fundamental na determinação do tempo a cumprir. Ao contrário da crença popular, parece que a compreensão não se baseia na realidade, pois o conceito de trabalho prisional afigura-se frequentemente como uma narrativa que justifica o ato de encarceramento, como se todas as outras questões dentro do sistema desaparecessem "magicamente" conquanto os reclusos estiverem incluídos na prática laboral. É fundamental, portanto, desvelar essa noção, seja examinando o estatuto jurídico ou descobrindo os preconceitos ideológicos.

Em relação ao aspecto jurídico, apesar de a Constituição Federal de 1988 proibir a imposição de trabalho forçado como punição, a legislação infraconstitucional determina o trabalho obrigatório aos indivíduos que tenham recebido sentença definitiva[4]. Além disso, o ordenamento jurídico estabelece que os reclusos não estão submetidos à consolidação das leis do trabalho, o que permite remunerar com valor inferior ao salário-mínimo legalmente exigido, legitimando a ação do Estado em face aos reclusos. Sob o aspecto ideológico, para compreender o significado de quando a sociedade começou a priorizar o trabalho como único meio de viver com dignidade, é crucial examinar o contexto histórico específico.

Ao longo da história, a percepção do trabalho foi estabelecida como formas de punição e aflição. Na sociedade contemporânea, a maneira de se apropriar da palavra trabalho tem sofrido transformações significativas, tornando determinados postos de trabalho desprovidos de qualquer sentido de humanidade. Essa mudança na dinâmica torna impossível ver certos arranjos de trabalho como algo diferente de fontes de piedade, aflição e punição. Apesar dessa realidade, persiste a crença no trabalho como meio de salvação dos indivíduos, evidenciado pela presença na legislação e no sistema de justiça criminal.

No âmbito educacional, é essencial compreender que a educação formal, por si só, não possui o condão de resolver sozinha todas as questões sociais enfrentadas pelos indivíduos que foram privados da sua liberdade. No entanto, desempenha inegavelmente um importante papel na consecução da libertação social e no combate às persistentes desigualdades sociais. Torna-se, assim, imperativo implementar políticas sociais

---

[4] Art. 31 da LEP: o condenado à pena privativa de liberdade está obrigado ao trabalho na medida de suas aptidões e capacidade.

que entendam a educação como direito fundamental, e não apenas mero privilégio, independentemente das circunstâncias individuais, pois os processos educativos podem ocorrer em qualquer ambiente e em qualquer fase da vida. Portanto, é necessário reconsiderar, urgentemente, a reestruturação do sistema de justiça criminal, colocando forte ênfase em iniciativas educativas que abranjam todos os indivíduos.

O desenvolvimento de um currículo que possa ser adaptado às necessidades e circunstâncias específicas das diferentes unidades é um aspecto determinante no processo de construção, de maneira a proporcionar uma experiência educacional que englobe não apenas os aspectos formais, mas que também se direcione ao reforço da capacidade de recuperação e crescimento dos sujeitos de direitos. Para cultivar uma educação emancipatória verdadeiramente centrada nos indivíduos envolvidos, é fundamental estabelecer um currículo flexível que incentive a colaboração interdisciplinar nas escolas prisionais, o que pode parecer contraditório à primeira vista, pois requer a criação de espaços de diálogo, luta e resistência.

Apesar das limitações únicas impostas pelo sistema prisional, os reclusos resguardam outros direitos inerentes à própria existência, já que apenas a liberdade fora-lhes tolhida por determinado espaço de tempo. Dessa forma, o principal obstáculo reside em garantir que a educação seja fornecida a todos os indivíduos de uma forma que cumpra os padrões necessários, tanto dentro como fora dos muros da prisão. Esse compromisso educacional consagra-se como um direito humano fundamental entre todos os entes federativos, porém no Brasil esse imperativo não ocorre nem dentro, nem fora do cárcere.

Mesmo assim, nota-se que a abordagem da educação consubstanciada no ensino repetitivo e padronizado não se revela adequada ao sistema prisional. Em vez disso, deve-se focar as necessidades únicas de cada recluso, em que o objetivo seja proporcionar uma educação relevante de acordo com as circunstâncias pessoais de cada um. Por sua vez, o trabalho realizado nas prisões, que muitas vezes consiste em tarefas monótonas e repetitivas, acentua o sistema que subvaloriza o trabalho intelectual e limita as oportunidades para trabalhadores menos qualificados, perpetuando a pobreza e as perspectivas limitadas. Para que os programas educativos e trabalhistas nas prisões tenham um impacto significativo na vida dos reclusos, para além da simples redução das suas penas, devem ser feitas mudanças significativas nas metodologias utilizadas, o que envolve necessariamente reavaliar o papel dos reclusos não só no sistema prisional, mas, também, na sociedade em geral.

É indiscutível a deficiência do atual sistema penitenciário brasileiro no atendimento ao objetivo de ressocialização fixado na lei, exatamente porque não é uma reprodução da sociedade livre, operando inversamente em relação aos objetivos legais, socializando o preso para viver no ambiente prisional e não fora dele. Ademais, o discurso ressocializatório mostra-se inadequado à realidade prisional, uma vez que muitos presos sequer poderiam considerar socializados ao ingressarem na prisão, pois não tiveram acesso aos serviços básicos ofertados pelo Estado.

Tomando tal inquietação como ponto de partida, a promoção do debate preconiza a máxima garantia dos direitos fundamentais, principalmente do apenado, que a todo momento encontra-se em situação de vulnerabilidade, condição que se estende até o fim do cumprimento da pena. A partir desse balanço introdutório, elege-se como objeto desta obra os programas efetivados no sistema prisional brasileiro referentes à educação e ao trabalho, compreendidos como mecanismos de redução da pena por meio da remição. O objetivo geral visa, portanto, apreender, compreender e analisar os programas de remição de pena por meio da educação e do trabalho, consubstanciados na lei de execução penal, sob a perspectiva da efetivação dos direitos fundamentais constitucionais. Nesse cenário repleto de contradições questiona-se: em que medida os programas relacionados à educação e ao trabalho como mecanismos de redução de pena cumprem, além da diminuição propriamente dita, o mister de criar no sujeito privado da liberdade o processo de ressocialização? Para responder preliminarmente ao problema, apresenta-se a hipótese de que os programas de educação e trabalho cumprem, unicamente, o papel de reduzir o tempo de privação da liberdade.

O percurso da metodológico assenta-se na interdisciplinaridade, inserindo no campo do direito penal uma perspectiva sociológica e criminológica por meio da pesquisa exploratória em fontes bibliográficas e levantamento documental. Para tanto, o método de pesquisa e de análise, fundamentado no materialismo histórico e dialético, descortina a verdade genuína a partir de uma investigação cientificamente rigorosa, compreendendo que os fenômenos sociais fazem parte do processo de constituição do ser social; portanto, para que haja a análise científica do objeto, faz-se necessário considerar a categoria da totalidade.

Quanto à estruturação, os capítulos tratam os temas propostos tomando por base a relação entre os direitos fundamentais e a efetivação destas garantias, sobretudo no âmbito prisional. A seletividade prisional, por meio do encarceramento em massa, reflete a ineficácia do Estado em garantir os direitos mínimos aos cidadãos, culminando no encarceramento em massa. Ademais, as práticas de remição por meio do trabalho e do estudo são entendidas como estruturas de ressocialização, embora o sistema penitenciário seja permeado por contradições que servem de sustentação ao encarceramento. Nessa disposição referenciada acerca do tema e da metodologia apresentada, o objetivo é trazer a argumentação crítica organizada em capítulos, conforme segue: no capítulo 1, são apresentados os direitos sociais como uma ramificação dos direitos fundamentais, garantias inerentes a todo e qualquer cidadão. Nesse contexto, a reserva do possível, o mínimo existencial e a proibição do retrocesso social são ferramentas jurídicas que tentam, de alguma forma, explicar o constante conflito entre a restrição orçamentária e a efetivação de direitos sociais, entendido como onerosos aos cofres públicos. Diante dessa dificuldade, o Supremo Tribunal Federal considerou o sistema carcerário brasileiro como inconstitucional, determinando uma série de medidas consubstanciadas na garantia de direitos sociais à população encarcerada. No capítulo 2, é realizada a reminiscência história acerca do Estado, tido como instrumento da classe dominante que "seleciona" aqueles que ingressam no cárcere, havendo estreita relação entre a pobreza, o crime e o encarceramento. Apresenta-se, juridicamente, a distinção visível entre crimes relacionados ao patrimônio e à corrupção. Para tanto, a complexidade criminal é explorada pelas lentes da criminologia crítica, consubstanciada na desigualdade que permeia todo o processo histórico, ocorrendo verdadeiro gerenciamento do crime por meio do encarceramento. Dessa forma, alguns autores defendem a aplicação do princípio da coculpabilidade como maneira de se resguardar a dignidade da pessoa humana, na medida em que o Estado também é responsável pelo cometimento do crime, pois revelou-se ineficaz no atendimento de políticas sociais a todos os cidadãos. No capítulo 3, é dado enfoque aos registros históricos que permeiam o cárcere e como ocorre a evolução da pena na prisão, descrevendo os sistemas prisionais projetados. Esses conceitos são determinantes para o conhecimento prévio e aprofundamentos das discussões que permeiam o encarceramento, não de maneira exaustiva, mas subterfúgio mínimo para entender que a complexidade que envolve as contradições do sistema prisional é sócio-histórica. Nesse contexto, a remição pelo trabalho e pelo estudo são instrumentos apresentadas pelo Estado para a diminuição da pena e o reingresso social. Por isso, o trabalho deve proporcionar a reintegração e a educação precisa apresentar traços para além da ressocialização, sendo ferramentas essenciais no processo de consolidação de direitos àqueles que muitas vezes foram excluídos de qualquer política social por parte do Estado. No capítulo 4, é introduzido, de maneira exemplificativa, o tema relativo às contradições que percorrem no cárcere. Os órgãos oficiais brasileiros não possuem um banco de dados oficial que consiga mensurar as taxas de reincidência para aqueles que tiveram acesso à remição pelo trabalho e pelo estudo, que seriam decisivos na disponibilização de recursos públicos direcionados às políticas sociais carcerárias. Dessa forma, embora sejam bons instrumentos teórico-práticos de reinserção social, observa-se, no cotidiano das relações estabelecidas, bem como na sistematização dos dados estatísticos e documentos pesquisados, que os sujeitos de direitos sofrem com a superlotação e a insuficiência de vagas para trabalhar e/ou estudar no interior do cárcere. Nesse contexto, o ensino ainda é desalinhado à realidade prisional, acarretando um processo educacional distante das práticas emancipatórias. No âmbito do trabalho, os direitos são frequentemente suprimidos ou diminuídos, a exemplo da remuneração abaixo do mínimo legal e a exploração do trabalho por meio dos convênios com empresas particulares. Para todo o contexto de paradoxos, surge o questionamento terminológico do termo, pois não há como ressocializar alguém que sequer foi socializado; em outras palavras, o Estado teria se omitido em sua função precípua de garantidor de direitos por meio das políticas sociais.

Destarte, busca-se trazer elementos mínimos de reflexão acerca do atual momento do sistema carcerário no Brasil, pois é preciso avançar em práticas que transcendam os fundamentos apresentados até o momento. A complexidade que envolve o encarceramento em massa passa necessariamente pela ineficácia do Estado em proporcionar políticas sociais eficazes aos sujeitos de direitos, o que acaba por representar alta parcela daqueles que cumprem pena privativa de liberdade. A denominação "direito à prisão" aponta para a conjugação de três fatores decisivos ao ingresso no cárcere: a vulnerabilidade social, a ineficácia de políticas sociais e o cometimento do crime.

2.

DIREITOS E POLÍTICAS SOCIAIS

2.1 INTRODUÇÃO AOS DIREITOS FUNDAMENTAIS CONSTITUCIONAIS

É muito comum a utilização das expressões "direitos humanos" e "direitos fundamentais" como sinônimas, embora haja diferenças conceituais significativas. De acordo com Perez Luño[5], a terminologia "direitos fundamentais" foi inicialmente empregada na Declaração dos Direitos do Homem e do Cidadão proclamada na França em 1789. Embora a expressão "direitos humanos" frequentemente faça alusão aos direitos reconhecidos pela ordem jurídica supranacional, direitos fundamentais passou a se referir aos direitos explicitamente descritos nas Constituições de cada nação.

Os direitos humanos não estão limitados ao ordenamento jurídico interno, ou seja, são garantidos a qualquer indivíduo universalmente considerado, sem que haja obstáculos territoriais na sua garantia. Os direitos fundamentais encontram-se positivados basicamente nas Constituições de cada Estado, sendo a maneira encontrada para materializar os direitos humanos internacionalmente consagrados, ressaltando que nem todo direito fundamental consagrado em determinado país também o será em outros, pois estão relacionados diretamente à cultura nativa.

Segundo Sarlet[6], o conceito de direitos fundamentais fornece maior nível de detalhamento do que o termo direitos humanos, pois se refere ao conjunto específico de direitos e liberdades, oficialmente reconhecidos e protegidos pelo direito positivo de determinado Estado. Esses direitos são delimitados no tempo e no espaço, nomeados por seu papel essencial e fundamental no ordenamento jurídico de uma sociedade regida pelo Estado de Direito. Em síntese, pode-se dizer que ambos estão ligados à defesa da dignidade da pessoa humana: os direitos humanos localizados no plano internacional e os direitos fundamentais consagrados, em regra, nas Constituições de cada Estado.

---

[5] PEREZ LUÑO, Antônio Enrique. *Derechos Humanos, Estado y Constitución*. Madrid: Tecnos, 1999.
[6] SARLET, Ingo Wolfgang. *A eficácia dos direitos fundamentais*. Porto Alegre: Livraria do Advogado, 2003.

O artigo 5º da Constituição Federal de 1988[7] preceitua que os direitos e as garantias fundamentais possuem aplicação imediata, ou seja, não dependem de nenhuma condição para serem empregados. Contudo, a imediatidade dos direitos não significa dizer que serão aplicados plenamente, pois há casos em que determinado mandamento é regulado por meio de lei infraconstitucional, a exemplo da defesa do consumidor[8] e vários direitos sociais, majoritariamente com conteúdo programáticos, conforme preceitua Krell:

> As normas programáticas sobre direitos sociais que hoje encontramos nas grandes maiorias dos textos constitucionais dos países europeus e latino-americanos definem metas e finalidades, as quais o legislador ordinário deve elevar a um nível adequado de concretização. Essas "normas-programa" prescrevem a realização, por parte do Estado, de determinados fins e tarefas. Elas não representam meras recomendações ou preceitos morais com eficácia ético-política meramente diretiva, mas constituem Direito diretamente aplicável[9].

Dessa maneira, a aplicabilidade imediata dos direitos fundamentais deve ser interpretada como mandamento de otimização, de modo que tais garantias sejam implementadas na maior medida possível, ancorados em possibilidades fáticas e jurídicas plausíveis.

Destarte, pode-se compreender que as normas que definem os direitos e as garantias fundamentais sejam interpretadas no sentido que lhes confiram a maior efetividade possível no cumprimento de sua finalidade. Os direitos sociais, por exemplo, possuem a eficácia condicionada ao complemento legislativo ou a atuação estatal positiva por meio de políticas públicas. Nesse sentido, preceitua Tavares:

> [...] não há como pretender a aplicação imediata, irrestrita, em sua integralidade, de direitos não definidos de maneira adequada, cuja própria hipótese de incidência ou estrutura ficam claramente a depender de integração por meio de lei[10].

---

[7] Art. 5º, §1º da CF: as normas definidoras dos direitos e garantias fundamentais têm aplicação imediata.
[8] Art. 5º, XXXII da CF: o Estado promoverá, na forma da lei, a defesa do consumidor.
[9] KRELL, Andreas Joachim. *Direitos sociais e controle judicial no Brasil e na Alemanha*: os descaminhos de um direito constitucional "comparado". Porto Alegre: Sergio Antônio Fabris Editor, 2002. p. 20.
[10] TAVARES, André Ramos. *Curso de Direito Constitucional*. 6. ed. São Paulo: Saraiva, 2008. p. 484.

Por isso, Masson[11] frisa que os direitos fundamentais preconizados na Constituição Federal de 1988 terão a aplicabilidade e eficácia imediata, entretanto haverá direitos que não conseguirão produzir integralmente seus efeitos de imediato, dependendo de regulamentação por meio de lei e/ou de políticas públicas para a produção de efeitos em sua plenitude.

De maneira sistemática, a Carta Magna estabeleceu o gênero "direitos fundamentais" no título II, dos quais decorrem os direitos individuais e coletivos (artigo 5º), os direitos sociais (artigo 6º ao artigo 11), os direitos da nacionalidade (artigo 12 e artigo 13), os direitos políticos (artigo 14 ao artigo 16) e os partidos políticos (artigo 17). Embora a organização seja coordenada, isso não impede que outros direitos fundamentais sejam encontrados ao longo da Constituição Federal de 1988, a exemplo do direito social à educação, previsto no artigo 205 do diploma normativo. Em outras palavras, os direitos expressos são apenas exemplificativos, não havendo impedimento de que novos direitos advenham com a evolução histórica e a pertinência socioeconômica e cultural da comunidade.

Os direitos e deveres individuais e coletivos estão situados no primeiro capítulo, versando basicamente sobre as garantias relacionados à pessoa humana e sua personalidade. São denominados "direitos negativos", pois exigem uma conduta omissiva do Estado, de maneira a permitir que cada indivíduo goze plenamente das liberdades constitucionais, inclusive, no caput[12] do artigo 5º, são enumerados os direitos fundamentais básicos (vida, liberdade, igualdade, segurança e propriedade), dos quais são extraídos muitos outros, como a liberdade de crença, o direito à informação e a vedação à pena de morte. Quanto aos direitos coletivos, embora assim denominados, não há, no artigo 5º da Constituição Federal de 1988, direitos coletivos propriamente ditos. Há, na verdade, direitos individuais de expressão coletiva, como o direito de reunião e o direito de associação. O exercício desses pressupõe a atuação de uma pluralidade de sujeitos, já que ninguém se reúne sozinho ou associa-se a si mesmo.

Os direitos sociais estão no segundo capítulo e abordam as liberdades positivas para a melhoria das condições de vida das pessoas hipossuficientes, a exemplo da educação, da saúde, da alimentação, do trabalho, da

---

[11] MASSON, Nathalia. *Manual de direito constitucional*. 8. ed. Revisada, ampliada e atualizada. Salvador: JusPodivm, 2020.

[12] Art. 5º, caput, da CF: todos são iguais perante a lei, sem distinção de qualquer natureza, garantindo-se aos brasileiros e aos estrangeiros residentes no País a inviolabilidade do direito à vida, à liberdade, à igualdade, à segurança e à propriedade, nos termos seguintes.

moradia, do transporte, do lazer, da segurança, da previdência social, da proteção à maternidade e à infância e da assistência aos desamparados.

Os direitos de nacionalidade estão no capítulo três e definem basicamente a conceituação sobre povo brasileiro a partir de critérios políticos e jurídicos entre indivíduos. Os direitos políticos estão no capítulo quatro e consagram as regras disciplinadoras sobre as formas de participação popular na democracia brasileira. Há o regramento para o exercício da capacidade eleitoral ativa e da capacidade eleitoral passiva. Os partidos políticos estão no capítulo cinco e delineiam sobre o direito a existência e a participação em partidos políticos.

2.2 APONTAMENTOS HISTÓRICOS QUE TANGENCIAM OS DIREITOS SOCIAIS

Como pontuado genericamente no tópico antecedente, o artigo 6º da Constituição Federal de 1988[13] elenca uma série de direitos básicos em prol da melhoria das condições de vida dos indivíduos, incluindo o direito à educação, à saúde, à alimentação, ao trabalho, à moradia, ao transporte, ao lazer, à segurança, à previdência social, à proteção à maternidade e à infância e, por fim, à assistência aos desamparados, lembrando que as prestações dependem da atuação positiva por parte do Estado, seja por meio de lei infraconstitucional, regulando a aplicação do direito social, seja por meio de políticas sociais, pois a capacidade de produzir efeitos está condicionada ao movimento estatal nesse sentido.

Dessa forma, os direitos sociais advêm das relações contraditórias e antagônicas inerentes às relações estabelecidas entre as classes sociais denominadas de burguesas modernas e trabalhadora. Sobre o contexto social experimentado pelos trabalhadores da época, explica Ferreira Filho:

> Ao mesmo tempo que a produção crescia velozmente, beneficiando os capitalistas, a miséria e a exploração colhiam os que, juridicamente livres e iguais em direitos aos donos das máquinas, deviam alugar-se aos mesmos para ter o pão de que viver. As máquinas, por fazerem o serviço anterior de muitas pessoas, aumentavam os braços disponíveis para um mercado de trabalho que crescia menos rapidamente

---

[13] Art. 6º, caput, da CF: são direitos sociais a educação, a saúde, a alimentação, o trabalho, a moradia, o transporte, o lazer, a segurança, a previdência social, a proteção à maternidade e à infância, a assistência aos desamparados, na forma desta Constituição.

> que o das disponibilidades. A concorrência pelo emprego forçava o desempregado a aceitar salários ínfimos para tempo de serviço longo. Forçava a dissolução da família, obrigando a esposa a empregar-se, bem como os filhos, embora crianças, para que houvesse alimento para todos. Assim, o enriquecimento global redundava na prosperidade acrescida, e muito, de alguns e na miséria também acrescida, e muito, da maioria[14].

Nesse conjunto de circunstâncias, o liberalismo não foi capaz de resolver os graves problemas sociais da época, justamente porque a liberdade não possui condições, por si só, de remediar a fome e a opressão vivenciadas pelos trabalhadores. Por esse motivo, a classe trabalhadora, colocando em movimento seu projeto em si e para si, reivindicou que o Estado se posicionasse positivamente a fim de garantir, concretamente, a igualdade de fato entre os indivíduos.

Os trabalhadores possuíam o direito à igualdade formal perante os empregadores, entretanto a realidade fática era constituída basicamente pelas péssimas condições de trabalho e pelo ambiente degradante ao exercício funcional, culminando na luta da classe trabalhadora por melhores condições de vida, o que seria estabelecida por meio da consagração dos direitos sociais, sintetizada por Streck: "[...] desaparece o caráter assistencial, caritativo da prestação de serviços, e estes passam a ser vistos como direitos próprios da cidadania"[15].

O surgimento dos direitos sociais ocorre mediante o contexto dos embates promovidos pelos movimentos sociais populares, sindicais e partidários, com a finalidade precípua de minimizar as desigualdades que assolavam a sociedade. Dessa forma, seria ineficaz garantir a liberdade a todos os cidadãos se não houvesse garantias mínimas ao seu exercício, pois nenhum trabalhador consegue ser verdadeiramente livre sob o julgo da miséria e da exploração.

Inspirado na Constituição de Weimar de 1919, grande precursora dos direitos sociais, sobretudo na proteção aos trabalhadores e no direito à educação, o ordenamento jurídico brasileiro instituiu em 1934 os direitos sociais. Nesse contexto de salvaguarda, a Constituição Federal de 1988 fixou os direitos sociais no capítulo 2 do título "direitos e garantias funda-

---

[14] FERREIRA FILHO, Manoel Gonçalves. *Curso de direito constitucional*. 27. ed. São Paulo: Saraiva, 2001. p. 285.
[15] STRECK, Lênio Luiz. *Jurisdição Constitucional e Hermenêutica*: uma nova crítica do Direito. Porto Alegre: Livraria do Advogado, 2004. p. 56.

mentais", tendo como principal objetivo proporcionar direitos mínimos à coletividade, sobretudo aos hipossuficientes e fragilizados, de maneira a promover a diminuição das desigualdades fáticas estabelecidas.

Os movimentos históricos de ascensão e declínio das formas de garantia de direitos não obedecem à linha tênue de análise, havendo a necessidade de se estabelecer vínculos entre os acontecimentos ao longo da história, a exemplo do processo de globalização, que se destaca por absorver algumas características: a promoção e a integração entre países, a redução de distâncias físicas entre os indivíduos, o compartilhamento de conhecimentos, além da instalação da interdependência econômica entre as nações. Embora existam diversas vertentes da globalização, como política, ambiental, cultural e social, indubitavelmente o eixo econômico conecta todos esses diferentes segmentos.

Com o advento da nova disposição sócio-histórica da globalização econômica e jurídica, os países passaram a conduzir as relações comerciais com maior liberdade e menos interferência do Estado. Lima[16] explica que os agentes privados ocuparam o centro das atenções na condução das atividades econômicas em escala global, fator que diminuiu não só o aspecto territorial das fronteiras entre os Estados, mas também a própria soberania, levando ao implemento de decisões importantes no âmbito econômico e social por grandes corporações internacionais.

Nesse sentido, as estratégias econômicas implementadas por meio da globalização estão enraizadas em uma teoria econômica que "ressuscitou" os valores do capitalismo anteriores ao Estado de bem-estar social, estabelecida para enfrentar as falhas e frustrações que surgiram das sociais-democracias e dos Estados burocráticos que intervieram na esfera econômica, conhecida como neoliberalismo.

O Consenso de Washington, inaugurado em 1989, ampliou o modelo político-econômico neoliberal iniciado em 1976 no Chile, que se baseia em três medidas principais: erradicação da inflação, incremento da privatização e redução do papel do Estado. O foco de atenção está nas grandes corporações multinacionais, especificamente aquelas sediadas na América do Norte, como protagonistas principais.

O início da queda do Estado de bem-estar social e a reconfiguração de ideologias liberais nas políticas estatais em países significativos, incluindo

---

[16] LIMA, Abili Lázaro Castro de. *Globalização Econômica Política e Direito*. Análise das mazelas causadas no plano político-jurídico. Porto Alegre: Sérgio Antônio Fabris, 2002.

a administração de Margareth Thatcher no Reino Unido e Ronald Reagan nos Estados Unidos, começaram durante a década de 1970. Notavelmente, a crise dos direitos sociais que se seguiu revelou que o estado social apenas se sustentaria com base na constância do crescimento econômico, destacado por Pelayo: "Seus custos, suas possíveis contradições e sua capacidade de reprodução"[17]. Em outras palavras, começou-se a discussão acerca do equilíbrio das garantias de ordem social e o domínio das finanças do Estado, vinculando a prestação social, repita-se, à austeridade fiscal.

No âmbito nacional, várias vozes da sociedade surgiram buscando a mudança e o atendimento de necessidades e expectativas acumuladas ao longo de duas décadas de regime militar, o que resultou na criação de uma Constituição Federal de 1988 fortemente influenciada pelos ideais sociais, como se vê no extenso rol de direitos fundamentais e nos objetivos traçados pelo legislador constitucional.

Para evitar qualquer oposição aos princípios do Consenso de Washington, foi estabelecida uma ideologia de "pensamento único", assentada na agenda neoliberal como um aspecto natural da evolução social, sem espaço para alternativas, tratado como um dogma absoluto. O discurso defende que os direitos sociais carregam um custo exorbitante para o Estado, porque decorrem da exigência de benefícios, o que se traduz em entrave econômico ao progresso da nação.

Como resultado, o neoliberalismo gradualmente começou a influenciar a estrutura jurídico-política do Brasil na década de 1990, inclusive a própria base do Estado social fundamentada na solidariedade, movimento sintetizado por Keller:

> Ademais, sufocados financeiramente com a dívida externa, déficit na Balança Comercial e já nas mãos dos organismos internacionais, como o FMI, o Banco Mundial ou a Organização Mundial do Comércio (OMC), os governantes submetem-se às instruções destes, que comandam a política econômica e, desta forma, como já frisado, permitem a transferência de decisões importantes em matéria de investimento, emprego, saúde, educação, cultura, proteção ao meio ambiente, que sempre estiveram sob o comando do poder público para a esfera privada.[18]

---

[17] PELAYO, Manuel García. *As Transformações no Estado Contemporâneo*. Rio de Janeiro: Forense, 2009. p. 2.

[18] KELLER, Arno Arnoldo. *O Descumprimento dos Direitos Sociais*: razões políticas, econômicas e jurídicas. São Paulo: LTR, 2001. p. 51-52.

Com propriedade, Britto apresenta uma denominação diferente que tangencia os ideais liberal e social: "Se considerarmos a evolução histórica do Constitucionalismo podemos facilmente ajuizar que ele foi liberal, inicialmente, e depois social. Chegando, nos dias presentes, à etapa da existência fraternal"[19].

Segundo Britto[20], a era do "Constitucionalismo fraternal" envolve as Constituições que abarcam o conceito dos direitos liberais e sociais de cada soberania, acrescentando aspectos fraternais, que se traduzem em ações afirmativas do Estado, implementadas para garantir oportunidades iguais a grupos sociais historicamente desfavorecidos e marginalizados, incluindo os negros, as pessoas com deficiência física, as mulheres, as crianças, os imigrantes, dentre outros segmentos vulneráveis da sociedade. É evidente que essas ações exigem mais do que a defesa contra a discriminação, mas o endosso de um avanço justo e sustentável que permita um padrão de vida respeitável, incluindo trabalho, educação, saúde, moradia, saneamento, aspectos básicos de promoção da dignidade humana.

Dessa forma, o Estado Social vai defender a canalização de ações afirmativas para que se alcance a igualdade real entre os desiguais, e não mais a simples abstenção do Estado para garantir o direito à liberdade. Segundo Arendt: "A pobreza é sórdida porque coloca os homens sob o ditame absoluto de seus corpos"[21], ou seja, resta limitada a manifestação do próprio direito à liberdade sem condições mínimas de dignidade.

Diante do contexto histórico apresentado, surge a contradição envolvendo o Estado brasileiro: por um lado, as disposições constitucionais foram implementadas para combater as desigualdades e garantir que os direitos sociais fundamentais fossem respeitados; por outro lado, em muitos aspectos, o governo abriu mão do controle sobre a economia e desmantelou a estrutura que fornecia os serviços necessários, levando à ineficácia dos direitos fundamentais. As consequências disso se traduzem no estado de miserabilidade da população e no agravamento das desigualdades sociais.

Sobre o paradoxo apresentado pela Constituição Federal de 1988 e a consequente defesa da maximização da dimensão econômica do Estado Neoliberal, Streck cita alguns fatores:

---

[19] BRITTO, Carlos Ayres. *Teoria da Constituição*. Rio de Janeiro: Forense, 2003. p. 216.
[20] *Ibidem*.
[21] ARENDT, Hannah. *Sobre a revolução*. Tradução de D. Bottmann. São Paulo: Companhia das Letras, 2011. p. 93.

> O prevalecimento da lógica mercantil e a já mencionada contaminação de todas as esferas da vida social pelos imperativos categóricos do sistema econômico, a concepção de uma ordem constitucional subordinada a um padrão político e moral se esvanece[22].

Complementado por Keller:

> O cidadão brasileiro não chegou a ver cumpridas as normas constitucionais instituidoras dos direitos sociais, sendo surpreendido pela transferência do campo de produção do direito, que está saindo do político para o econômico. E o econômico está sendo mais privilegiado do que o social.[23]

De acordo com Boschetti[24], o surgimento de um sistema de direitos sociais remonta ao ano de 1988, quando a Constituição Federal foi instituída. Nesse período também foi anunciada a ascensão do neoliberalismo e sua defesa pela desregulamentação de direitos e pela minimização do envolvimento do Estado nas políticas sociais.

Nesse contexto, a chamada reserva do possível se apresenta como argumento do Estado para o não atendimento de demandas vinculadas aos direitos fundamentais de âmbito social. Barretto[25] cita a expressão "falácias políticas" para vincular o pensamento neoliberal à negação de direitos pela reserva do possível: a primeira seria que "direitos sociais são direitos de segunda ordem", na medida em que não participaram no movimento originário do direito, como o direito civil e político. A segunda seria que os "direitos sociais têm sua exigibilidade condicionada a uma economia forte", em que o termo econômico vincula-se a uma espécie de "vontade política", ou seja, por meio de escolhas políticas, são destinados os direitos à população. O terceiro seria relacionado propriamente à "reserva do possível" como limitação à efetividade de direitos, conforme preceitua Barretto:

---

[22] STRECK, 2004, p. 67.
[23] KELLER, 2001, p. 39.
[24] BOSCHETTI, Ivanete. *A política de seguridade no Brasil*. In: SERVIÇO Social: direitos sociais e competências profissionais. Brasília: CFESS/Abepss, 2009.
[25] BARRETTO, Vicente de Paulo. Reflexões sobre os direitos sociais. In: SARLET, Ingo Wolfgang (org.). *Direitos Fundamentais Sociais*: Estudos de Direito Constitucional, Internacional e Comparado. Rio de Janeiro: Renovar, 2003.

> Vestida de uma ilusória racionalidade, que caracteriza a "reserva do possível" como o limite fático à efetividade dos direitos sociais prestacionais, esse argumento ignora em que medida o custo é consubstancial a todos os direitos fundamentais. Não podemos nos esquecer do alto custo de aparelho estatal administrativo-judicial necessário para garantir os direitos civis e políticos. Portanto, a escassez de recursos como argumento para a não observância dos direitos sociais acaba afetando, precisamente em virtude da integridade dos direitos humanos, tanto os direitos civis e políticos, como os direitos sociais. Estabelecer uma relação de continuidade entre a escassez de recursos públicos e a afirmação de direitos acaba resultando em ameaça à existência de todos os direitos.[26]

Destarte, o processo histórico neoliberal está intrinsecamente relacionado ao "enxugamento da máquina pública" e à reserva do possível utilizada como subterfúgio estatal na negação de direitos sociais, incutindo o discurso falacioso de oneração de gastos públicos.

Após essa breve reminiscência histórica sobre a origem, o desenvolvimento e a crise dos direitos sociais, Silva promove a definição pautada na finalidade igualitária entre as pessoas:

> Prestações positivas proporcionadas pelo Estado direta ou indiretamente, enunciadas em normas constitucionais, que possibilitam melhores condições de vida aos mais fracos, direitos que tendem a realizar a igualização de situações sociais desiguais. São, portanto, direitos que se ligam ao direito de igualdade. Valem como pressupostos do gozo dos direitos individuais na medida em que criam condições materiais mais propícias ao auferimento da igualdade real, o que, por sua vez, proporciona condição mais compatível com o exercício efetivo das liberdades.[27]

Sublinhe-se que as normas que preconizam os direitos sociais são de "textura aberta"[28], ou seja, a concretização destes direitos necessita da

---

[26] *Ibidem*, p. 121.
[27] SILVA, José Afonso da. *Curso de Direito Constitucional positivo*. 33. ed. atualizada. São Paulo: Malheiros, 2010. p. 286-287.
[28] Também chamadas de normas de caráter principiológico; a "textura aberta" permite diferentes graus de concretização justamente diante da impossibilidade de se atender igualitariamente a todos os direitos consagrados na Constituição Federal de 1988 (Novelino, 2021).

atuação positiva do poder público. Na sociedade pluralista, o poder constituinte deixou que o legislador ordinário, representante do povo brasileiro, definisse os direitos sociais que seriam priorizados em cada época, pois é impossível que todos os direitos sejam selecionados ao mesmo tempo, justamente em razão das limitações orçamentárias.

Dessa forma, as prioridades na definição de políticas sociais são dos Poderes Legislativo e Executivo, eleitos para essa finalidade; porém, em caso de inércia ou omissão do poder público, cabe a intervenção do Poder Judiciário para garantir a concretização dos direitos sociais. Consoante destaca Miranda, os referidos direitos visam: "[...] promover o aumento do bem-estar social e econômico e da qualidade de vida das pessoas, em especial, das mais desfavorecidas, de operar as necessárias correções das desigualdades na distribuição da riqueza e do rendimento"[29].

Como resultado, conclui-se que a finalidade singular dos direitos sociais é a proteção dos setores economicamente mais vulneráveis, de maneira a construir uma sociedade mais homogênea. Entretanto, a disponibilização desses direitos requer dispêndio econômico, visto que exigem a atuação positiva do Estado em sua concretização.

Portanto, os direitos sociais se desenvolvem a partir da crise do Estado Liberal, sobretudo mediante a luta dos trabalhadores por melhores condições ao exercício profissional e a diminuição das desigualdades sociais. Posteriormente, houve grande crítica à garantia desses direitos, na medida em que o posicionamento ativo do Estado acaba refletindo em gastos públicos para se alcançar a isonomia material entre os indivíduos. Com o avanço da globalização e a adesão aos princípios do Consenso de Washington, o Brasil acaba por proclamar em 1988 uma Constituição Federal paradoxal, pois enumera um extenso rol de direitos sociais, mas não apresenta mecanismos viáveis à aplicação prática, utilizando o discurso da escassez orçamentária na negação de direitos, chamando-o de limite do financeiramente possível.

2.3 A RESERVA DO POSSÍVEL COMO OBSTÁCULO À IMPLEMENTAÇÃO DOS DIREITOS SOCIAIS

Os direitos sociais estão disciplinados em normas programáticas, aquelas que exigem o empenho do Estado na concretização dos manda-

---

[29] MIRANDA, Jorge. *Manual de Direito Constitucional*. Tomo IV. 3. ed. Coimbra Editores, 2000. p. 386.

mentos estabelecidos na Constituição Federal de 1988, tornando-se marcos teóricos na efetivação prática por meio das políticas governamentais. Em rasa análise, o objetivo central se traduz no alcance da igualdade material entre os sujeitos de direitos, canalizando recursos no combate à pobreza e na garantia de renda que assegure a garantia da dignidade humana, proporcionando aos hipossuficientes verdadeiras possibilidades de efetivamente participarem da vida social.

Contudo, o obstáculo na implementação das políticas sociais reside na discricionariedade administrativa, sobretudo porque as normas que fundamentam os direitos sociais são eminentemente programáticas, ou seja, concedem ao gestor público maior liberdade na aplicação prática. Entretanto, frise-se, sempre que a conduta da administração pública extrapolar os limites discricionários preconizados em lei, o Poder Judiciário deverá intervir, justamente no intuito de coibir eventual arbitrariedade cometida pelo administrador. Portanto, não cabe ao Poder Judiciário a análise do mérito administrativo se a conduta estiver em consonância aos limites legais, mas sim, quando a conduta extrapolar tais limites. A ação judicial se coloca justamente na defesa e aplicação correta dos direitos sociais.

Sob esse parâmetro, a concretização dos direitos sociais esbarra na chamada cláusula da reserva do possível, utilizada pelos gestores públicos para justificar a dificuldade do Estado em promover os direitos sociais preconizados na Constituição Federal de 1988. De acordo com Rabelo[30], a aplicabilidade imediata dos direitos sociais, embora reconhecida, muitas vezes é prejudicada pela dependência de meios financeiros e de dotação orçamentária. Devido a essa realidade, o Estado utiliza o conceito de reserva do possível para evitar o cumprimento de suas responsabilidades constitucionais, alegando a insuficiência de recursos disponíveis. No mesmo sentido, Canotilho *et al.* abordam que:

> Por tudo isso, é possível sustentar a existência de uma obrigação, por parte dos órgãos estatais e dos agentes políticos, de maximizarem os recursos e minimizarem o impacto da reserva do possível, naquilo que serve de obstáculo a efetividade dos direitos sociais. Se a reserva do possível há de ser encarada com reservas, também é certo que as limitações

---

[30] RABELO, Janaina da Silva. *A cláusula da reserva do possível e a efetivação dos direitos sociais no ordenamento jurídico brasileiro*: o papel do poder judiciário na defesa de direitos Fundamentais. [S. l.: s. n.], 2012.

> vinculadas a reserva do possível não são em si uma falácia; o que de fato é falaciosa a forma pela qual o argumento sem sido por vezes utilizado entre nós, com óbice à intervenção judicial e desculpa genérica para uma eventual omissão estatal no campo da efetivação dos direitos fundamentais, especialmente aqueles de cunho social.[31]

A expressão reserva do possível foi criada pelo Tribunal Constitucional da Alemanha em 1972, oportunidade em que houve o questionamento acerca do direito à educação como direito fundamental naquele país. Muitas pessoas que não conseguiam o acesso à universidade recorreram ao Poder Judiciário alegando que teriam a liberdade de escolha profissional, entretanto o Estado alemão deveria proporcionar condições para o ingresso nas universidades, de maneira a se determinar uma escolha livre de cada cidadão. A decisão do tribunal alemão se pautou no critério da razoabilidade, sintetizado por Ramos:

> O Tribunal negou o pedido dos estudantes, ao fundamento de que só se pode exigir do Estado aquilo que se pode esperar, nos limites da possibilidade e da razoabilidade. No caso em questão, a Corte Alemã considerou não ser razoável esperar do Estado o oferecimento de vagas ilimitadas para o curso de medicina.[32]

De acordo com o tribunal alemão, embora seja desejável que todos tenham acesso à universidade, nem sempre o ingresso irrestrito será possível, em razão das limitações orçamentárias que o Estado possui. Ou seja, mesmo sendo um direito plausível, a reserva do possível impede que seja usufruído por todos, sendo, pois, originariamente entendido como possibilidade razoável da pretensão, conforme sintetizado por Sarlet:

> A prestação reclamada deve corresponder ao que o indivíduo pode razoavelmente exigir da sociedade, de tal sorte que, mesmo em dispondo o estado de recursos e tendo poder de disposição, não se pode falar em uma obrigação de prestar algo que não se mantenha nos limites do razoável.[33]

---

[31] CANOTILHO, José Joaquim Gomes *et al*. *Comentários à constituição do Brasil*. São Paulo: Saraiva: Almedina, 2013. p. 545.

[32] RAMOS, Mariana Barbabela de Castro. Cláusula da reserva do possível: a origem da expressão alemã e sua utilização no direito brasileiro. *Conteúdo Jurídico*, 2014.

[33] SARLET, 2003, p. 265.

A definição do conceito apresentado foi didaticamente formulada por Catão:

> Os direitos sociais constituem-se como prestações positivas por parte do Estado e direcionadas ao indivíduo. Por tal motivo, estão vinculados à destinação, distribuição e criação de bens materiais, o que revela sua dimensão econômica. Desta feita, a efetivação dos referidos direitos enseja o gasto de recursos públicos, fato que os coloca numa posição de dependência em relação às circunstâncias econômicas do Estado. Com base nesse contexto é que se dá a construção teórica da reserva do possível [...].[34]

Portanto, Barcellos[35] explica que o conceito de reserva do possível faz alusão a um fenômeno econômico que funciona como fundamento para limitar a quantidade de recursos que o governo pode destinar para a realização de direitos predeterminados. A implementação desse princípio justificaria a inoperância do Estado na execução de políticas sociais, citando uma infinidade de justificativas, incluindo recursos insuficientes ou, conforme resume Tavares: "[...] o custo dos direitos sociais contra o custo zero dos direitos individuais clássicos"[36].

Para compreender o conceito de reserva do possível, é importante distinguir dois aspectos distintos. Em primeiro lugar, a total ausência de recursos financeiros necessários para atender a uma determinada necessidade material. Em segundo lugar, a falta desses recursos devido à alocação pelo poder público para outras finalidades. É importante diferenciar entre o que não pode ser ofertado em decorrência da comprovada ausência de recursos e o que não pode ser alcançado porque recursos suficientes foram alocados em outro lugar. A questão da escolha alocativa de recursos torna-se significativa, pois enseja responsabilidade na decisão acerca da quantidade de investimento e quem serão os destinatários.

Acerca da omissão estatal quanto ao oferecimento dos direitos sociais, Keller apresenta alguns fatores que justificam o descumprimento

---

[34] CATÃO, Mariana Camila Silva. Entre a doutrina da proteção integral e a reserva do possível: uma análise da problemática em torno da efetivação preferencial dos direitos fundamentais de crianças e adolescentes. *FIDES: Revista de Filosofia do Direito, do Estado e da Sociedade*, [s. l.], v. 3, n. 1, p. 82-9, 2012.

[35] BARCELLOS, Ana Paula de. *A eficácia jurídica dos princípios constitucionais*: o princípio da dignidade da pessoa humana. 2. ed. Ampliada, revisada e atualizada. Rio de Janeiro: Renovar, 2008.

[36] TAVARES, André Ramos. Jurisdição Constitucional como força política. *In*: TAVARES, André Ramos (org.). *Justiça Constitucional*: pressupostos teóricos e análises concretas. São Paulo: Fórum, 2007. p. 165.

das obrigações, ressaltando o próprio descompromisso do Estado nesse desiderato:

> O Brasil, em face da série de problemas que vem enfrentando de uma só vez, [...], está negligenciando os direitos sociais e os dispositivos constitucionais que os asseguram não estão sendo cumpridos integralmente. Esse descumprimento deve-se a alguns fatores, dentre os quais destacam-se: a) falta de vontade política para dotar os orçamentos públicos de recursos necessários; b) precisamos de um Estado cada vez mais forte, o que se consegue com a participação da sociedade civil, para garantir os direitos neste contexto hostil de globalização e neoliberalismo; c) o Direito deve servir de instrumento de transformação social, afastando a desfuncionalidade existente entre o Direito e as Instituições que têm a seu encargo a aplicação da lei.[37]

Sobre a omissão ou a negligência do Estado na salvaguarda dos direitos sociais, surgiram duas correntes doutrinárias diametralmente opostas.

A primeira corrente entende que a reserva do possível não deve ser invocada no Brasil em decorrência da diferença de realidades entre os dois países. Na Alemanha, o grau de efetivação dos direitos sociais alcançou um nível muito superior, já existe padrão otimizado de bem-estar social, em que o desenvolvimento e a aplicação da reserva do possível é mais condizente com aquela realidade. No Brasil, o Estado não oferece o mínimo de efetivação dos direitos sociais, motivo pelo qual não poderia alegar a reserva do possível para se exonerar de obrigação constitucional, conforme Rabelo:

> [...] a cláusula da reserva do possível não pode ser invocada, pelo Estado, com a finalidade de exonerar-se do cumprimento de suas obrigações constitucionais, notadamente quando, dessa conduta governamental negativa, puder resultar nulificação ou aniquilação de direitos. Ademais, a mera alegação de inexistência de verbas orçamentárias para a implementação dos direitos sociais não é motivo suficiente para caracterizar a impossibilidade material ou jurídica desses direitos.[38]

---

[37] KELLER, 2001, p. 102-103.
[38] RABELO, 2012, p. 5.

A segunda corrente entende que a reserva do possível se traduz como conceito muito mais plausível no Brasil do que na Alemanha, em razão da limitação orçamentária e da escassez de recursos financeiros para implementar políticas sociais. De acordo com esse posicionamento, em decorrência da dificuldade em se estabelecer uma ampla política de defesa dos direitos sociais, e não havendo critérios razoáveis para sua concretização, acabaria ocorrendo a desigualdade na disponibilização, logo a reserva do possível seria utilizada para que todos possam usufruir dos mesmos direitos. Outrossim, essa expressão foi "importada" sob a rubrica de "reserva do financeiramente possível", ou seja, como mecanismo estatal de atendimento dos anseios sociais limitado aos recursos orçamentários para tais finalidades. Essa é a manifestação do Supremo Tribunal Federal na ação de descumprimento de preceito fundamental número 45:

> A realização dos direitos econômicos, sociais e culturais depende, em grande medida, de um inescapável vínculo financeiro subordinado às possibilidades orçamentárias do Estado, de tal modo que, comprovada, objetivamente, a incapacidade econômico-financeira da pessoa estatal, desta não se poderá razoavelmente exigir [...] a imediata efetivação do comando fundado no texto da Carta Política.[39]

Consoante Catão[40], o conceito de reserva do possível implica a responsabilidade do Estado na garantia do cumprimento dos direitos fundamentais por meio de ações afirmativas, especialmente no caso dos direitos sociais. No entanto, o Estado não é obrigado a fornecer o que está além dos limites razoáveis, envolvendo diversas considerações, como a efetiva disponibilidade fática e jurídica de recursos para a efetivação dos direitos básicos, bem como a proporcionalidade da provisão desses direitos, considerando a razoabilidade de tais benefícios.

Portanto, Sarlet[41] compreende que a aplicação da reserva do possível se submete a três orientações na aplicação prática: a primeira seria a possibilidade fática, consistente na disponibilidade de recursos neces-

---

[39] BRASIL. Supremo Tribunal Federal. *Ação de descumprimento de preceito fundamental n.º 45-MC-DF*, 2004, p. 7. Rel. Min. Celso de Mello, noticiada no Informativo 345. Disponível em: https://www.stf.jus.br/arquivo/informativo/documento/informativo345.htm. Acesso em: 21 nov. 2023.

[40] CATÃO, 2012.

[41] SARLET, Ingo Wolfgang. *A Eficácia Horizontal dos Direitos Fundamentais*: uma teoria geral dos direitos fundamentais na perspectiva constitucional. 10. ed. Revisada, ampliada e atualizada. Porto Alegre: Livraria do Advogado, 2009.

sários para satisfazer uma prestação relacionada aos direitos sociais, ou seja, o Estado faria uma verificação de recurso para atender ao universo de demandas, seguindo o princípio da isonomia. Assim, analisaria todas as pessoas que se encontram na mesma situação fática para que seja destinado o direito. A segunda seria a possibilidade jurídica, que consiste na existência de autorização orçamentária para cobrir as despesas e na análise das competências federativas, ou seja, quais seriam os órgãos competentes para realizar a efetivação das políticas públicas. Obviamente, o limite deve ser analisado, mas não como algo absoluto, sob pena de se transformar em argumento para a não prestação do direito social. Além da dotação orçamentária, é necessária a análise de qual ente federativo possui a competência para instituir a despesa, a exemplo do direito à saúde, competência comum entre os entes federativos, que pode ser exigida tanto do município, do estado ou da união. A terceira seria a proporcionalidade, tendo como objetivo a adequação da demanda individual aos recursos efetivamente existentes.

Diante do quadro apresentado, nota-se que não se pode invocar a teoria da reserva do possível como subterfúgio para o Estado se escusar de suas obrigações prioritárias. Não se pode contestar que as limitações orçamentárias são um entrave na efetivação dos direitos sociais, contudo a reserva do possível não deve ser utilizada de forma indiscriminada. Na verdade, o direito alemão construiu essa teoria para situações em que a prestação pudesse ocorrer nos limites da razoabilidade, ou seja, que atendesse aos requisitos objetivos para a sua fruição.

De acordo com a jurisprudência da Corte Constitucional alemã, os direitos sociais prestacionais estão sujeitos à reserva do possível no sentido daquilo que o indivíduo, de maneira racional, pode esperar da sociedade. Ocorre que não se pode importar preceitos do direito comparado sem se atentar para a realidade do Estado brasileiro. Na Alemanha, os cidadãos já dispõem de um mínimo de prestações materiais capazes de assegurar a existência digna. Por esse motivo, o indivíduo não pode exigir do Estado prestações supérfluas, pois isso escaparia dos limites razoáveis, não sendo exigível que a sociedade arque com esse ônus. Essa é a correta compreensão do princípio da reserva do possível, tal como foi formulado pela jurisprudência germânica.

Todavia, a situação é completamente diversa nos países periféricos, como é o caso do Brasil, onde ainda não foram asseguradas, para a maioria dos cidadãos, condições mínimas de dignidade. Nesse caso, qualquer pleito que vise fomentar a existência minimamente válida não pode ser encarado como sem razão (supérfluo), pois garantir a dignidade humana é um dos objetivos principais do Estado brasileiro.

Quando as autoridades públicas alegam falta de recursos para atender a uma reivindicação material apresentada judicialmente, a justificativa deve ser submetida ao escrutínio da necessidade e da proporcionalidade. Portanto, as decisões dos poderes constituídos de alocar recursos para uma finalidade específica, e não para outra, exigirão motivação, embora haja uma certa margem de discricionariedade no âmbito administrativo, atrelado ao controle correspondente.

Finalmente, o Estado deve agir como facilitador aos anseios dos hipossuficientes, havendo sistemática ponderação entre os recursos disponíveis e a aplicação efetiva dos direitos garantidos, já que as normas sociais previstas na Constituição Federal de 1988 são materializadas por meio das políticas sociais, estando intrinsecamente relacionadas ao mínimo existencial e ao princípio da dignidade humana, elementos fundamentais na tutela da existência humana.

2.4 O MÍNIMO EXISTENCIAL COMO NÚCLEO INTANGÍVEL DOS DIREITOS CONSOLIDADOS

De acordo com a doutrina de Krell[42], a expressão "mínimo existencial" surgiu na Alemanha, em 1953, em uma decisão do Tribunal Federal Administrativo. Quase todos os escritores alemães concordam que o Estado de bem-estar social possui a obrigação de garantir que seus cidadãos mantenham uma existência digna, derivando os princípios da dignidade humana, do direito à vida e da integridade física, todos consagrados na Lei Fundamental, que passou a defender a proteção de uma garantia de "mínimo vital".

O mínimo existencial não está expressamente consagrado no texto constitucional brasileiro, mas é extraído da conjugação de alguns princípios, como o da dignidade da pessoa humana, da liberdade e do Estado Social. A definição de dignidade da pessoa humana é conceituada por Sarlet:

> Temos por dignidade da pessoa humana a qualidade intrínseca e distintiva de cada ser humano que o faz merecedor

---
[42] KRELL, 2002.

> do mesmo respeito e consideração por parte do Estado e da comunidade, implicando, neste sentido, um complexo de direitos e deveres fundamentais que assegurem a pessoa tanto contra todo e qualquer ato de cunho degradante e desumano, como venham a lhe garantir as condições existenciais mínimas para uma vida saudável, além de propiciar e promover sua participação ativa corresponsável nos destinos da própria existência e da vida em comunhão dos demais seres humanos.[43]

Segundo Barretto[44], o questionamento assenta-se na ausência ou na insuficiência de critérios basilares que possam, de alguma forma, delimitar o que seria esse "mínimo", permitindo que a delimitação fique à mercê do voluntarismo político. Essa variação decorre exatamente da noção daquilo que se entende por "necessidades básicas do ser humano", havendo diferentes posições doutrinárias sobre o tema, sintetizadas por Silva:

> (1) aquilo que é garantido pelos direitos sociais – ou seja, direitos sociais garantem apenas um mínimo existencial; (2) aquilo que, no âmbito dos direitos sociais, é justificável – ou seja, ainda que os direitos sociais possam garantir mais, a tutela jurisdicional só pode controlar a realização do mínimo existencial, sendo o resto mera questão de política legislativa; e (3) o mesmo que conteúdo essencial – isto é, um conceito que não tem relação necessária com justiciabilidade e, ao mesmo tempo, não se confunde com a totalidade do direito social.[45]

Por sua vez, Torres conjuga o mínimo existencial com o combate à pobreza:

> O problema do mínimo existencial confunde-se com a própria questão da pobreza. Há que se distinguir entre pobreza absoluta, que deve ser obrigatoriamente combatida pelo Estado, e a pobreza relativa, ligada a causas de produção econômica ou de redistribuição de bens, que será minorada de acordo com as possibilidades sociais e orçamentárias.[46]

---

[43] SARLET, 2003, p. 60.
[44] BARRETTO, 2003.
[45] SILVA, Luís Virgílio Afonso da. *Direitos Fundamentais*: Conteúdo Essencial, Eficácia e Restrições. 2. ed. São Paulo: Malheiros, 2009. p. 205.
[46] TORRES, Ricardo Lobo. *O Orçamento na Constituição*. Rio de Janeiro: Renovar, 1995. p. 126.

Em sentido semelhante, Sarlet assevera que a ausência de condições mínimas de existência pode, inclusive, condenar o indivíduo à morte:

> Negar ao indivíduo os recursos materiais mínimos para manutenção de sua existência (negando-lhe, por exemplo, uma pensão adequada na velhice, quando já não possui condições de prover seu sustento) pode significar, em última análise, condená-lo à morte por inanição, por falta de atendimento médico, etc. Assim, há como sustentar – na esteira da doutrina dominante – que ao menos na esfera das condições existenciais mínimas encontramos um claro limite à liberdade de conformação do legislador.[47]

De maneira a unificar esses dois postulados, Häberle[48] assevera que o mínimo existencial está intrinsecamente ligado ao princípio da dignidade da pessoa humana e do próprio Estado Democrático de Direito na efetivação da justiça social.

Ainda sobre as distinções terminológicas acerca do núcleo essencial de direitos, a professora Barcellos entende que o mínimo existencial teria seu conteúdo inteiramente definido, formado pela educação fundamental, o direito à saúde, o direito de assistência aos desamparados, o acesso à justiça e o direito à moradia:

> A meta central das Constituições modernas, e da Carta de 1988 em particular, pode ser resumida, como já exposto, na promoção do bem-estar do homem, cujo ponto de partida está em assegurar as condições de sua própria dignidade, que inclui, além da proteção dos direitos individuais, condições materiais mínimas de existência. Ao apurar os elementos fundamentais dessa dignidade (o mínimo existencial), estar-se-ão estabelecendo exatamente os alvos prioritários dos gastos públicos. Apenas depois de atingi-los é que se poderá discutir, relativamente aos recursos remanescentes, em que outros projetos se deverá investir.[49]

Nesse ambiente de imprecisões terminológicas, Barroso constrói um conceito de mínimo existencial: "[...] conjunto de condições materiais

---

[47] SARLET, 2009, p. 352-353.
[48] HÄBERLE, Peter. *El Estado Constitucional.* Tradução de Héctor Fix-Fierro. México: Universidad Nacional Autónoma de México, 2003.
[49] BARCELLOS, 2008, p. 271-272.

essenciais e elementares cuja presença é pressuposto da dignidade para qualquer pessoa. Se alguém viver abaixo daquele patamar, o mandamento constitucional estará sendo desrespeitado"[50]. Em semelhantes termos, seria um elemento constitucional de garantia às necessidades básicas individuais.

Os direitos sociais no Brasil não se destinam a fornecer apenas o mínimo necessário para seus cidadãos em determinadas circunstâncias. Ao contrário, exigem um alcance progressivamente mais amplo e efetivo, condicionado ao grau de comprometimento do governo e da sociedade e à produção de riqueza do país. Assim, Clève[51] assevera que a Carta Magna almeja o mais alto nível possível de realização, levando em conta a questão da possibilidade fática. Por isso, no Brasil será utilizado para conferir maior efetividade aos direitos indispensáveis à vida humana digna (e não apenas à própria subsistência), delimitando-se a um subgrupo de direitos sociais para que tenha a efetividade assegurada.

Conforme Novelino[52], o conceito relacionado à reserva do possível em relação aos direitos sociais que constituem o mínimo existencial não obtém uma resposta unificada no âmbito doutrinário. Alguns argumentam que não há direito absoluto ao mínimo existencial, mas sim a necessidade de o Estado apresentar argumentos convincentes em apoio a tal direito, especialmente se for considerado indispensável. Outros, no entanto, dizem que o mínimo existencial não pode ser reduzido, eliminando qualquer possibilidade de justificativa pela reserva do possível.

Parte da doutrina entende que, em relação ao mínimo existencial, o Estado não pode alegar a reserva do possível, pois possui caráter absoluto, ou seja, aplica-se imediatamente ao caso concreto sem nenhum tipo de ponderação. Outra corrente doutrinária interpreta o mínimo existencial como a estrutura de um princípio, e não de uma regra, em que deverá ter um peso maior na ponderação do que aquele normalmente atribuído aos direitos sociais em geral, isto é, a alegação para afastar um direito que compõe o mínimo existencial será maior do que o exigido para os demais direitos sociais. Por isso, não teria como afastar completamente a reserva

---

[50] BARROSO, Luís Roberto. *Curso de Direito Constitucional Contemporâneo*: os conceitos fundamentais e a construção do novo modelo. 3. ed. São Paulo: Saraiva, 2011. p. 202.

[51] CLÈVE, Clèmerson Merlin. A Eficácia dos Direitos Fundamentais Sociais. *Revista Crítica Jurídica*, [s. l.], n. 22, jul.-dez. 2003.

[52] NOVELINO, Marcelo. *Curso de direito constitucional*. 16. ed. Revisada, ampliada e atualizada. Salvador: JusPodivm, 2021.

do possível, pois, em determinados casos, as limitações orçamentárias serão consideradas.

Diante do cenário apresentado, observa-se que os direitos fundamentais sociais encontram na reserva do possível o limite à sua completa eficácia. Nesse contexto, a limitação de recursos não pode ser usada como regra para negar os direitos prestacionais, visto que precisam ser sopesados as dificuldades econômicas enfrentadas pelo Estado e os interesses sociais estabelecidos na Constituição Federal de 1988. O salário-mínimo, por exemplo, deve ser suficiente para suprir as necessidades básicas, como saúde e educação, corolários da dignidade humana.

Se, em determinado Estado, a escassez de recursos tornou-se regra, a preocupação com a desigualdade social, a redução da miséria e a consagração da dignidade humana assume papel ainda mais preponderante, cabendo sobretudo ao Poder Judiciário, por meio de análise ponderada dos fatos, a identificação dos direitos fundamentais sociais passíveis de cumprimento imediato pelo poder público. Certamente haverá dispêndio financeiro na aplicação dos direitos fundamentais sociais, cabendo ao Estado avaliar a maneira como destinará os recursos públicos.

O contexto apresentado é de dificuldade na realização dos direitos fundamentais sociais, em que a escassez de recursos acaba sendo o principal argumento utilizado pelo Estado. Entretanto, o grande desafio é aliar, de maneira comprometida, os preceitos constitucionais sociais com a realidade fática, direcionando racionalmente os recursos públicos sob o prisma da dignidade da pessoa humana, princípio norteador do ordenamento jurídico.

2.5 A VEDAÇÃO DO RETROCESSO SOCIAL COMO FORMA DE PRESERVAÇÃO DOS DIREITOS ADQUIRIDOS

A teoria da vedação do retrocesso é um tema significativo no estudo dos direitos sociais, originário da doutrina francesa. Consoante Masson[53], embora implícito no ordenamento jurídico brasileiro, é um princípio derivado do sistema jurídico-constitucional e reconhecido pelo constitucionalismo pátrio, cujo objetivo precípuo se traduz no impedimento de propositura de qualquer ação que resulte na revogação ou redução de direitos sociais já regulamentados e efetivados, sem constituir meca-

---

[53] MASSON, 2020.

nismo alternativo que compense a anulação de benefícios anteriormente conquistados.

Sinteticamente, a teoria explica que, a partir do momento em que é alcançado determinado nível de concretização de um direito social, a sociedade não poderá retroceder nessa conquista, pois os direitos não são doados pelo Estado, mas conquistados pela sociedade. A fundamentação se alicerça na intenção de provocar constantemente a intervenção do Estado na busca pela ampliação dos direitos sociais, com o objetivo final de melhorar gradativamente a qualidade de vida de todos os indivíduos, sintetizado nas palavras de Canotilho:

> O princípio da proibição do retrocesso social pode-se formular assim: o núcleo essencial dos direitos sociais já realizado e efetivado através de medidas legislativas deve considerar-se constitucionalmente garantido, sendo inconstitucionais quaisquer medidas que, sem a criação de esquemas alternativos compensatórios, se traduzem, na prática, em uma anulação, revogação ou aniquilação pura e simples desse núcleo essencial. A liberdade do legislador tem como limite o núcleo essencial já realizado.[54]

Na verdade, a intenção desse instituto importado do direito francês não se refere à imutabilidade dos direitos sociais, mas à segurança jurídica de que essas garantias não serão suprimidas ou reduzidas sem justificativa razoável do Estado, ressalva trazida por Mendes e Branco:

> Não se pode olvidar que vicissitudes de índole variada podem afetar a capacidade do Estado de garantir tais direitos na forma inicialmente estabelecida. Daí a necessidade, portanto, de se compreender *cum grano salis* tal garantia e de não lhe conferir caráter absoluto contra revisão ou mudanças.[55]

De acordo com Miranda[56], há de ser frisado que a abrangência desse princípio se estabelece em direitos que haja "consenso sedimentado" ou "na consciência social ou no sentimento jurídico coletivo", garantindo

---

[54] CANOTILHO, José Joaquim Gomes. *Direito constitucional*. Coimbra: Livraria Almedina, 1998, P. 1154.
[55] MENDES, Gilmar Ferreira; BRANCO, Paulo Gustavo Gonet. *Curso de Direito Constitucional*. 10ª ed. Revisada e atualizada. São Paulo: Saraiva, 2015. p. 647.
[56] MIRANDA, Jorge. *Manual de Direito Constitucional*. Tomo IV. 3. ed. Coimbra Editores, 2000.

que a estabilidade quanto à vedação do retrocesso de direitos alcance situações estáveis e constantes socialmente.

Em tempos de crise, quando o Estado adota medidas de austeridade para controlar os gastos públicos e manter o equilíbrio financeiro, a relevância dessa ressalva se torna ainda mais acentuada. Masson[57] explica que o Estado busca rever as opções político-legislativas de efetivação dos direitos, razão pela qual surgiu o conceito de "jurisprudência de crise", que funciona como meio para os tribunais preservarem os direitos já estabelecidos, ao mesmo tempo que levam em conta o caráter "transitório" e "excepcional" da adversidade. Apresenta-se, portanto, como difícil missão do Estado: compatibilizar os direitos sociais adquiridos (proibição do retrocesso) e as exigências circunstanciais oriundas da crise econômica, exemplificado por Novelino: "Haveria um retrocesso social se, por exemplo, o poder público decidisse fechar o único posto de saúde existente no município sem adotar qualquer tipo de medida compensatória"[58].

Portanto, Novelino[59] preceitua que o principal embate se refere à intensidade de sua aplicação, ou seja, em que medida não se deve admitir que um direito social seja suprimido ou reduzido. A autonomia legislativa não deve ser renegada apenas à aplicação das normas constitucionais. Em Constituições que são pluralistas e democráticas, muitos direitos prestacionais são normalmente consagrados em normas principiológicas, cuja implementação varia com base nos recursos orçamentários disponíveis e nas prioridades definidas pela maioria. Em decorrência disso, faz-se necessária a análise da constitucionalidade de norma que revoga medidas concretizadoras, sobretudo no âmbito da proporcionalidade, a fim de preservar o "conteúdo essencial" da lei.

Nesse contexto, a doutrina apresenta duas formas de pensamento diametralmente opostas no que tange à aplicabilidade desse princípio: a primeira corrente entende que a vedação de retrocesso impede qualquer redução no grau de concretização alcançado por uma norma de direito social. O problema dessa concepção é a questão orçamentária, pois o poder público ficaria imobilizado diante das prioridades estabelecidas pelos governantes anteriores, pois não poderia restringir o orçamento direcionado para os direitos sociais garantidos anteriormente a fim de concretizar novas prioridades. Ela praticamente elimina a liberdade de conformação legislativa.

---

[57] MASSON, 2020.
[58] NOVELINO, 2021, p. 536.
[59] *Ibidem.*

Por exemplo: suponha-se que, em determinado governo, a prioridade seja o investimento no direito ao lazer, e no governo subsequente a primazia seja pelo direito à segurança pública. De que maneira o gestor concretizará o direito à segurança pública se não puder diminuir os recursos destinados ao lazer? O administrador ficaria impossibilitado de optar por direitos.

A segunda corrente permite a redução no grau de concretização de um direito apenas quando essa materialização se mostrar irrazoável ou arbitrária, sendo exigida a justificação nesse sentido. Essa vertente apresenta uma flexibilidade maior ao representante público, visto que se apoia na regra acerca da escolha das prioridades do governo. Lembrando que o princípio da vedação do retrocesso deve ser tratado como exceção, atingido somente os direitos sobre os quais haja um consenso profundo.

Dessa forma, a proibição do retrocesso deve operar em nível normativo para salvaguardar os direitos fundamentais, sobretudo como óbice à revogação de normas estabelecidas que resguardar esses direitos. Além disso, abrange a obrigação do poder público de executar os direitos sociais, garantindo sua implementação eficiente, com o objetivo de diminuir continuamente as disparidades sociais existentes. Essa expressão, vista como forma de progresso social, transcende a mera preservação de direitos conquistados, avançando para a melhoria contínua da qualidade de vida dos sujeitos de direitos.

2.6 O DESENVOLVIMENTO DOS PROGRAMAS SOCIAIS NAS PENITENCIÁRIAS DO BRASIL

As políticas sociais surgiram em decorrência da expansão das sociedades, levando ao crescimento do Estado social. Como resultado, o Estado começou a procurar formas de mitigar as desigualdades, amparar os grupos marginalizados e promover o sentimento de unidade na população, expressão conceituada por Villalobos:

> Conjunto de medidas e intervenções sociais que são impulsionadas a partir do Estado e que têm por objetivo melhorar a qualidade de vida da população e conquistar crescentes níveis de integração econômica e social, especialmente dos grupos socialmente excluídos, nas diversas dimensões pelas quais se expressa a sua exclusão econômica, políticas, territorial, social e/ou cultural.[60]

---

[60] VILLALOBOS, Verônica Silva. O Estado de Bem-Estar Social na América Latina: necessidade de redefinição. *Cadernos Adenauer*, [s. l.], n. 1, p. 49, 2000.

Dessa forma, as políticas sociais se materializam na vontade dos representantes públicos em promover os direitos sociais preconizados na Constituição Federal de 1988, havendo no caso concreto a ponderação entre o mínimo existencial (sobretudo na garantia da dignidade da pessoa humana) e a reserva do possível (consubstanciada na limitação orçamentária). Então, cabe ao Estado a garantia na promoção de direitos sociais mínimos que preservem a dignidade, sobretudo aos hipossuficientes, tendo como escopo máximo a proposição da igualdade material entre as pessoas.

A mera positivação de leis torna-se insuficiente para garantir a realização das reformas sociais vitais. Para operacionalizar e executar eficazmente os direitos, Silva[61] defende que o Estado possua os instrumentos necessários, materializados nas políticas sociais, servindo como um conjunto de medidas que exigem a cooperação tanto de entidades governamentais, como de membros da sociedade civil. Inclusive, o Brasil tende a confiar em leis simbólicas[62] para pacificar conflitos e manter a ordem ao longo de sua história. No entanto, essa abordagem leva muitas vezes à negligência das metamorfoses da questão social e ao adiamento da resolução de causas que possuem raízes históricas profundas. Em vez disso, são implementadas políticas que abordam apenas as consequências superficiais dessas metamorfoses.

Na visão de Romeiro[63], existem discrepâncias entre aquilo que está positivado nas legislações e as práticas reais, especialmente no campo dos estudos de políticas sociais, pois a classe política brasileira dominante tem um histórico de mau uso de recursos públicos, legislando em favor de si e daqueles com maior influência, o que acabou dificultando a criação e implementação de políticas públicas eficazes que poderiam ter resolvido as demandas da população e promovido seu desenvolvimento.

Nesse contexto, o maior impedimento está na maneira de se efetuar a gestão pública. Ao longo da história, as políticas sociais muitas vezes priorizaram os interesses privados daqueles que estavam no poder, em

---

[61] SILVA, 2010.
[62] De acordo com Neves (1994 *apud* Lenza, 2011), as leis simbólicas possuem três características primordiais: atividade legiferante que demonstre a supremacia do grupo que está no poder, que trazem aparentes respostas aos anseios sociais e que adiam a solução de problemas no âmbito social. O "inchaço" das leis simbólicas acaba levando à descrença da sociedade em relação aos poderes constituídos, em virtude do desvio da finalidade legiferante traduzida no interesse público primário.
[63] ROMEIRO, Adriana. *Corrupção e poder no Brasil*: uma história, séculos XVI a XVIII. Belo Horizonte: Autêntica, 2017.

detrimento do bem-estar da população em geral e da sociedade como um todo. Isso resultou em uma política nacional que gira em torno das conveniências, vantagens e práticas corruptas daqueles que detêm o capital, uma tendência que persiste desde a era do Brasil Colônia.

Portanto, a previsão legal não é suficiente na salvaguarda dos direitos sociais, pois cabe ao Estado a operacionalização daquilo que a lei estabelece e a prática social. Essa situação é agravada nos países periféricos, como o Brasil, que possuem enraizados em sua estrutura histórica as práticas corruptivas e o beneficiamento das elites do poder.

Conforme estabelece Faleiros[64], atualmente os programas assistenciais estabelecidos em lei aparecem como "favores à população", sendo utilizados nas conjunturas políticas como formas de captação velada de votos, sob a justificativa de preocupação social e auxílio à população hipossuficiente. Dessa forma, observa-se que nem sempre aquilo que se apresenta como regramento constitucional é, de fato, aplicado efetivamente na prática, sobretudo quando se fala em políticas sociais em países periféricos, onde a massa de trabalhadores hipossuficientes se revela como a maioria social.

Os programas sociais nos países periféricos, enfatizado por Faleiros[65], é limitado por diversas condições, entre elas o clientelismo e o favoritismo político. Ou seja, não há garantia segura de que o direito alcançado por meio de um programa seja incontestável, pois poderá variar de acordo com a conjectura política. A notória contradição revela-se no fato de todos os programas sociais serem pagos e financiados pela própria população, por meio de impostos e contribuições, o que gera o aumento proporcional da carga tributária aos mais pobres, ocasionando a perpetuação da pobreza.

A partir dos conteúdos apresentados, observa-se um visível desajuste quanto à efetivação das políticas sociais aos hipossuficientes, muito em razão da natureza "pervertida" em que são implementados esses direitos. Conforme foi explicado, os direitos sociais são garantias constitucionais em prol do desenvolvimento do direito absoluto da dignidade da pessoa humana. Entretanto, cabe ao gestor público a análise da realidade fática na materialização desses direitos, podendo haver mudança de cenário social ao longo dos anos, o que tornam essas garantias mutáveis.

---

[64] FALEIROS, Vicente de Paula. *O que é política social*. 5. ed. São Paulo: Brasiliense, 1991.
[65] FALEIROS, 1991.

Infelizmente, sobretudo nos países periféricos como o Brasil, as políticas sociais são utilizadas de maneira impiedosa pelos gestores públicos, que criam subgrupos de direitos sociais para atingir as diversas esferas da população, no intuito de alcançar votos em todos os setores sociais, induzindo à falsa ideia de que o Estado trabalha para conter a aflição ocasionada pelo fracasso individual em decorrência das más escolhas individuais.

Nesse contexto, torna-se impossível contemplar uma transformação da situação atual dadas as inúmeras desigualdades de natureza social, econômica e política. Para enfrentar essas demandas, deve-se considerar a implementação de políticas sociais que proporcionem auxílio e apoio aos cidadãos desde o início de suas vidas, antes mesmo de potencial envolvimento em atividades criminosas e, consequentemente, o ingresso no sistema prisional.

No ambiente carcerário, existem duas vertentes da política social que devem ser incentivadas e desenvolvidas: o trabalho e a educação, mecanismos que possuem o escopo de preparar os reclusos para a vida além do encarceramento, conforme preceituado no artigo 1º da lei de execução penal[66] sob a rubrica de "harmônica integração social". Nesse contexto, Adorno apresenta as dificuldades quanto à implementação e efetivação das políticas:

> Certamente, não são poucos os obstáculos que se antepõem à implementação de políticas públicas penais com um mínimo êxito e sequer irrelevantes as forças que concorrem para impedir a transformação das prisões em instituições compatíveis com o exercício democrático do poder.[67]

Enquanto realidade prisional, a proposta fundamenta-se no desenvolvimento de uma política penitenciária que priorize a efetiva ressocialização dos presos, sintetizado nas palavras de Amaral: "Todo o sistema e todas as políticas penitenciárias devem estar voltados a esse fim: ressocializar o condenado para que retorne à sociedade em condições de conviver sem praticar novos delitos"[68].

Para garantir a proteção dos direitos humanos básicos e promover a liberdade de escolha, é imperativo que as políticas relativas às prisões sejam alargadas, com a ressalva de Julião:

---

[66] Art. 1º da LEP: a execução penal tem por objetivo efetivar as disposições de sentença ou decisão criminal e proporcionar condições para a harmônica integração social do condenado e do internado.
[67] ADORNO, Sérgio. *Sistema penitenciário no Brasil*: problemas e desafios. São Paulo: Revista USP, 1991. p. 68.
[68] AMARAL, Cláudio do Prado. *Políticas Públicas no Sistema Prisional*. Belo Horizonte: CAED-UFMG, 2014. p. 21.

Assim, as políticas na área de privação da liberdade no Brasil não possuem mecanismos adequados com informações objetivas e detalhadas dos seus sistemas, inviabilizando uma melhor orientação para a implementação de políticas públicas na área[69].

Em outras palavras, primeiramente se deve proceder à efetivação de políticas sociais que abarquem sobretudo o processo de ressocialização do recluso, considerando que o sistema penitenciário confina atualmente um número significativo de indivíduos que foram despojados de seus direitos fundamentais desde o nascimento. Em segundo lugar, para que todo o mecanismo de ressocialização seja eficaz, faz-se necessário o estudo contínuo dos dados penitenciários que possam subsidiar políticas sociais que foquem a plena ressocialização do preso e, consequentemente, a diminuição do "ciclo de violência".

Nesse contexto, ainda que não seja o escopo da presente obra o aprofundamento em cada política social relacionada aos reclusos, revela-se importante o conhecimento, mesmo que superficialmente, de dois instrumentos normativos que possuem a função de operacionalizar as políticas sociais vinculadas aos presos.

O Conselho Nacional de Política Criminal e Penitenciária tem a função de elaborar, a cada quatro anos, o Plano Nacional de Política Criminal e Penitenciária, que define as orientações para a respectiva área de acordo com as atribuições que lhe são atribuídas pelo artigo 64 da lei de execução penal[70], o que inclui a elaboração de diretrizes políticas para a prevenção criminal. Além disso, contribui para o desenvolvimento de pla-

---

[69] JULIÃO, Elionaldo Fernandes. *Sistema penitenciário brasileiro*: a educação e o trabalho na política de execução penal. Rio de Janeiro: DP et Alli, 2012. p. 382.

[70] Art. 64 da LEP: ao Conselho Nacional de Política Criminal e Penitenciária, no exercício de suas atividades, em âmbito federal ou estadual, incumbe: I - propor diretrizes da política criminal quanto à prevenção do delito, administração da Justiça Criminal e execução das penas e das medidas de segurança; II - contribuir na elaboração de planos nacionais de desenvolvimento, sugerindo as metas e prioridades da política criminal e penitenciária; III - promover a avaliação periódica do sistema criminal para a sua adequação às necessidades do País; IV - estimular e promover a pesquisa criminológica; V - elaborar programa nacional penitenciário de formação e aperfeiçoamento do servidor; VI - estabelecer regras sobre a arquitetura e construção de estabelecimentos penais e casas de albergados; VII - estabelecer os critérios para a elaboração da estatística criminal; VIII - inspecionar e fiscalizar os estabelecimentos penais, bem assim informar-se, mediante relatórios do Conselho Penitenciário, requisições, visitas ou outros meios, acerca do desenvolvimento da execução penal nos Estados, Territórios e Distrito Federal, propondo às autoridades dela incumbida as medidas necessárias ao seu aprimoramento; IX - representar ao Juiz da execução ou à autoridade administrativa para instauração de sindicância ou procedimento administrativo, em caso de violação das normas referentes à execução penal; X - representar à autoridade competente para a interdição, no todo ou em parte, de estabelecimento penal.

nos nacionais, sugerindo objetivos e prioridades para a política criminal e penitenciária. Por sua vez, o Departamento Penitenciário Nacional é o responsável por fomentar e articular essas políticas, pois se coloca como o destinatário final de muitas delas no âmbito prisional.

Atualmente, o Brasil aprovou o Plano Nacional de Política Criminal e Penitenciária para o quadriênio 2020 a 2023, importante instrumento ligado ao planejamento e desenvolvimento de políticas por parte do Estado:

> Ao longo de sua história, o Conselho tem oferecido relevantes subsídios à implementação de políticas de Estado no âmbito criminal e penitenciário, mediante informações, análises e deliberações para aperfeiçoamento das políticas públicas. Como exemplo, o CNPCP elabora o Plano Nacional de Política Criminal e Penitenciária a cada quatro anos, oportunidade em que fixa diretrizes para a área respectiva, conforme atribuições que lhe foram conferidas pelo já citado artigo 64 da LEP, entre as quais "propor diretrizes da política criminal quanto à prevenção do delito, administração da Justiça Criminal e execução das penas e das medidas de segurança" e "contribuir na elaboração de planos nacionais de desenvolvimento, sugerindo as metas e prioridades da política criminal e penitenciária"[71].

A intenção da proposta é preencher uma lacuna significativa nas políticas criminais brasileiras que persistiu até agora: a omissão em priorizar as populações que mais sofrem com a atividade criminosa na criação de diretrizes para a prevenção do crime. É importante reconhecer que a ênfase não deve ser colocada apenas na população de baixa renda, mas também na garantia da igualdade de direitos para indivíduos com diferentes orientações sexuais, necessidades especiais, cor, raça e etnia. É fundamental defender a dignidade humana sem quaisquer exceções.

Como diretriz de políticas públicas, o Plano Nacional de Política Criminal e Penitenciária[72] deve ser efetivamente implementado por meio de programas e projetos bem definidos e cuidadosamente desenvolvidos pelo Ministro da Justiça e Segurança Pública, com contornos adequados de ações, objetivos, acompanhamento da execução, monitoramento e

---

[71] BRASIL. Conselho Nacional de Política Criminal e Penitenciária. *Plano Nacional de Política Criminal e Penitenciária*. Brasília, DF, 2019. p. 5.

[72] BRASIL. Conselho Nacional de Política Criminal e Penitenciária. *Plano Nacional de Política Criminal e Penitenciária*. Brasília, DF, 2019.

controle de avaliação. Com a implementação desse plano, a sociedade e os indivíduos investidos na melhoria do sistema de justiça criminal podem contar com diretrizes seguras, baseadas em pesquisas empíricas e desprovidas de qualquer preconceito ideológico.

Em semelhantes termos, o Plano Nacional de Política Criminal e Penitenciária tem o escopo de traçar diretrizes atinentes à prevenção do crime à execução de penas, visando à melhoria do sistema de segurança pública e penitenciária, cumprindo a função estabelecida na lei de execução penal. Portanto, por meio dos estudos científicos, análises estatísticas e plano de governo, é possível estabelecer metas seguras no combate especialmente à superlotação carcerária, elemento intrínseco à violação dos direitos fundamentais dos reclusos.

Por sua vez, a lei complementar n.º 79/1994 criou o Fundo Penitenciário Nacional com o objetivo de fornecer financiamento e apoio a programas e atividades destinadas a modernizar e melhorar o sistema penitenciário nacional, sendo os recursos preceituados em rol exemplificativo no artigo 2º da lei[73]. As receitas do fundo são distribuídas aos estados para implementar estratégias e ações para a construção e ampliação de estabelecimentos penais, bem como para garantir que as políticas sociais de assistência penitenciária sejam efetivadas. Nesse contexto, o artigo 3º-A, §2º do diploma normativo[74] não deixa dúvidas sobre a importância dos repasses utilizados em políticas de reinserção social dos presos.

Apesar disso, o Fundo é alvo de uma política contraditória do governo federal, que faz com que parte considerável dos recursos destinados à

---

[73] Art. 2º da LC n.º 79/1994: constituirão recursos do FUNPEN: I - dotações orçamentárias da União; II - doações, contribuições em dinheiro, valores, bens móveis e imóveis, que venha a receber de organismos ou entidades nacionais, internacionais ou estrangeiras, bem como de pessoas físicas e jurídicas, nacionais ou estrangeiras; III - recursos provenientes de convênios, contratos ou acordos firmados com entidades públicas ou privadas, nacionais, internacionais ou estrangeiras; IV - recursos confiscados ou provenientes da alienação dos bens perdidos em favor da União Federal, nos termos da legislação penal ou processual penal, excluindo-se aqueles já destinados ao Fundo de que trata a Lei nº 7.560, de 19 de dezembro de 1986; V - multas decorrentes de sentenças penais condenatórias com trânsito em julgado; VI - fianças quebradas ou perdidas, em conformidade com o disposto na lei processual penal; IX - rendimentos de qualquer natureza, auferidos como remuneração, decorrentes de aplicação do patrimônio do FUNPEN; X - outros recursos que lhe forem destinados por lei.

[74] Art. 3º da LC n.º 79/1994: a União deverá repassar aos fundos dos Estados, do Distrito Federal e dos Municípios, a título de transferência obrigatória e independentemente de convênio ou instrumento congênere, os seguintes percentuais da dotação orçamentária do Funpen: § 2º Os repasses a que se refere o caput deste artigo serão aplicados nas atividades previstas no art. 3º desta Lei, no financiamento de programas para melhoria do sistema penitenciário nacional, no caso dos Estados e do Distrito Federal, e no financiamento de programas destinados à reinserção social de presos, internados e egressos, ou de programas de alternativas penais, no caso dos Municípios.

administração penitenciária seja contingenciada, o que se traduz na possibilidade de se atrasar ou mesmo deixar de realizar parte das despesas inicialmente previstas dentro de um cronograma orçamentário para se realizar o superávit fiscal primário. De acordo com Conti[75], quaisquer recursos disponíveis devem ser utilizados ante o estado precário das unidades prisionais, não obstante a frequente prática de contingenciamento do Fundo Penitenciário Nacional que persiste há algum tempo. Como resultado, não há garantia de que todas as despesas descritas no programa orçamentário sejam executadas. Infelizmente, a presença de recursos em contingência constitui um obstáculo à melhoria do sistema prisional brasileiro.

A combinação da questão da contingência e da incapacidade dos estados para executar projetos e gerir os recursos transferidos representa um desafio significativo para a realização dos direitos fundamentais dos reclusos, tais como saúde, educação, trabalho, integridade física e moral. É imperativo defender reformas legislativas que evitem a contingência de recursos atribuídos ao Fundo Penitenciário Nacional para garantir que essa política social crucial não seja negligenciada pelas autoridades públicas. Não por outro motivo, em decisão de outubro de 2023, o Supremo Tribunal Federal determinou o descontingenciamento do Fundo, obrigando o Poder Executivo a liberar o saldo acumulado e direcioná-lo a políticas sociais de combate à violação de direitos dos reclusos, justamente porque a questão carcerária não admite mais adiamentos em decorrência da volatilidade dos agentes públicos[76].

Dessa forma, é imperativo que as políticas sociais direcionadas aos presos não sejam construídas apenas dentro dos limites do sistema prisional; em vez disso, precisam incorporar os problemas subjacentes que levaram ao comportamento criminoso, bem como ao estabelecimento de medidas adequadas à resolução do problema social-criminal após o alcance da liberdade, como a prestação de apoio e assistência ao indivíduo durante a transição de regresso à sociedade.

Contudo, a implementação de medidas para resolver a questão das prisões brasileiras é dificultada pela indiferença da sociedade em relação

---

[75] CONTI, José Maurício. Solução para a crise carcerária tem significativo reflexo orçamentário. *Boletim de Notícias Conjur*, São Paulo, 2015.

[76] Acesso ao resumo do julgamento proferido pelo Supremo Tribunal Federal na Arguição de Descumprimento de Preceito Fundamental (ADPF) n.º 347: https://portal.stf.jus.br/noticias/verNoticiaDetalhe.asp?idConteudo=515220&ori=1.

às vidas incluídas dentro do espaço prisional. Os avanços econômicos e tecnológicos levaram ao desejo de que os muros permanecessem separando indivíduos considerados inadequados para a vida coletiva, resultando não apenas em barreiras físicas, mas também em obstáculos sociais.

2.7 O "ESTADO DE COISAS INCONSTITUCIONAL" NO SISTEMA CARCERÁRIO BRASILEIRO

Durante a sessão do dia 4 de outubro de 2023, o Supremo Tribunal Federal proferiu o julgamento sobre a Arguição de Descumprimento de Preceito Fundamental número 347, iniciada pelo Partido Socialismo e Liberdade (PSol) em 2015, que reconhece as flagrantes violações de direitos fundamentais no sistema prisional brasileiro. A Magna Corte brasileira não apenas declarou a "estado de coisas inconstitucional" no sistema penitenciário, como também determinou que o governo federal criasse um plano de intervenção para resolver esta questão.

O sistema prisional enfrenta inúmeros desafios para cumprir as finalidades a que se destina, como a punição em decorrência do fato criminoso praticado pelo agente e a ressocialização após o cumprimento da pena. A superlotação e as instalações precárias contribuem para a falta de serviços e bens essenciais necessários ao mínimo existencial dos reclusos. Esses obstáculos acarretam dificuldades para o sistema cumprir seus objetivos e funcionar eficazmente em benefício da sociedade.

Em tese, a lei de execução penal garante múltiplas formas de auxílio aos presos, incluindo apoio material, jurídico, educacional, social e religioso, bem como acesso a cuidados de saúde, habitação com espaço suficiente, trabalho e educação. Apesar das disposições legais, os direitos dos presos são sistematicamente violados, não deixando espaço para discricionariedade política ou administrativa. Essa realidade transforma o problema enfrentado pelo sistema prisional brasileiro em uma questão fundamentalmente jurídica e, portanto, passível de proteção pela Corte Suprema.

Dessa forma, esse mecanismo jurídico tem alcance limitado a situações em que um preceito fundamental é violado, entendido como normas constitucionais imprescindíveis para a manutenção da identidade e da estrutura do regime adotado no país[77]. Portanto, a arguição proposta junto

---

[77] Os direitos e as garantias fundamentais, a autonomia concedida aos entes federativos, os princípios constitucionais sensíveis e as cláusulas imutáveis são exemplos de preceitos de natureza fundamental (Novelino, 2021).

ao Supremo Tribunal Federal tem como objetivo evitar ou reparar lesão à preceito fundamental em decorrência de ato do poder público, que, no caso em tela, se relaciona ao sistema penitenciário brasileiro.

O chamado "estado de coisas inconstitucional" é fenômeno que surge quando existe uma violação generalizada e sistemática dos direitos fundamentais, geralmente causada pela omissão reiterada das autoridades públicas; só pode ser resolvida mediante a atuação em conjunto de todos os órgãos, poderes e autoridades para que os danos sejam minimizados e uma solução satisfatória seja construída, conforme preceitua Campos:

> Como a técnica de decisão por meio da qual cortes e juízes constitucionais, quando rigorosamente identificam um quadro de violação massiva e sistemática de direitos fundamentais decorrentes de falhas estruturais do Estado, declaram a absoluta contradição entre os comandos normativos constitucionais e a realidade social, e expedem ordens estruturais dirigidas a instar um amplo conjunto de órgãos e autoridades a formularem e implementarem políticas públicas voltadas à superação dessa realidade inconstitucional. O ECI anda lado a lado com as sentenças estruturais[78].

A situação do sistema prisional brasileiro é um flagrante exemplo da violação generalizada dos direitos humanos básicos. A realidade, na maioria das prisões do país, constitui-se em grave vilipêndio aos direitos fundamentais, resultando em penas que vão além da mera perda de liberdade e são, na verdade, desumanas e cruéis. A inércia dos Poderes Executivo, Legislativo e Judiciário na ausência de medidas administrativas, legais e orçamentárias, aliada a uma cultura falha e desestruturada de encarceramento de certos grupos sociais, muitas vezes os mais pobres, não apenas viola os direitos dos presos, mas também perpetua a natureza impiedosa das penas que são cumpridas no Brasil.

O enfrentamento desse problema estrutural exige a criação de um plano nacional e de projetos locais por parte do poder público, que devem incluir uma série de medidas e o envolvimento de autoridades e entidades sociais, na medida em que a proteção dos direitos fundamentais se traduz em um aspecto essencial da condição humana.

---

[78] CAMPOS, Carlos Alexandre de Azevedo. *Estado de Coisa Inconstitucional*. 1. ed. Salvador: Juspodivm, 2016. p. 187.

Diante do contexto apresentado, o Supremo Tribunal Federal reconheceu o "estado de coisas inconstitucional" do sistema carcerário brasileiro, determinando aos juízes que promovam as audiências de custódia em até 24 horas da prisão, além de incentivar a aplicação das medidas cautelares e penas alternativas à prisão, mecanismos jurídicos que auxiliam na diminuição da superlotação das unidades prisionais, já que os citados instrumentos oportunizam aos magistrados avaliar no caso concreto a real necessidade da prisão.

No âmbito administrativo, tem-se a obrigação de se elaborar um plano nacional, além de planos estaduais e distrital, com o respectivo controle de indicadores em até seis meses da publicação da decisão do Supremo Tribunal Federal e implementação em até três anos de acordo com o cronograma de execução proposto pelos órgãos envolvidos. Esses planos, ressalte-se, serão operacionalizados de maneira conjunta e coordenada justamente para que o objeto seja alcançado ao final.

A fim de que essas políticas sociais de superação da violação dos direitos fundamentais sejam exitosas, foi determinada a liberação de recursos do Fundo Penitenciário Nacional para operacionalizar financeiramente a efetividade dessas políticas, entendendo que o momento calamitoso já ultrapassou todos os limites e barreiras do aceitável, não por outro motivo a denominação "estado de coisas inconstitucional"[79].

---

[79] No dia 18 de abril de 2024, foi instituído o grupo de trabalho para apoiar a elaboração do Pena Justa – Plano Nacional para o Enfrentamento do Estado de Coisas Inconstitucional nas prisões brasileiras por meio da Portaria n.º 980 do Ministério do Desenvolvimento e Assistência Social, Família e Combate à Fome. Para maiores informações sobre o cronograma de cada etapa: https://www.cnj.jus.br/wp-content/uploads/2024/04/resumo-adpf-7.pdf.

3.

POBREZA, CRIME E PRISÃO

3.1 O ESTADO COMO INSTRUMENTO DA CLASSE SOCIAL DOMINANTE

Os registros históricos demonstram que o aparecimento das prisões no ocidente está intrinsecamente relacionado ao desenvolvimento do capitalismo industrial moderno e às necessidades econômicas próprias desse sistema de produção. A aplicação da pena continua servindo ao modelo capitalista, pois mantém as relações sociais estratificadas ao longo da história. Ao analisar a pena como consequência da violação da ordem social, Santos fundamenta que:

> O Direito Penal e o Sistema de Justiça Criminal constituem, no contexto dessa formação econômico-social, o centro gravitacional do controle social: a pena criminal é o mais rigoroso instrumento de reação oficial contra as violações da ordem social, econômica e política institucionalizada, garantindo todos os sistemas e instituições particulares, bem como a existência e continuidade do próprio sistema social, como um todo.[80]

Nesse contexto, o Estado sempre esteve atrelado aos interesses da classe dominante estabelecida sob o modo de produção capitalista moderno, distante da neutralidade muitas vezes citada e difundida. A estrutura estatal conserva o sistema explorador da "mais-valia" do trabalhador, a exemplo das políticas sociais ligadas ao trabalho e ao estudo nas unidades prisionais: embora haja a ampla divulgação do termo "ressocialização" para incutir a ideia de que o preso sairá do sistema prisional completamente preparado para o reingresso na esfera social, a função precípua consiste em perpetuar o sistema explorador da força de trabalho, seja em liberdade ou encarcerado.

---

[80] SANTOS, Juarez Cirino dos. *A criminologia radical*. 3. ed. Curitiba: Lumem Juris, 2008. p. 9-10.

Para compreender as políticas sociais vinculadas à educação e ao trabalho do preso, torna-se imprescindível analisar o papel do Estado nessa relação, em que a inviabilidade de conciliação entre as classes sociais fez com que fosse concebido como forma de amortizar os conflitos existentes na sociedade, explicado por Engels:

> O Estado não é, pois, de modo algum, um poder que se impôs à sociedade de fora para dentro; tampouco é a 'realidade da ideia moral', nem 'a imagem e a realidade da razão', como afirma Hegel. É antes um produto da sociedade, quando esta chega a um determinado grau de desenvolvimento; é a confissão de que essa sociedade se enredou numa irremediável contradição com ela própria e está dividida por antagonismos irreconciliáveis que não consegue conjurar. Mas para que esses antagonismos, essas classes com interesses econômicos colidentes não se devorem e não consumam a sociedade numa luta estéril, faz-se necessário um poder colocado aparentemente por cima da sociedade, chamado a amortecer o choque e mantê-lo dentro dos limites da 'ordem'. Esse poder, nascido da sociedade, mas posto acima dela se distanciando cada vez mais, é o Estado.[81]

Sob essa concepção, pode-se afirmar que o Estado não é imparcial em suas manifestações, pois, desde que foi gerado, nunca se desconectou dos interesses da classe dominante. Diante disso, no contexto da produção capitalista moderna, o Estado inevitavelmente se concentrará em manter e reproduzir o sistema de exploração da "mais-valia" e da proteção da propriedade privada. Vale ressaltar que, embora as políticas sociais da educação e do trabalho proporcionadas pelo Estado possam parecer centradas na "melhoria", na "ressocialização" e na "reintegração" do recluso, a verdadeira essência está enraizada nos interesses do capital. Em semelhantes termos, a gestão do sistema punitivo atende abertamente aos interesses do capital ao regulamentar a força de trabalho precária, o que muitas vezes é justificada pela noção de que contribuirá para a dita "ressocialização" dos encarcerados.

Ao contrário do discurso dominante, a função precípua da pena privativa de liberdade é preservar o modelo de separação de classes oriunda do capitalismo, sendo responsável pela garantia do funcionamento da

---

[81] ENGELS, Frederich. *A origem da família, da propriedade privada e do Estado*. São Paulo: Escala Educacional, 2009. p. 135.

ordem jurídica, política e social. O encarceramento se traduz na forma encontrada pelo Estado na resolução de problemas que não fora capaz de suprir, reservando lugar no cárcere aos "inconvenientes" outrora livres.

A sociedade capitalista atual é marcada por grandes contradições, especialmente quando o assunto é o estabelecimento de políticas sociais aos vulneráveis. O Estado tem se omitido no oferecimento de garantias constitucionais, ao mesmo tempo em que se observa o aumento do encarceramento dessas mesmas pessoas indefesas, que foram excluídas da sociedade em processo contínuo de desigualdade. O cárcere acaba por expor este contraste: o encarceramento de pessoas que tiveram seus direitos rejeitados pelo Estado, traduzido no sinônimo de segregação social. Feeley e Simon citam que o objetivo da prisão é o controle de grupos, e não eliminação do crime:

> A nova penalogia não tem como referência a punição nem a reabilitação de indivíduos. Refere-se à identificação e gerenciamento de grupos de difícil controle. Preocupa-se com a racionalização não do comportamento individual ou mesmo da organização comunitária, mas sim com processos de gerenciamento. Seu objetivo não é eliminar o crime, mas torná-lo tolerável por meio da coordenação sistêmica.[82]

A prisão se transforma em elemento crucial do poder do Estado, sendo componente de sua força. Consequentemente, reconhece-se que a criação de prisões, assim como o próprio Estado, é produto da divisão de classes sociais, nas quais preponderam, indubitavelmente, os interesses da casta dominante, em detrimento dos interesses universais, conforme destacado nos estudos de Engels, ao explicitar que:

> Como o Estado nasceu da necessidade de conter os antagonismos das classes, e como, ao mesmo tempo, nasceu em meio ao conflito delas, é, por regra, o Estado da classe mais poderosa, da classe economicamente dominante, classe que, por intermédio dele, se converte também em classe politicamente dominante e adquire novos meios para a repressão e exploração da classe oprimida.[83]

---

[82] FEELEY, Malcolm, SIMON, Jonathan. A nova penalogia: notas sobre a emergente estratégia correcional e suas implicações. *In*: CANÊDO, Carlos, FONSECA, David S. (org.). *Ambivalência, contradição e volatilidade no sistema penal*: leituras contemporâneas da sociologia da punição. Belo Horizonte: Editora UFMG, 2012, p. 25.
[83] ENGELS, 2009, p. 160.

A sociedade apresenta influência direta na formação do Estado, transformando-o em aparelho de atendimento das necessidades e desejos da classe capitalista, embora o discurso fantasioso se consubstancie na defesa dos interesses coletivos. Dessa forma, o Estado mantém o consenso por meio da atuação de seus aparatos governamentais, secretarias e ministérios, que implementam os projetos da burguesia, reforçando a classe hegemônica e a indissociabilidade entre a política e o Estado.

Ademais, o Estado torna-se o responsável legitimado para realizar os interesses da classe dominante, embora tenha se colocado como precursor do bem comum. As políticas relacionadas à remição pelo trabalho e estudo sempre serão subservientes ao capital, uma vez que não haverá o efetivo preparo técnico para o ingresso ao mercado de trabalho quando liberto do sistema prisional, muito menos trará consigo os ensinamentos aprofundados que o distancie da alienação cultural. Enfim, o rótulo "ressocialização" propaga a ideia de um Estado preocupado em garantir os direitos dos cidadãos encarcerados, mas na realidade, enquanto estiverem nas unidades prisionais, interessa ao Estado que seja alavancada a "mais-valia" por meio da exploração da força de trabalho com custo residual e alienada. Oliveira arremata dizendo que o encarceramento se traduz na punição, e não à defesa do trabalho e escolaridade: "O encarceramento serve apenas para punir, socializando o preso para o mundo do crime, ficando em segundo plano o atendimento à saúde física e mental, à higiene, à vida espiritual, ao trabalho, à escolaridade e ao lazer"[84].

Em qualquer tipo de sociedade, o crime jamais deixará de ocorrer. Entretanto, na atual forma de sociedade, o encarceramento é compreendido como forma de gerenciamento do crime, sendo importante no discurso ligado às massas sociais: leis mais rigorosas e construção de presídios são falácias ditas por políticos que prometem segurança pública, mas são descompromissados com a gênese do problema. O discurso acaba focando na consequência do problema, e não em suas causas, sendo a política de hiperencarceramento a maneira de reduzir o medo da população, deixando em segundo plano o combate aos índices de violência.

A classe política e os demais aparelhos ideológicos de Estado e da sociedade civil exploram o medo popular com sabedoria, utilizando-se do discurso punitivista como forma de promover a "indústria" da segurança, fazendo com que as massas populares enxerguem no direito penal

---

[84] OLIVEIRA, Odete Maria de. *Prisão: um paradoxo social*. 3. ed. revisada. Florianópolis: UFSC, 2013. p. 235.

a solução dos problemas sociais. Dessa forma, a sociedade permanece estratificada, e a população, continuamente alienada, sendo os meios de comunicação[85] incentivadores dos programas "policialescos", que possuem o poder de persuasão extraordinário e alcançam todas as camadas sociais.

O avanço do capitalismo e as novas formas de acumulação de capital trazem consigo o aumento da taxa de desemprego e precariedade do vínculo empregatício, gerando notória situação de vulnerabilidade social aos trabalhadores, que recorrem, não raras vezes, às práticas ilícitas para sobrevivem, como, por exemplo, o furto famélico para saciar diretamente a fome.

Sendo assim, conter o aumento da violência, por meio do desenvolvimento de políticas de segurança pública que respondam de forma menos repressiva a problemas sociais complexos, é o desafio de qualquer sociedade democrática. A ação única dos órgãos de segurança pública apenas desloca a criminalidade sem, contudo, atingirem as suas causas. O preso não é ressocializado para a vida em sociedade, mas socializado para o cárcere.

A falsa crença em uma relação de causa e efeito entre a pobreza e o crime pode legitimar ações repressivas contra os menos favorecidos financeiramente. Portanto, a prevenção deve ser orientada por políticas que interferem ativamente em suas causas precípuas, que são o esfacelamento das relações sociais e a carência de atendimento às necessidades básicas e de outros serviços que valorizem os princípios básicos da cidadania.

Compreende-se que as políticas relacionadas à prevenção criminal devem direcionar os recursos à melhoria de vida da população vulnerável ao crime, resultado que somente será notado em governos posteriores, já que a diminuição da criminalidade e a violência têm bases complexas que precisam de tempo para se estabelecerem. Dessa forma, a política de segurança pública deve ser formulada com o apoio dos movimentos sociais e universidades públicas e privadas, capazes de fazer diagnósticos complexos que fujam às respostas simplificadoras que inevitavelmente apontam para a intensificação da violência institucional. Se as universidades conseguem formular problemas, alternativas e soluções dentro de um referencial teórico-prático, é possível que os órgãos de segurança

---

[85] De acordo com os dados do IBGE, no ano de 2022, a proporção de domicílios com acesso à televisão alcançou o patamar de 94,9%, enquanto as residências com aparelho celular atingiram a porcentagem de 96,6%. Para maiores informações: https://agenciadenoticias.ibge.gov.br/agencia-noticias/2012-agencia-de-noticias/noticias/38306-em-2022-streaming-estava-presente-em-43-4-dos-domicilios-com-tv.

consigam construir ações e estruturas técnicas baseadas em modelos efetivos de ação, aliando a teoria bem fundamentada com a verticalização de condutas práticas. Dessa interação, a sociedade é a maior beneficiada.

3.2 A SELETIVIDADE PRISIONAL REPRESENTADA NO ENCARCERAMENTO

O texto constitucional assegura a garantia dos direitos fundamentais a todos os indivíduos, inclusive os direitos sociais preconizados por meio de políticas sociais efetuadas pelo representante de cada ente federativo. Entretanto, faticamente se observa a deficiência estatal quanto ao oferecimento de garantias básicas à população hipossuficiente, ocasionando o alastramento da pobreza em todo país. De acordo com Malthus, a miséria se constitui como fator controlador do crescimento populacional e, consequentemente, da sobrevivência da humanidade:

> Afirmo que o poder de crescimento da população é indefinidamente maior do que o poder que tem a terra de produzir meios de subsistência para o homem. [...] por aquela lei da nossa natureza que torna o alimento necessário para a vida humana, os efeitos desses dois poderes desiguais devem ser mantidos iguais. Isso implica em um obstáculo que atua de modo firme e constante sobre a população, a partir da dificuldade da subsistência.[86]

Consoante o pensamento marxista, Freitas, Nunes e Nélsis descrevem que a pobreza, decorrente do sistema capitalista formado pelas relações entre as classes sociais, têm suas raízes assentadas desde:

> As mudanças ocorridas no decorrer do século XVIII, com a consolidação do modo de produção capitalista, acarretaram profundas alterações na relação do homem com a natureza. Marx, discorrendo sobre a guerra travada pelo capital para arrancar o campesinato da terra e para submeter a atividade agrícola à lógica mercantil, denunciou a exploração dos recursos naturais da colônia, que propiciou o enriquecimento de uma parcela da burguesia e intensificou a destruição desses recursos, sobretudo nos países do hemisfério sul.[87]

---

[86] MALTHUS, Thomas Robert. *Ensaio sobre a população*. São Paulo: Nova Cultural, 1996. p. 246.
[87] FREITAS, Rosana de Carvalho Martinelli; NUNES, Letícia Soares; NÉLSIS, Camila Magalhães. A crítica marxista ao desenvolvimento (in) sustentável. *R. Katál.*, Florianópolis, v. 15, n. 1, p. 41-51, jan./jun. 2012.

A relação intrínseca existente entre a pobreza e o crime, respaldada na teoria marxista, se traduz na tese de que a miséria e a fome estão intrinsecamente ligadas ao sistema capitalista, ou seja, a pobreza é resultado das relações entre classes sociais estabelecidas nas relações cotidianas entre o capital e o trabalho. Sobre esse aspecto, o artigo 3º, III da Constituição Federal de 1988[88] prescreve como objetivo fundamental da república federativa a erradicação da pobreza. É dever do Estado promover a extinção de todas as formas de pobreza nas esferas federal, estadual e municipal.

A ascensão do capitalismo, em suas diferentes fases (concorrencial, monopolista e monopolista/imperialista), traz, na figura teórico-prática do modelo de Estado neoliberal, resultados nefastos para todos os sujeitos individuais e coletivos que vivem da venda da força de trabalho. O fenômeno observado, tanto em nações desenvolvidas, como naquelas em desenvolvimento, contribui para o acúmulo de riqueza para um grupo minoritário. Consequentemente, parcela significativa da população tem experimentado a exclusão social e a privação de recursos e direitos essenciais, a exemplo da educação, da saúde, do emprego e da segurança pessoal. Diante da constante exposição a estímulos que incentivam o comportamento criminoso, os indivíduos são persistentemente levados a praticar atividades ilícitas, resultado prático do modelo econômico estabelecido.

Nesse contexto, o modelo neoliberal, especialmente a partir da década de 1990, trouxe significativas mudanças na organização da sociedade, provocando expressiva concentração de renda, precarização das relações de trabalho e acumulação de capital, pautando-se na ética individual e na completa mercantilização da vida. Dessa forma, a redução de políticas sociais ligadas à educação, à saúde e à moradia está intrinsecamente ligada ao crescimento do encarceramento da população vulnerável. Sobre as diretrizes de esvaziamento dos direitos sociais calcado no receituário neoliberal, Berhing explica:

> Um Estado forte para romper o poder dos sindicatos e controlar a moeda e de outro lado, um Estado parco para os gastos sociais e regulamentações econômicas; forte disciplina orçamentária visando à contenção de gastos sociais e restauração de uma taxa natural de desemprego, com a recomposição do exército industrial de reserva; reforma

---

[88] Art. 3º, III da CF: Constituem objetivos fundamentais da República Federativa do Brasil: III - erradicar a pobreza e a marginalização e reduzir as desigualdades sociais e regionais.

fiscal, diminuindo impostos para os rendimentos mais altos e o desmonte dos direitos sociais, implicando quebra da vinculação entre a política social e esses direitos, que compunha o pacto político anterior.[89]

Conforme Iamamoto[90], as políticas sociais sofrem o processo de mercantilização, motivo pelo qual acabam por se distanciarem do objetivo da proteção social. Assim, o mérito individual se sobressai em detrimento da universalidade de direitos preconizados constitucionalmente. Nessa conjuctura, as políticas sociais sempre servirão aos anseios do capital, isto é, a manutenção da estratificação social por meio da desigualdade e aumento da pobreza, sendo essa uma forma indissociável da própria sociedade capitalista.

Nesse cenário, Coimbra[91] lembra que é impossível o capital existir sem a pobreza, explicando que, ao longo da formação das cidades brasileiras, os pobres foram migrando para as periferias, espaço normalmente associado às práticas criminais e mais distante das políticas de saneamento básico, moradia e transporte.

O projeto societário "moderno" atende, em todas as suas formas, aos interesses do capital, por isso é notória a dificuldade no avanço de garantias sociais, já que o propósito neoliberal acaba sendo aquele que melhor se amolda ao ímpeto capitalista, visto como forma de ampliar a taxa média do lucro extraído da força de trabalho em movimento. Portanto, o capital defenderá a promoção das garantias e liberdades individuais, pautando-se no fato de não haver gastos para o Estado na adoção dessas medidas; enquanto os direitos sociais acabam por prever oneração aos cofres públicos, pois necessariamente ocorrerá uma conduta positiva (ou ativa) do Estado por meio da aplicação de políticas sociais que visem alcançar certa igualdade material entre os sujeitos de direitos. Por isso, há intensa luta na preservação dos direitos já conquistados, visto que o projeto societário atual tem buscado o avanço de seus próprios interesses, especialmente "desonerando" o Estado de garantias prestacionais, defendendo o livre mercado em todas as suas vertentes.

---

[89] BERHING, Elaine Rossetti. Expressões políticas da crise e as novas configurações do Estado e da sociedade civil. *In*: SERVIÇO Social: Direitos Sociais e Competências profissionais. Brasília: CFESS/Abepss, 2009, p. 309.

[90] IAMAMOTO, Marilda Villela. *Serviço Social em tempo de capital fetiche*: capital financeiro, trabalho e questão social. São Paulo: Cortez, 2008.

[91] COIMBRA, Cecilia. *Operação Rio*: o mito das classes perigosas: um estudo sobre a violência urbana, a mídia impressa e os discursos de segurança pública. Rio de Janeiro: Intertexlo, 2001.

Compartilha-se da compreensão que existe uma estreita relação entre a fragilidade de políticas sociais vinculadas à diminuição da pobreza e as causas da criminalidade. Conforme estabelece Pereira:

> Acreditamos que existem muitas causas para o crime, mas admitimos que a violência intrínseca ao capitalismo alimenta a criminalização, afinal, na lei do mercado vale a lei do mais forte, o que contribui para a "normalidade" com que a sociedade moderna aceita os atos atentórios à vida humana.[92]

O modelo capitalista atua diretamente no crescimento econômico por meio da apropriação da "mais valia" social, transformando-a em lucro, ao mesmo tempo que acarreta a própria desvalorização da vida, na medida em que a força de trabalho utilizada no desenvolvimento econômico se traduz em determinado preço. Dessa maneira, simultaneamente ao aparelhamento do lucro capitalista composto por um número limitado de pessoas, há a grande massa de trabalhadores excluídos desse processo, que presenciou a desvalorização da força de trabalho ao longo dos anos, formando um grande grupo de pobres. O cenário desolador acaba gerando a inclinação pela prática criminal, pois "compensa" mais do que o trabalho normal, na medida em que a vida humana já fora banalizada pelo capital, que a excluiu da repartição de riqueza gerada da força de trabalho.

Não se pode negar que a pobreza está inserida nos fatores sociais que levam a pessoa a ingressar no "mundo do crime", pois a ausência de oportunidades, estudo e emprego limita a vida dessas pessoas de efetivarem escolhas. Ao Estado resta a criação de políticas sociais que priorizem a diminuição da pobreza e da miserabilidade, para que haja a diminuição real dos índices de criminalidade. Como exemplo, pode-se citar o caso das crianças atraídas pelo tráfico de drogas na função de "olheiros", encargo fundamental na segurança das "bocas de fumo". Entretanto, embora à primeira vista a análise possa ir ao encontro de uma plena criminalização das condutas desviantes, deve-se compreender todo o contexto social vivenciado por essas pessoas, sendo muitas delas devastadas pela pobreza absoluta, sem a figura paterna e vendo nas mães a base de sustentação financeira da numerosa família. Dessa forma, não se omite o fato de que a "tentação" pelo suposto "dinheiro fácil" e a possibilidade de mudança

---

[92] PEREIRA, Juliana Pedrosa. Direitos humanos, criminalidade e capitalismo: uma estreita relação. *Revista Urutágua*, Maringá, n. 12, p. 4, 2007.

de vida influenciam muitas crianças e jovens, sobretudo residentes nas periferias brasileiras, conteúdo descrito por Amorim:

> Dona Esmeralda (na favela todo mundo é "dona" e "seu") trabalha duro para sustentar a família e impedir que ela e os quatro filhos escorreguem para o que os sociólogos chamam de miséria absoluta. Perder o barraco alugado significa ir morar debaixo da ponte, literalmente. Ela lava e passa para a classe média, na Zona Sul da cidade. Consegue defender o aluguel e ainda sobra algum dinheiro. Mas é pouco para manter a garotada alimentada e vestida. É pouco para viver. Exatamente aí entra nosso herói: Tião é olheiro da boca de fumo. Ganha mais do que a mãe.[93]

Em resumo, o crime acaba por se tornar a forma de vida enraizada nessas comunidades, pois confere o mínimo de dignidade que fora negada pelo Estado, mesmo que tais condutas sejam tipificadas criminalmente.

Nesse sentido, o primeiro pressuposto básico para se compreender a intrínseca relação entre a pobreza e a criminalidade encontra-se na dificuldade de se aliar o projeto societário atual às garantias de direitos básicos aos cidadãos (saúde, educação, habitação entre outras), como descrevem Galvão e Martins:

> Portanto, pessoas que sofrem com a dificuldade no acesso à educação, ao transporte, a uma habitação digna e até mesmo à água, possuem apenas duas saídas, frente à omissão do Estado: uma é lutar pelos seus direitos e a outra é imergir no mundo da criminalidade.[94]

A ausência ou a precariedade no oferecimento de condições dignas pode desencadear o ingresso na criminalidade como forma de mudança de vida, pois o campo das escolhas entre alternativas é tênue. A pobreza limita a vida individual, mas muitos se enveredam na prática criminal como forma de atenuar a falta de oportunidades proporcionada pelas relações capitalistas, ou melhor, o crime acaba sendo a maneira encontrada por muitos de obter a prosperidade financeira, já que, em linhas gerais, a vida humana fora banalizada pelo sistema capitalista. Todo o

---

[93] AMORIM, Carlos. *Comando Vermelho*: a história do crime organizado. 1. ed. Rio de Janeiro: Editora Bestbolso, 2011. p. 28.
[94] GALVÃO, Giovana Mendonça; MARTINS, Tallita de Carvalho. Criminalização da pobreza: o produto de uma violência estrutural. *Rev. Transgressões*, [s. l.], v. 1, n. 2, p. 42- 65, 2015. p. 51.

processo histórico de negação de direitos básicos por meio de políticas sociais pode ocasionar o ingresso no crime, pautando-se na justificativa da possibilidade de melhoria na condição social muitas vezes marcada pela pobreza e miserabilidade.

O segundo pressuposto reside na influência midiática exercida sobre a população em geral, incutindo em suas mentes a ideia da suposta eficácia de práticas punitivistas como forma de resposta à criminalidade, ou seja, o discurso da punição criminal como maneira de lidar com os problemas sociais, em uma conjuntura marcada pelo avanço da política neoliberal. Dessa maneira, progressivamente diminuem-se os gastos sociais e elevam-se os custos relacionadas às práticas punitivas, como a assertiva de que construir mais presídios oferece maior sensação de segurança à população[95]. Diante de determinadas situações, Coimbra[96] lembra que a mídia exerce forte influência na produção de valores, sentimentos, comportamentos e dramatizações, produzindo rótulos e estigmas, tendo grande poder de persuasão e convencimento na vida das pessoas.

A mídia possui grande influência na opinião pública e massas da população, que confiam nas informações repassadas, crendo que são absolutamente verdadeiras. Para a maioria da população, a televisão é a única fonte de informação diária, sendo o meio mais eficiente de se distorcer a realidade, afastando das pessoas as informações realmente necessárias à concretização da democracia. Dessa forma, os meios de comunicação exploram o crime com viés do espetáculo lucrativo, incorporando a opinião da classe dominante sobre quem deve ser intitulado como criminoso, geralmente detentores das classes menos favorecidas e marginalizadas. A criminologia midiática identifica estereótipos que separa a sociedade em "pessoas decentes" e "bandidos", propagando a seletividade e a hierarquia entre as classes sociais, definição mais sombria da alienação social.

A ampliação da sensação de medo e insegurança da população incute a crença de que a segurança seria aumentada com maiores penas aos criminosos e construção de presídios de segurança máxima, legitimando nas relações sociais a naturalização do processo de encarceramento, mesmo que seja da classe miserável da sociedade, conforme explica Greco:

---

[95] De acordo com o Relatório de Informações Penais (RELIPEN) da Secretaria Nacional de Políticas Penais (SENAPPEN), no final do ano de 2023, existiam 1.383 estabelecimentos prisionais estaduais com celas físicas, enquanto no âmbito federal havia cinco estabelecimentos sob as mesmas condições. Para maiores informações estatísticas: https://www.gov.br/senappen/pt-br/servicos/sisdepen/relatorios.

[96] COIMBRA, 2001.

> Assim, sem a menor autoridade, emitem suas conclusões, dão suas respostas a todos os problemas dessa ordem, vale dizer, possuem uma resposta rápida e imediata ao problema da criminalidade. Normalmente, essas respostas apontam sempre para o aumento das penas já existentes, para a criação de novos tipos penais, para a possibilidade de imprescritibilidade etc.[97]

A sociedade passa a viver sob a crença imediatista de que o criminoso deve ser retirado da sociedade, ainda que ele seja pertencente, por exemplo, à mesma comunidade. Os olhos são fechados para os problemas sociais reais que permeiam o país, para naturalizar a privação de liberdade do indivíduo que a mídia estabeleceu como criminoso.

O papel dos meios de comunicação necessita se ater à informação, e não à exploração do "populismo penal". A violência não deve ser vista com viés mercadológico, mas como problema complexo que permeia, sobretudo, a ineficácia de políticas sociais ligadas à miserabilidade da população. Inclusive, ressalte-se, que a cultura midiática de exploração da criminalidade dos menos favorecidos esconde a violação de direitos que essa mesma pessoa sofreu (e sofre) em decorrência da precariedade do Estado em promover políticas sociais direcionadas aos hipossuficientes. É muito mais rentável explorar as vulnerabilidades individuais, por meio do cometimento do crime, do que expor a "face oculta" do Estado na promoção dos direitos. Sobre a distorção do termo "direitos humanos", explica Greco:

> Os direitos dos presos passaram a ser tratados com repúdio. A expressão direitos humanos começou a ser entendida de forma equivocada; a mídia se encarregou de perverter o seu real significado. Assim, quando a população em geral ouve dizer que os direitos humanos devem ser preservados, automaticamente faz ligação entre direitos humanos e direitos dos presos e, consequentemente, passam a questionar a sua necessidade.[98]

Ainda está muito presente a ideia de que a solução para a condição de miserabilidade humana está assentada na hipertrofia do Estado penal.

---

[97] GRECO, Rogério. *Sistema Prisional*: Colapso Atual e Soluções Alternativas. 2. ed. Rio de Janeiro: Editora Impetus, 2015. p. 72.
[98] *Ibidem*, p. 73.

Entretanto, mesmo que os crimes evoquem extrema raiva e desprezo do público, merecem o tratamento humano por parte do Estado, punindo-os de acordo com as leis estabelecidas. O limite dessa punição é a privação da liberdade, nada mais para além dessa máxima.

Por isso, pode-se considerar a pobreza como causa intrínseca do aumento dos índices de criminalidade, muito em razão da relação antagônica e contraditória que se aprofunda exponencialmente entre o capital e o trabalho, o que acarreta extrema desigualdade social em diferentes níveis. Compartilha-se da afirmação de que uma das formas de se conter a criminalidade é o investimento em políticas efetivas no combate à pobreza e inclusão social, na medida em que inexiste até então estudos que apontem o impacto do encarceramento na redução da criminalidade.

É conveniente frisar que as leis penais são importantes e necessárias ao convívio social, entretanto critica-se a sua hipertrofia em detrimento de políticas sociais voltadas à população hipossuficiente, compreendendo, dessa forma, que, diante da ausência do Estado em promover condições que assegurem a dignidade da pessoa humana, ele acaba por elevar a exclusão e a marginalização social, o que favorece a imersão no crime.

3.2.1 A criminalização da pobreza em casos de furto famélico

O furto famélico ocorre quando o indivíduo, confrontado com a pobreza extrema e movido pela necessidade urgente de se alimentar, comete o crime contra o patrimônio alheio descrito no artigo 155 do código penal[99]. Nesses casos, há o conflito aparente entre dois bens jurídicos protegidos pela lei: por um lado, o direito à vida e à integridade física do indivíduo faminto e, por outro, o direito à propriedade da vítima, cujos bens foram subtraídos.

De acordo com Inellas[100], o tratamento jurídico dispensando ao furto famélico remonta ao Direito Romano, onde foi amplamente reconhecida a ausência de crime se o ato cometido fosse necessário para salvaguardar bens de valor igual ou superior. Da mesma forma, o Direito Canônico reconheceu alguns cenários em que um ato criminoso era justificável, tais como casos de furto famélico, suicídio para manter a castidade e o aborto

---

[99] Art. 155 do CP: subtrair, para si ou para outrem, coisa alheia móvel: Pena - reclusão, de um a quatro anos, e multa.
[100] INELLAS, Gabriel César Zaccaria de. *Da exclusão de ilicitude*: estado de necessidade, legítima defesa, estrito cumprimento do dever legal, exercício regular do direito. São Paulo: Juarez de Oliveira, 2001.

para salvar a vida da gestante. No Direito Moderno, a doutrina germânica auxiliou a moldar o conceito deste instituto, com Franz Von Liszt desempenhando um papel fundamental na definição dos seus limites.

O Brasil reconheceu a existência do furto famélico no código penal do Império por meio do estado de necessidade, instituído no artigo 24 da vigente legislação penal[101]. Dessa forma, para que o indivíduo não seja punido criminalmente, faz-se necessário o preenchimento dos requisitos formais esculpidos no referido texto normativo, na medida em que não há tratamento legislativo específico ao furto famélico.

A partir dessa compreensão, observa-se que o empobrecimento é um fenômeno que priva os indivíduos da capacidade de exercer suas potencialidades. Aqueles que foram excluídos economicamente da sociedade são particularmente suscetíveis a esse fenômeno, sendo obrigados a residir em favelas e vasculhar o lixo em busca de alimento que possa saciar precariamente a fome. Não há dúvidas: o fenômeno da exclusão degenera as potencialidades individuais.

Portanto, em linhas preliminares, entende-se que o conceito de *famélico* está relacionado àquela pessoa que possui fome. Consoante preceitua Greco[102], quando se subtrai um bem da vítima para que indivíduo sacie diretamente sua fome, está-se diante do denominado furto famélico. Embora previsto no código penal como crime, a maioria da doutrina entende que o agente estaria acobertado pela causa de exclusão da ilicitude pelo estado de necessidade, posição compartilhada por Nucci:

> Pode, em tese, constituir estado de necessidade. É a hipótese de se subtrair alimento para saciar a fome. O artigo 24 do Código Penal estabelece ser possível o perecimento de um direito (patrimônio) para salvaguardar outro de maior valor (vida, integridade física ou saúde humana), desde que o sacrifício seja indispensável e inevitável.[103]

---

[101] Art. 24 do CP: considera-se em estado de necessidade quem pratica o fato para salvar de perigo atual, que não provocou por sua vontade, nem podia de outro modo evitar, direito próprio ou alheio, cujo sacrifício, nas circunstâncias, não era razoável exigir-se.

[102] GRECO, Rogério. *Curso de direito penal, volume 1*: parte geral: artigos 1º a 120 do Código Penal. 24. ed. Barueri: Atlas, 2022.

[103] NUCCI, Guilherme de Souza. *Curso de Direito Penal*: parte especial: artigos 121 a 212 do Código Penal. 3. ed. Rio de Janeiro: Forense, 2019. p. 470.

Nesse sentido, a subtração de alimentos ocorre para saciar a fome do próprio agente ou de terceiros, sendo comprovada o estado de miséria. Uma mãe que, por exemplo, em estado de desespero, após ser negado seus pedidos a todos os conhecidos, ingressa no supermercado e subtrai um pacote de macarrão instantâneo para seu filho pequeno estaria acobertada por essa exclusão da ilicitude, pois a ação se voltou à satisfação alimentar da criança.

Sobre os requisitos formais suficientes à exclusão do crime pelo estado de necessidade do agente, Cunha[104] destaca o posicionamento do Supremo Tribunal Federal: a conduta deve ser praticada para mitigar a fome, que seja a última ação do agente, que a coisa subtraída deva ser apta a contornar a fome e que haja ausência ou insuficiência de recursos, mesmo que essa pessoa esteja empregada. Há, portanto, o sacrifício do bem jurídico "patrimônio" para a proteção do bem jurídico "saúde" e/ ou "vida humana".

Contudo, a descriminante do furto famélico não pode ser utilizada indistintamente, sob pena de desproteger o bem jurídico referente ao patrimônio alheio, conforme preceitua Nucci:

> Atualmente, não é qualquer situação que pode configurar o furto famélico, tendo em vista o estado de pobreza que prevalece em muitas regiões de nosso País. Fosse ele admitido sempre e jamais se teria proteção segura ao patrimônio. Portanto, reserva-se tal hipótese a casos excepcionais, como, por exemplo, a mãe que, tendo o filho pequeno adoentado, subtrai um litro de leite ou um remédio, visto não ter condições materiais para adquirir o bem desejado e imprescindível para o momento.[105]

Diante do contexto apresentado, Lopes Júnior[106] rechaça a possibilidade de prisão àquelas que exerceram a subtração para saciar diretamente a fome, situação que lota as unidades prisionais e trazem despesas ao próprio Estado em decorrência do movimento da máquina pública. Embora o conceito do furto famélico não esteja explicitamente delineado na legislação penal, é frequentemente invocado como forma de exclusão

---

[104] CUNHA, Rogério Sanches. *Direito penal*: parte especial. 3. ed. rev., atual e ampl. São Paulo: Revista dos Tribunais, 2010.
[105] NUCCI, 2019, p. 470.
[106] LOPES JÚNIOR, Aury Celso Lima. *Direito processual penal*. 18. ed. São Paulo: Saraiva, 2021.

da ilicitude do fato, ainda que existam correntes doutrinárias que aceitam a exclusão do crime pelo princípio da insignificância ou da inexigibilidade de conduta diversa. No âmbito jurisprudencial, não há consenso acerca da natureza jurídica do furto famélico, embora prevaleça o entendimento pela aplicação do princípio da insignificância (afasta a tipicidade do delito) ou do estado de necessidade (exclui a ilicitude do crime).

O furto famélico está intrinsecamente relacionado à questão social, pois a desigualdade estabelecida no país desencadeia o aumento da criminalidade, sobretudo em delitos ligados ao patrimônio (furtos, roubos etc.). Dessa forma, quando se subtrai o patrimônio alheio para saciar a fome da família, em última análise, a pessoa, por meios próprios, está tentando estabelecer condições mínimas para a própria sobrevivência, já que o Estado se revela omisso no respeito ao princípio da dignidade humana, preceito intransigível da Constituição Federal de 1988. A condição de miséria retira toda e qualquer condição de dignidade do ser humano.

As circunstâncias pelas quais o agente veio a praticar o furto famélico sobrepõem o aspecto criminal, pois, na verdade, a pessoa não possui a vontade deliberada de infringir a lei, mas contornar o estado máximo de penúria alimentar por meio da subtração patrimonial. Por esse motivo, o Estado precisa atuar de maneira moderada, sopesando os bens jurídicos em conflito (patrimônio alheio x saúde/vida do agente), até porque o princípio da dignidade humana deve permear todas as decisões, já que se trata de norma irredutível.

Nesse contexto, o projeto de Lei n.º 4540/2021[107], em trâmite na Câmara dos Deputados, apresenta a possibilidade de descriminalizar o "furto por necessidade", em decorrência de situação de pobreza e necessária à satisfação da fome própria ou de membro familiar. A justificativa seria diminuir a superlotação carcerária pela exclusão da ilicitude do furto voltado à saciedade da fome, evitando-se, por conseguinte, o gasto desnecessário da máquina estatal, já que normalmente o valor subtraído é tão baixo que sequer consegue cobrir as despesas do trâmite processual.

Segundo Dolce e Pina[108], a agência de jornalismo investigativo "Publica", sem fins lucrativos, realizou uma pesquisa sobre pequenos

---

[107] Art. 155, §1º, I do projeto de lei n.º 4540/2021: I – quando a coisa for subtraída pelo agente, em situação de pobreza ou extrema pobreza, para saciar sua fome ou necessidade básica imediata sua ou de sua família; [...] §8º Não há crime quando o agente, ainda que reincidente, pratica o fato nas situações caracterizadas como furto por necessidade e furto insignificante, sem prejuízo da responsabilização civil.

[108] DOLCE, Júlia; PINA, Rute. *Famélicos*: a fome que o Judiciário não vê. *Publica*, São Paulo, 11 de março de 2019.

furtos no estado de São Paulo em 2019. Suas descobertas revelaram que, de 2014 a 2018, houve um aumento de 16,9% nos casos de furto de alimentos no estado, sendo constatado que ¼ dos acusados de furto famélico estavam desempregados e tinham os estabelecimentos comerciais como principais alvos.

Semelhantemente, de acordo com Fernandes[109], um levantamento realizado pela Defensoria Pública da Bahia constatou que, em 2019, um ano antes da pandemia, os furtos famélicos correspondiam a 12% do total na cidade de Salvador. No ano de 2021, segundo ano da pandemia, os números subiram para 20,25% do total na mesma cidade.

Os exemplos trazidos se baseiam em casos reportados publicamente, embora haja uma grande subnotificação nesses tipos de ocorrências[110]. Independentemente disso, uma coisa é certa: o aumento da pobreza, da fome e da desigualdade social no Brasil desempenha papel significativo no surgimento de situações extremas, como os casos de furtos famélicos.

3.2.2 O desvio de recursos públicos nos crimes ligados à corrupção

O legislador descreveu, de maneira não taxativa, crimes relacionados à corrupção no artigo 317[111] (corrupção passiva) e no artigo 333 do código penal[112] (corrupção ativa). A diferença ocorre quanto ao sujeito ativo do delito: naquele é o próprio funcionário público; neste é o particular. Não há na legislação criminal um tipo penal a ser aplicado indistintamente, mas sim formas de corrupção consubstanciadas nas normas penais. O conceito trazido por Zaffaroni se relaciona à troca de vantagens entre pessoas, sendo um deles detentor de poder estatal:

> Por corrupção deve-se entender a relação que se estabelece entre uma pessoa com poder decisório estatal e uma outra pessoa que opera fora deste poder. O objetivo desta relação é uma troca de vantagens, onde ambas obtêm incremento

---

[109] FERNANDES, Lucas. Furto por fome: levantamento da Defensoria da Bahia aponta aumento de prisões por furtos famélicos em cinco anos. *Defensoria Pública Bahia*, 15 de março de 2022.

[110] Em tempo, este pesquisador não encontrou trabalhos semelhantes em outros estados da federação, não havendo bases de dados oficiais neste sentido.

[111] Art. 317 do CP: solicitar ou receber, para si ou para outrem, direta ou indiretamente, ainda que fora da função ou antes de assumi-la, mas em razão dela, vantagem indevida, ou aceitar promessa de tal vantagem: Pena – reclusão, de 2 (dois) a 12 (doze) anos, e multa.

[112] Art. 333 do CP: oferecer ou prometer vantagem indevida a funcionário público, para determiná-lo a praticar, omitir ou retardar ato de ofício: Pena – reclusão, de 2 (dois) a 12 (doze) anos, e multa.

patrimonial, em função de um ato (ou omissão) da primeira pessoa em benefício da segunda.[113]

Os crimes relacionados à corrupção estão arraigados nas relações sociais e estruturas de poder do Estado, distorcendo a canalização de recursos públicos para as áreas sociais, a exemplo da saúde, da educação e da moradia, implicando negativamente a implementação de políticas sociais no Brasil. Para Greco, embora os atos de corrupção sejam frequentes, há grande incidência da impunidade:

> Os veículos de comunicação têm noticiado, com frequência assustadora, fatos que envolvem atos de corrupção. São juízes de Direito, promotores de justiça, policiais, políticos, enfim, pessoas encarregadas de trazer a paz social que, infelizmente, são apontadas como corruptas, envergonhando nosso país. Contudo, embora alguns escândalos se tornem nacionalmente conhecidos, quando descobertos, a verdade é que a maioria esmagadora dos atos de corrupção praticados por nossos funcionários públicos permanece impune.[114]

Sodré[115] explica que existe uma relação negativa entre a corrupção e o índice de desenvolvimento humano, pois o aumento da corrupção acaba por levar à diminuição desse índice; a relação positiva se estabelece com o aumento da corrupção e o alargamento da concentração de renda e pobreza no Brasil. Nesse sentido, Greco explica a relação que permeia a pobreza nos países periféricos:

> A corrupção é um problema de todas as nações. É verdade que sua incidência maior ocorre nos países menos desenvolvidos, onde existe um índice de pobreza elevado, onde não ocorre uma distribuição de rendas, fazendo com que a diferença entre as camadas sociais seja assustadora.[116]

Por isso a corrupção é tratada como um assunto demasiadamente relevante, já que, além de limitar o crescimento econômico do país, impacta

---

[113] ZAFFARONI, Eugenio Raul. *Manual de direito penal brasileiro – Parte geral*. 2. ed. São Paulo: Revista dos Tribunais, 1999. p. 371.

[114] GRECO, 2022, p. 1685-1686.

[115] SODRÉ, Flavius Raymundo Arruda. *Os impactos da corrupção no desenvolvimento humano, desigualdade de renda e pobreza nos municípios brasileiros*. 2014. 61 f. Dissertação (Mestrado em Economia) – Universidade Federal de Pernambuco, Recife, 2014.

[116] *Ibidem*, p. 1687.

negativamente a concretização dos direitos sociais. Dessa forma, a corrupção dificulta a ascensão das classes mais pobres da sociedade, enquanto acresce privilégios aos mais ricos, considerando a desvirtuação dos recursos públicos aos setores carentes da sociedade, conforme destacado por Nucci:

> Uma das maiores contradições do Direito, atualmente, é o falso entendimento de que o crime violento massacra a classe pobre enquanto o delito não violento (como a corrupção) afeta os ricos. Então, entra a demagogia estatal: aumentam-se as penas dos delitos violentos; mantém-se as penas (ou até se diminuem) dos crimes não violentos, em que se encaixa a corrupção. A grande sacrificada pelo volume da corrupção gerada no Brasil é a camada mais pobre. Afinal, o desvio de dinheiro público afeta justamente a infraestrutura indispensável a quem não possui recursos financeiros, tais como alimentação, ensino, saúde, lazer, moradia etc.[117]

Há diversos projetos de lei que preveem a inclusão de delitos ligados à corrupção no rol dos crimes hediondos, entendidos como crimes que causam maior repulsa social, sob os quais foram estabelecidos maior reprimenda penal por parte do legislador. Entretanto, pode-se observar que, até o presente momento, não há nenhum indicativo de mudança legislativa nesse sentido, citando-se o projeto de lei n.º 5900/2013, que prevê a inclusão das práticas de corrupção ativa e passiva, concussão, peculato e excesso de exação na lista dos crimes hediondos. Já o projeto de lei n.º 4459/2000 prescreve a inserção no rol de crimes hediondos os crimes de peculato, emprego irregular de verbas ou rendas públicas, concussão, corrupção passiva, prevaricação, tráfico de influência e corrupção ativa. Por fim, o projeto de lei n.º 677/2021 estabelece a incorporação dos crimes ligados à corrupção ativa e passiva no rol dos crimes hediondos.

A corrupção precisa ser enfrentada de maneira apartidária, mediante política que transcenda a transitoriedade de governos, sendo a independência funcional das polícias judiciárias (civil e federal) elemento central no efetivo combate às diversas formas de atos corruptivos. A estruturação de instituições sólidas, íntegras e responsáveis possuem melhores condições de avançar nesse objetivo, pois não há dúvidas de que a impunidade ainda exerce grande estímulo à prática criminal, por essa razão uma das

---

[117] NUCCI, Guilherme de Souza. *Corrupção de anticorrupção*. Rio de Janeiro: Forense, 2015. p. 11

maiores ferramentas para se frear a corrupção concentra-se na plena transparência dos atos do poder público.

3.2.3 A aplicação da teoria da coculpabilidade em defesa da dignidade da pessoa humana

Consoante explicita Moura[118], a primícia da teoria da coculpabilidade remonta ao surgimento do Estado liberal e as ideias iluministas do século XVIII, ocasião em que o Estado começou a assumir a responsabilidade de garantir aos seus cidadãos as necessidades básicas de sobrevivência, segurança e desenvolvimento individual por meio do chamado "contratualismo". Contudo, na hipótese de quebra do contrato social firmado, as consequências poderiam ser graves, incluindo a responsabilidade do Estado pela prática de determinados crimes cometidos por agentes específicos.

Sobre a gênese da teoria, Marat contribuiu significativamente sobre a percepção da culpabilidade. O médico francês acreditava que uma lei que determinasse a mesma punição para todos os infratores só seria justa no Estado fundado sob os princípios da igualdade, em que seus membros tivessem privilégios relativamente equivalentes. Sobre a temática inicialmente estudada por Marat, afirma Rodrigues: "Em 1799, desenvolveu uma crítica socialista e revolucionária ao pensamento kantiano, afirmando ser a pena talional a mais justa e apropriada das formas de pena desde que tivéssemos uma sociedade igualmente justa e igualitária"[119]. Zaffaroni e Pierangeli sintetizam a teoria:

> Cremos que a coculpabilidade é herdeira do pensamento de Marat e, hoje, faz parte da ordem jurídica de todo Estado social de direito, que reconhece direitos econômicos e sociais, e, portanto, tem cabimento no Código Penal mediante a disposição genérica do artigo 66[120].

Nesse contexto, fundamentados nas ideias de Marat, Zaffaroni e Pierangeli preconizam que a responsabilidade criminal por aqueles socialmente marginalizados não cabe apenas ao indivíduo, mas partilhada pelo Estado e sociedade em geral:

---

[118] MOURA, Grégore. *Do princípio da coculpabilidade*. Rio de Janeiro: Impetus, 2006.
[119] RODRIGUES, Cristiano. *Teorias da Culpabilidade*. Rio de Janeiro: Lumen Juris, 2004, p. 26.
[120] ZAFFARONI, Eugenio Raul; PIERANGELI, José Henrique. *Manual de direito penal brasileiro*: parte geral. 4. ed. São Paulo: Revista dos Tribunais, 2002. p. 611.

> Todo sujeito age numa circunstância dada e com um âmbito de autodeterminação também dado. Em sua própria personalidade há uma contribuição para esse âmbito de autodeterminação, posto que a sociedade – por melhor organizada que seja – nunca tem a possibilidade de brindar a todos os homens com as mesmas oportunidades. Em consequência, há sujeitos que têm um menor âmbito de autodeterminação, condicionado desta maneira por causas sociais. Não será possível atribuir estas causas sociais ao sujeito e sobrecarregá-lo com elas no momento da reprovação de culpabilidade. Costuma-se dizer que há, aqui, uma "co-culpabilidade", com a qual a própria sociedade deve arcar.[121]

Todos os dias há violações de direitos e garantias por parte do Estado, situação em que grande parte da população vive marginalizada e privada de condições básicas de vida, como moradia, educação, saúde e trabalho, visto que não é ofertado aos seus membros as mesmas oportunidades sociais, porém muitos sequer possuem acesso aos direitos básicos necessárias à vida digna. A omissão estatal acaba contribuindo no cometimento de condutas desvirtuadas, dificultando ao aplicador do direito a aferição fática da igualdade perante a lei, sendo a teoria da coculpabilidade utilizada como instrumento de justiça para alcançar a isonomia material entre os indivíduos.

Diante da presente situação de negação de direitos fundamentais, muitas pessoas são tomadas pela necessidade imediata de sobrevivência, não com a finalidade destrutiva, mas de preservar aspectos mínimos da dignidade negada pelo Estado. Nesse sentido, assevera Beccaria: "Em toda sociedade humana, há um esforço tendendo continuamente a conferir a uma parte o auge do poder e da felicidade e a reduzir a outra à extrema fraqueza e miséria"[122]. Em termos similares, a concentração de poder nas mãos de uma minoria incorre no estado de negação de direitos fundamentais à maioria da população, desencadeando a violência como forma de preservar algum traço de dignidade.

O princípio da coculpabilidade é previsto nas legislações da Argentina, da Colômbia e do Equador, entretanto no Brasil não há previsão expressa no ordenamento jurídico, sendo uma construção doutrinária

---

[121] *Ibidem*, p. 610-611.
[122] BECCARIA, Cesare. *Dos delitos e das penas*. Tradução de Neury Carvalho Lima. São Paulo: Hunter Books, 2012. p. 9.

fundamentada na busca pela igualdade material e na defesa da dignidade da pessoa humana. Nesse contexto de desigualdade social, a doutrina criou a teoria da coculpabilidade como forma de minorar a reprimenda penal em certas situações, conforme preceitua Greco:

> A teoria da coculpabilidade ingressa no mundo do Direito Penal para apontar e evidenciar a parcela de responsabilidade que deve ser atribuída à sociedade quando da prática de determinadas infrações penais pelos seus "supostos cidadãos". Contamos com uma legião de miseráveis que não possuem um teto para se abrigar, morando embaixo de viadutos ou dormindo em praças ou calçadas, que não conseguem emprego, pois o Estado não os preparou ou os qualificou para que pudessem trabalhar, que vivem a mendigar por um prato de comida, que fazem uso de bebida alcoólica para fugir à realidade que lhes é impingida. Quando tais pessoas praticam crimes, devemos apurar e dividir essa responsabilidade com a sociedade.[123]

Como não há expressa previsão legal, pertence ao juiz a tarefa de aplicar o princípio no caso concreto, entendido como mecanismo efetivo à concretização do princípio da igualdade, de acordo com Marçal e Filho:

> O juiz deixará de ser mero espectador da realidade desigual que aflige o cenário brasileiro e passará, portanto, a atuar de modo efetivo com fins de permitir que o almejado princípio da igualdade norteie à aplicação da pena. Assim sendo, o princípio da coculpabilidade constituirá o meio pelo qual o juiz atingirá o princípio da igualdade e, na verdade, a própria justiça.[124]

Como ainda não existe previsão legal para a aplicação da teoria da coculpabilidade, muitos doutrinadores se debruçam sobre o tema para encontrar fundamentos jurídicos que possam embasar tecnicamente a aplicação no caso concreto. Nesse contexto, Rangel defende a necessidade de positivação do instituto no ordenamento jurídico como forma de trazer segurança jurídica:

---

[123] GRECO, 2022, p. 1027.
[124] MARÇAL, Fernanda Lira; FILHO, Sidney Soares. *O princípio da coculpabilidade e sua aplicação no direito penal brasileiro*, 2011. p. 11.

> Não basta estar apenas implicitamente positiva, é necessário que ela seja normatizada para ser eficaz e trazer uma maior segurança para seu real objetivo, que consiste no de levar em consideração as condições sociais e econômicas do agente delituoso na dosimetria da pena. Também não basta o reconhecimento de forma implícita no Direito Processual, mas sim, a necessidade de estar presente dentro do Direito Penal.[125]

A depender do grau de exclusão social e miserabilidade do agente que praticou a infração penal, Greco[126] explica que há duas opções legislativas para o enquadramento nesse tipo de situação: a absolvição, por meio de decisão judicial não incriminadora, e a aplicação da atenuante genérica esculpida no artigo 66 do Código Penal[127], circunstância que torna menos grave a reprimenda penal, sintetizada por Castro: "Não se quer excluir a responsabilidade pessoal e transferi-la para a sociedade, mas tão somente atenuá-la"[128]. Mirabete e Fabbrini apresentam algumas aplicações práticas das circunstâncias inominadas (ou atenuantes genéricas) dessa teoria:

> Podem ser apontados alguns exemplos de circunstâncias inominadas: a extrema penúria do autor de um crime contra o patrimônio, o arrependimento do agente, a confissão voluntária de crime imputado a outrem ou de autoria ignorada, a facilitação do trabalho da Justiça com a indicação do local onde se encontra o objeto do crime, a recuperação do agente após o cometimento do crime etc.[129]

Consoante a hipótese de absolvição citada por Greco, Guimarães propõe o encaminhamento do agente ao setor competente de políticas sociais nos casos em que haja a desnecessidade da aplicação da pena no caso concreto:

> Dessa forma, o Estado, representado pelo órgão jurisdicional e pelo Ministério Público, reconhecendo não ter

---

[125] RANGEL, Caio Mateus Caires. *Co-culpabilidade e a (in) aplicabilidade no direito penal brasileiro*. Buenos Aires: Universidade de Bueno Aires, 2013. p. 21.

[126] GRECO, 2022.

[127] Art. 66 do CP: a pena poderá ser ainda atenuada em razão de circunstância relevante, anterior ou posterior ao crime, embora não prevista expressamente em lei.

[128] CASTRO, Carla Rodrigues Araújo de. *Co-culpabilidade*. Revista do MP, Rio de Janeiro, n. 21, 2005, p. 49.

[129] MIRABETE, Júlio Fabbrini; FABBRINI, Renato. N.º *Manual de Direito Penal, Parte Geral*. 26. ed. São Paulo: Atlas, 2011. p. 299.

tido o apenado o acesso aos direitos sociais mínimos, os quais garantiriam a sua dignidade como pessoa humana, deixará de aplicar a pena e encaminhará o apenado para programas públicos de inclusão social, para que assim, o primeiro contato entre o Estado e o cidadão ocorra no âmbito da cidadania positiva, reconhecedora de direitos, e não na esfera da punição, da cidadania negativa, cujo objetivo é uma restrição ainda maior dos poucos direitos usufruídos pelos extremófilos.[130]

Outra construção doutrinária é trazida por Moura[131], por meio da leitura combinada do artigo 59 do código penal[132] e do artigo 187, §1º do código de processo penal[133], que estabelecem a consideração do meio social de vida do agente na análise das circunstâncias judiciais do crime, oportunidade em que o magistrado poderá proferir uma decisão judicial mais justa. Nesse viés, os questionamentos de natureza subjetiva permitem o exame das condições que levaram o agente ao cometimento do delito, inclusive, em sede de interrogatório, há a previsão de indagações acerca das "oportunidades sociais" e "outros dados familiares e sociais" para corroborar o convencimento do magistrado no sentido de aplicar a teoria da coculpabilidade como mecanismo de justiça social.

É importante reconhecer que a adoção do princípio da coculpabilidade não deve ser confundida com impunidade criminal, revelando-se como mecanismo de compensação pela incapacidade do Estado em fornecer serviços públicos essenciais à maioria dos seus cidadãos, obrigando-o a compensar ou reduzir a punição imposta em consequência.

Ao aplicar o princípio da coculpabilidade, o direito penal materializa os valores consagrados na Constituição Federal de 1988, notadamente a igualdade, a dignidade da pessoa humana e da individualização da pena,

---

[130] GUIMARÃES, Claudio Alberto Gabriel. A Culpabilidade compartilhada como princípio mitigador da ausência de efetivação dos direitos humanos fundamentais nos delitos patrimoniais. *Espaço jurídico*, [s. l.], v. 10, n. 1, 2009. p. 39.

[131] MOURA, 2006.

[132] Art. 59 do CP: o juiz, atendendo à culpabilidade, aos antecedentes, à conduta social, à personalidade do agente, aos motivos, às circunstâncias e consequências do crime, bem como ao comportamento da vítima, estabelecerá, conforme seja necessário e suficiente para reprovação e prevenção do crime.

[133] Art. 187, §1º do CPP: o interrogatório será constituído de duas partes: sobre a pessoa do acusado e sobre os fatos. § 1º Na primeira parte o interrogando será perguntado sobre a residência, meios de vida ou profissão, oportunidades sociais, lugar onde exerce a sua atividade, vida pregressa, notadamente se foi preso ou processado alguma vez e, em caso afirmativo, qual o juízo do processo, se houve suspensão condicional ou condenação, qual a pena imposta, se a cumpriu e outros dados familiares e sociais.

garantindo que a igualdade material seja alcançada mediante a implementação de uma forma adequada de justiça criminal, calcada na justa dosagem da pena aos autores de crime que se encontrem em situação de hipossuficiência, sendo o Estado parte dessa responsabilidade. Em outras palavras, diante da ausência do Estado em promover políticas sociais de mitigação à pobreza e miséria, vê-se que o instituto da coculpabilidade auxilia no combate da chamada "criminalização da pobreza", aplicando ao caso concreto a materialização do princípio da dignidade humana por meio da justiça social.

Embora os tribunais resistam à aplicação efetiva da teoria da coculpabilidade por ausência de expressa previsão legal, deve-se ponderar a possibilidade de aplicação em casos concretos, particularmente quando se comprova a omissão do Estado em defender a igualdade material aos seus cidadãos. Torna-se, portanto, importante incorporar explicitamente o princípio ao ordenamento jurídico brasileiro, circunstância que garantirá ao acusado o julgamento justo e equitativo, com a isonomia respeitada de maneira substancial.

Quando ocorre a prática delituosa, a ordem jurídica estabelecida e a harmonia social são desrespeitadas: impor a mesma pena ao indivíduo marginalizado que violou uma norma penal e a alguém que a afrontou voluntariamente não é uma resposta adequada por parte do Estado. Nesses casos, a coculpabilidade aplica-se para garantir uma justa resposta do direito penal. Portanto, o Estado que negligencia a satisfação das necessidades básicas dos seus cidadãos partilha a culpabilidade parcial quando o indivíduo comete um crime como resultado de tais necessidades não satisfeitas. Nessas circunstâncias, as ações do infrator são menos reprováveis do que seriam em circunstâncias "normais".

É importante consignar que a admissão da coculpabilidade não implica a impunidade do autor do delito, pois a aplicação no caso concreto se sujeitará a condições específicas que devem ser cumpridas, como a inserção em ambiente social negligenciado pelo Estado, além de fatores socioeconômicos que motivaram a prática criminal. Consequentemente, embora a miserabilidade do infrator possa ser um fator atenuante, não deve ser uma justificativa universal para o crime. Cada caso deve ser avaliado individualizadamente para determinar se existe uma ligação comprovada entre a pobreza do agente e o crime cometido. Se não existir tal ligação, descarta-se a aplicação da coculpabilidade.

Enquanto não houver a previsão expressa da teoria da coculpabilidade no ordenamento jurídico brasileiro, talvez o melhor entendimento seja o que preceitua ser dever moral do juiz a aplicação no caso concreto por meio da atenuante genérica do artigo 66 do código penal, consubstanciado em mecanismo de compatibilização da culpa do agente e da responsabilidade do Estado pela ineficiência no fornecimento de políticas sociais aos membros em estado de vulnerabilidade social.

3.3 A COMPLEXIDADE CRIMINAL EXPLORADA PELA CRIMINOLOGIA

As ciências que se debruçam sobre o estudo do crime buscam entendê-lo como um fenômeno global, consequência da ação coletiva de seus componentes (criminosos, ofendidos e ambiente), influenciado por fatores socioeconômicos, políticos e culturais. O estudo acerca da dinâmica criminal não significa canalizar os esforços às práticas repressivas, mas compreender o processo operacional do crime para a antecipação de sua ocorrência, prevenindo-o. Segundo Molina e Gomes, a criminologia é assim definida:

> Como ciência empírica e interdisciplinar, que se ocupa do estudo do crime, da pessoa do infrator, da vítima e do controle social do comportamento delitivo, e que trata de subministrar uma informação válida, contrastada, sobre a gênese, dinâmica e variáveis do crime – contemplado este como problema individual e como problema social –, assim como sobre os programas de prevenção eficaz do mesmo e técnicas de intervenção positiva no homem delinquente e nos diversos modelos ou sistemas de resposta ao delito.[134]

Sendo assim, revela-se como uma ciência experimental e interdisciplinar, preocupada com o estudo do crime, do autor, da vítima e do controle social sobre o comportamento criminoso, enquanto tenta fornecer informações factuais e comparativas sobre as origens, as motivações e as variáveis do crime, encarado como uma questão pessoal e social, bem como sobre os programas eficazes de prevenção e técnicas de intervenção contra os delinquentes.

---

[134] MOLINA; Antônio García-Pablos de; GOMES, Luiz Flávio. *Criminologia*: introdução a seus fundamentos teóricos: introdução às bases criminológicas da Lei 9.099/95, lei dos juizados especiais criminais. 3. ed. rev., atual. e ampl. São Paulo: Revista dos Tribunais, 2000. p. 37.

O crime tem sido tradicionalmente considerado uma questão complexa, que abrange dimensões sociais, econômicas e políticas. Em âmbito social, tem o impacto direto no bem-estar e na longevidade da população. Do ponto de vista econômico, as atividades criminosas estão interligadas às condições financeiras prevalecentes, impedindo o crescimento e o desenvolvimento econômico do país. Por fim, o crime também é uma preocupação política, pois seu combate exige o envolvimento do governo na alocação de recursos ao sistema de justiça criminal e à segurança pública.

Dessa forma, a criminalidade é vista como um problema político, econômico e social, sendo a pobreza, a miséria e a fome entendidos como fatores sociais que poderão servir de impulso à prática delituosa. Nesse passo, a condição social do indivíduo está vinculada a uma série de características exemplificativas, como a condição econômica (renda insuficiente ou inexistente), o caráter (família muitas vezes desestruturada), a moradia (habitações indignas ou ausência de moradia), entre outras. A ausência de condições mínimas que assegurem a dignidade humana influi na má formação física, psíquica e biológica do homem, tornando-o inclinado (ou apto) a delinquir. Em outras palavras, o conjunto de insuficiências geradas por inúmeros fatores pode conduzir o indivíduo à delinquência.

Não que a pobreza seja o fator determinante ao crime, mas a exclusão social decorrente da má distribuição de renda acaba por desencadear certa tendência à prática criminal. Nesse contexto, é apresentado o controle social informal, composto pela família, escola, igreja, trabalho etc.; acaso se revelem insuficientes para impedir o comportamento delitivo, entram em ação as instâncias do controle social formal, composto basicamente pela polícia, ministério público, poder judiciário e estabelecimentos prisionais, todos com eficácia limitada, pois enfrentam as consequências do delito, e não as causas originárias. O estudo dos fatores sociais é importante para se compreender que o crime possui diversas vertentes, entre elas a análise da sociedade em que o homem está inserido, entendida como fator exógeno (externo) do crime.

No exercício da ciência criminal, tomando a teoria como parâmetro, Posterli[135] cita três pilares sustentadores: o direito penal, a criminologia e a política criminal. O direito penal é tratado como uma ciência normativa, lógica, abstrata e dedutiva, que possui o papel de criar e regulamentar toda a teoria da norma penal (teoria do crime e teoria da pena). Por seu

---

[135] POSTERLI, Renato. *Temas de criminologia*. Belo Horizonte: Del Rey, 2001.

lado, a criminologia segue o mesmo caminho do direito penal no sentido de analisar como o crime é prevenido e reprimido. No entanto, a criminologia atua de maneira completamente diferente do direito penal, pois analisa a realidade e a prática; o direito penal possui o foco precípuo no crime como padrão, enquanto a criminologia investiga o infrator individualmente, com o objetivo de apresentar informações confiáveis sobre as origens, o desenvolvimento e os fatores do comportamento criminoso. Ao contrário do direito penal, a criminologia não funciona dentro de uma estrutura normativa, em vez disso opera como uma ciência empírica interdisciplinar, observando e analisando as realidades e ocorrências do mundo em que habitamos. Por sua vez, a política criminal visa fornecer às autoridades públicas opções concretas e cientificamente respaldadas para o controle e gestão eficazes do crime, ou seja, apresenta orientações de conduta e soluções no combate ao crime.

Além da responsabilidade em atender às necessidades tanto do infrator quanto da vítima, a criminologia visa desenvolver estratégias de prevenção e intervenção ao crime, permitindo que a sociedade e as autoridades públicas tenham conhecimento sobre o criminoso e o crime em questão. Ao reunir uma compreensão profunda das questões relacionadas ao crime, a criminologia desempenha um papel crucial em informar e orientar a sociedade.

A correlação entre a estrutura socioeconômica e a criminalidade está muitas vezes ligada à incapacidade do Estado de atender às necessidades da população por meio de políticas sociais, resultado da crise financeira que tem impactado os projetos sociais e o avanço econômico, evidenciando elevadas taxas de criminalidade em áreas onde o governo negligencia sua responsabilidade no fornecimento de bens e serviços essenciais ao bem-estar do povo.

3.3.1 A evolução histórica da criminologia

A origem do termo criminologia pode ser rastreada até a palavra latina *crimen*, que significa crime, e a palavra grega *logo*, que significa estudo. Portanto, a criminologia é um campo de estudo independente, empírico e interdisciplinar, que se concentra no exame da prevenção e suas vertentes: no criminoso, na vítima e no controle social da conduta criminosa.

De acordo com Oliveira[136], a análise de uma "evolução histórica da criminologia" não pode ser imperativa, pois qualquer exame das várias "escolas criminológicas" ao longo da história tende ao descrédito pelas ciências sociais, se considerado o termo "evolução histórica", sendo aconselhável evitar qualquer definição rígida dos movimentos criminológicos. A extensa pesquisa realizada por Anitua[137] explorou profundamente esse assunto, servindo como recurso vital para a contemplação da criminologia como um conjunto multifacetado de ideias, que se cruzam e divergem continuamente dependendo das influências sociais, políticas e até legais que moldam cada período distinto da história.

Os estudos de Oliveira[138] apresentam duas fases das análises criminológicas ao longo dos anos: pré-científica e científica. A primeira possui origem na antiguidade, período em que os autores documentaram suas preocupações com o crime em textos esparsos. A segunda surgiu com o advento das escolas sociológicas do crime e é representada por uma abordagem mais sistemática e analítica direcionada ao estudo do comportamento criminoso. Dessa maneira, a melhor doutrina aponta duas etapas no estudo da criminologia: etapa pré-científica, por meio dos primeiros estudos realizados pela escola clássica, e etapa científica, mediante os conhecimentos emanados pela escola positiva.

Diante de muitas classificações doutrinárias acerca da diferença histórica entre escolas e teorias criminológicas, talvez Maia[139] apresente a forma mais didática de se entender as divisões, que pode ser feita em escalas grandes e pequenas. A microssociologia é composta por duas escolas de pensamento, a escola clássica e a escola positiva, que se concentram em examinar os indivíduos e pequenos grupos na sociedade. A macrossociologia, por outro lado, traz consigo duas teorias: a do consenso e a do conflito, sob as quais possuem uma abordagem mais ampla sobre os fatores sociais vistos em maior escala, analisando a própria estrutura da sociedade.

Segundo Oliveira[140], durante o século XVIII e início do século XIX, a escola clássica de pensamento sobre o crime surgiu simultaneamente

---

[136] OLIVEIRA, Felipe Cardoso Moreira de. Pesquisa inovadora ou reprise lombrosiana. *Boletim do IBCCrim*, São Paulo, ano 15, n. 184, 2008.
[137] ANITUA, Gabriel Ignácio. *Histórias dos pensamentos criminológicos*. Tradução de Sérgio Lamarão. Rio de Janeiro: Revan, 2008.
[138] OLIVEIRA, Natacha Alves de. *Criminologia*. 2. ed. Salvador: Juspodivm, 2020.
[139] MAIA, Erick de Figueiredo. *Execução penal e criminologia*. São Paulo: Saraiva Educação, 2021.
[140] *Ibidem*.

com o iluminismo italiano, tornando-se a primeira escola sociológica a abordar o tema, criada em oposição ao regime absolutista e visava delimitar a autoridade punitiva do Estado como salvaguarda dos direitos individuais. O foco principal da pesquisa baseava-se principalmente na responsabilidade criminal, sob o referencial da ideologia contratualista, dos princípios morais, do livre arbítrio e da autodeterminação do indivíduo. Inclusive, em 1764 o Marquês de Beccaria publicou a obra "Dos crimes e penas", considerada o marco fundamental sobre o tema.

Essa vertente emergiu como a primeira instituição acadêmica dedicada ao exame sistemático do crime, dos criminosos, das penas e das punições, entretanto baseou-se, em abordagens convencionais empregadas no direito penal, como métodos normativos, lógicos, abstratos e dedutivos. Por essa razão, não foi classificada como uma escola científica dentro do campo da criminologia.

Penteado Filho[141] explica que os proponentes da escola clássica se inclinaram a examinar o processo de tomada de decisão consciente e voluntária do homem, acreditando firmemente que os indivíduos, diante da capacidade de livre arbítrio, conscientemente decidem se envolver em atividades criminosas por sua própria vontade. Segundo a compreensão de Baratta, consequentemente o delito ocorre em virtude da manifestação de vontade do próprio indivíduo:

> A escola liberal clássica não considerava o delinquente como um ser diferente dos outros, não partia da hipótese de um rígido determinismo, sobre a base do qual a ciência tivesse por tarefa uma pesquisa etiológica sobre a criminalidade, e se detinha principalmente sobre o delito, entendido como conceito jurídico, isto é, como violação do direito e, também, daquele pacto social que estava, segundo a filosofia política do liberalismo clássico, na base do Estado e do direito. Como comportamento, o delito surgia da livre vontade do indivíduo, não de causas patológicas, e por isso, do ponto de vista da liberdade e da responsabilidade moral pelas próprias ações, o delinquente não era diferente, segundo a Escola clássica, do indivíduo normal.[142]

---

[141] PENTEADO FILHO, Nestor Sampaio. *Manual esquemático de criminologia*. 2. ed. São Paulo: Saraiva, 2012.

[142] BARATTA, Alessandro. *Criminologia crítica e crítica ao direito penal*: introdução à sociologia do direito penal. 3. ed. Rio de Janeiro: Editora Revan: Instituto Carioca de Criminologia, 2002. p. 31.

De acordo com Penteado Filho[143], o campo dos estudos criminais passou por um afastamento dos princípios da escola clássica e da noção de livre arbítrio, adotando uma abordagem mais concreta. Essa mudança foi protagonizada pela escola positivista, que teve figuras de destaque, como Cesare Lombroso no campo da antropologia, Garófalo na esfera jurídica e Ferri no estudo da sociologia criminal. Ao contrário da escola clássica, a escola positivista via a criminalidade como uma ocorrência natural, desafiando a ideia de total autonomia na tomada de decisão humana.

Dessa forma, Calhau[144] explica que, no final do século XIX e início do século XX, a escola positiva introduziu uma abordagem distinta da criminologia, centrando-se especificamente no método empírico, sendo o médico e criminologista italiano Cesare Lombroso considerado o principal expoente do positivismo, inclusive acreditava que certos indivíduos eram predispostos ao comportamento criminoso desde o nascimento. Em 1876, publicou o livro *O homem delinquente*, que examinava extensivamente as características morfológicas dos criminosos, no qual defendia que o indivíduo nascia criminoso, sendo os fatores externos apenas "gatilhos" para que demonstrasse verdadeiramente sua personalidade voltada ao crime. A metodologia de Lombroso foi duramente criticada, pois se concentrava apenas na coleta de dados de prisões e manicômios. Como resultado, a pesquisa não envolveu o estudo da criminalidade real, mas sim daqueles que foram oprimidos e confinados, sequer reconhecendo o caráter seletivo do direito penal. Embora desaprovada, sua maior contribuição foi, sem dúvida, a utilização do método empírico de análise, o que não existia até então, já que a escola clássica se utilizava de teorias e abstrações para fundamentarem o conceito da manifestação de vontade individual.

Em seu amplo estudo sobre a temática, Zaffaroni critica o tratamento preconceituoso e segregante dispensado pela escola positiva:

> O chamado "positivismo criminológico" (que, como já dissemos, não é mais do que o resultado da aliança do discurso biologista médico com o poder policial urbano europeu) foi sendo armado em todo o hemisfério norte e estendeu-se ao sul do planeta, como parte e uma ideologia racista generalizada da segunda metade do século XIX e que terminou, catastroficamente, na II Guerra Mundial.[145]

---

[143] *Ibidem*.
[144] CALHAU, Lélio. *Resumo de criminologia*. 6. ed. Niterói: Impetus, 2011.
[145] ZAFFARONI, Eugenio Raul. *A questão criminal*. Tradução de Sérgio Lamarão. 1. ed. Rio de Janeiro: Revan, 2013, p. 82.

Em apertada síntese, Penteado Filho explica que a base histórica do pensamento criminológico está sustentada nas escolas clássica e positiva:

> As Escolas Clássica e Positiva foram as únicas correntes do pensamento criminal que, em sua época, assumiram posições extremadas e bem diferentes filosoficamente. Depois delas apareceram outras correntes que procuraram conciliar seus preceitos. Entre essas teorias ecléticas ou intermediárias, reuniram-se penalistas orientados por novas ideias, mas sem romper definitivamente com as orientações clássicas ou positivistas.[146]

Consoante Calhau[147], inúmeros avanços ocorreram ao longo do tempo, sobretudo pelo surgimento das ciências auxiliares, como os estudos sociológicos, psicológicos e psicanalíticos, que desempenharam um papel significativo na formação dessas disciplinas. Um excelente exemplo é a sociologia criminal, que se baseou nas ideias de figuras influentes, como Karl Marx. Dessa forma, as teorias criminológicas contemporâneas (a partir da década de 1940) terão como foco principal a análise sociológica explicativa do crime, em que não ficarão restritos à análise segundo o próprio indivíduo ou o grupo, mas sim enquanto sociedade em sua totalidade, conforme explicado por Baratta:

> O salto qualitativo que separa a nova da velha criminologia consiste, portanto, principalmente, na superação do paradigma etiológico, que era o paradigma fundamental de uma ciência entendida, naturalisticamente, como teoria das causas da criminalidade. A superação deste paradigma comporta, também, a superação de suas implicações ideológicas: a concepção do desvio e da criminalidade como realidade ontológica preexistente à reação social e institucional e a aceitação acrítica das definições legais como princípio de individualização daquela pretendida realidade ontológica – duas atitudes, além de tudo, contraditórias entre si.[148]

Nesse contexto, duas perspectivas impactaram significativamente o pensamento criminológico contemporâneo: a primeira, denominada teoria do consenso, associada ao funcionalismo; e a segunda, titulada como teoria do conflito, de caráter argumentativo.

---

[146] PENTEADO FILHO, 2012, p. 40.
[147] CALHAU, 2011.
[148] BARATTA, 2002, p. 160-161.

A teoria do consenso, consoante Shecaira[149], fundamenta-se na noção de que a sociedade opera por meio de um consenso sobre objetivos e princípios compartilhados, em que qualquer indivíduo que desrespeite as normas sociais deve ser responsabilizado por suas ações, pois somente ele é responsável por seu comportamento. A consecução de objetivos sociais é baseada no funcionamento impecável de suas instituições e na ampla aceitação de suas regras de convivência e sistemas de valores. Em síntese, postula que o cumprimento final dos objetivos sociais depende do funcionamento impecável de suas instituições. Nesse estado ideal, os indivíduos coexistem harmoniosamente e compartilham objetivos sociais comuns, aderindo a regras mutuamente acordadas. A escola de Chicago, a teoria da associação diferencial, a teoria da anomia e a teoria da subcultura delinquente contribuíram para a exploração e compreensão desse conceito.

Na visão de Gonzaga[150], a teoria do conflito assenta-se no poder e na compulsão determinada pela relação de dominação e subordinação, resultando em uma dinâmica de confronto entre os que detêm o poder e os que não o têm. Consequentemente, a pacificação social dos indivíduos não é resultado da vontade, mas sim da coerção ou imposição de alguns indivíduos sobre outros. Os conceitos teóricos podem ser vistos nas obras de Karl Marx, em que a luta entre as classes sociais é a principal força motriz por trás da sociedade moderna. Os personagens dessa teoria estão em constante "conflito", cada um buscando impor suas próprias crenças aos outros.

Essa vertente representa a grande mudança de eixo nos estudos criminológicos, pois o enfoque se direciona ao estudo da vítima e as formas de controle social, em que o equilíbrio surge do exercício do poder e da coerção, resultando em uma dinâmica entre os que detêm o domínio e os que são dominados. Logo, a busca da harmonia social não decorre da cooperação voluntária entre os indivíduos, mas sim da imposição ou execução da autoridade. Nesse contexto, a teoria do conflito deu origem à teoria do etiquetamento (*labelling approach*) e a criminologia crítica ou radical.

---

[149] SHECAIRA, Sérgio Salomão. *Criminologia*. 6. ed. São Paulo: Revista dos Tribunais, 2014.
[150] GONZAGA, Christiano. *Manual de criminologia*. São Paulo: Saraiva Educação, 2018.

3.3.1.1 A Teoria do Etiquetamento (*Labelling Approach*)

Durante a década de 1960, nos Estados Unidos, a teoria do etiquetamento ganhou destaque com a ajuda de figuras importantes, como Erving Goffman e Howard Becker, e desde então se tornou uma das teorias do conflito mais significativas. Essa perspectiva postula que a criminalidade não é um traço inerente ao comportamento individual, mas o resultado do processo de estigmatização, na medida em que a única coisa que distingue um criminoso da pessoa comum é o rótulo que recebe e o consequente estigma social, diferenciando seus adeptos daqueles pertencentes ao tradicionalismo criminológico, conforme explicado por Baratta:

> Os criminólogos tradicionais examinam problemas do tipo "quem é criminoso?", "como se torna desviante?", "em quais condições um condenado se torna reincidente?", "com que meios se pode exercer controle sobre o criminoso?". Ao contrário, dos interacionistas, como em geral os autores que se inspiram no labeling approach, se perguntam: quem é definido como desviante?", "que efeito decorre desta definição sobre o indivíduo?", "em que condições este indivíduo pode se tornar objeto de uma definição?" E, enfim, "quem define quem?"[151]

A teoria do etiquetamento visa superar a mera crítica à seletividade do sistema de justiça, na medida em que expõe a existência da rotulagem não apenas como um subproduto da disfunção ou desvio por parte dos operadores de justiça, mas também como um aspecto recorrente de sua função normal. Sobre a definição de comportamento desviante. Becker descreve de maneira metafórica:

> A concepção mais simples de desvio é essencialmente estatística, definindo como desviante tudo que varia excessivamente com relação à média. Ao analisar os resultados de um experimento agrícola, um estatístico descreve o pé de milho excepcionalmente alto e o pé excepcionalmente baixo como desvios da média. De maneira semelhante, podemos descrever como desvio qualquer coisa que difere do que é mais comum. Nessa concepção, ser canhoto ou ruivo é desviante, porque a maioria das pessoas é destra e morena.[152]

---

[151] BARATTA, 2002, p. 88.
[152] BECKER, Howard Saul. *Outsiders*: estudos de sociologia do desvio. Rio de Janeiro: Zahar, 2008. p. 18.

Essa teoria sugere que um evento é considerado criminoso somente depois de ter adquirido certo status por meio da criação de uma lei que seleciona determinados atos como anormais de acordo com os interesses sociais. Posteriormente, a responsabilidade criminal de um indivíduo é mais uma vez dependente das ações seletivas dos órgãos estatais de persecução.

Com o surgimento dessa teoria, Bayer[153] explica que a criminologia passou por uma mudança em sua preocupação principal, visto que a nova investigação passou a entender por que certos indivíduos são estigmatizados pela sociedade e outros não, bem como as causas subjacentes à ineficiência do sistema penal brasileiro em lidar com o crime.

Segundo Batista[154], o conceito da teoria do etiquetamento foca as circunstâncias que regem os indivíduos envolvidos em comportamento delinquente, postulando que o exercício do poder pelas instituições sociais contribui para a construção de uma percepção negativa de um indivíduo, marcando-o como criminoso. Esse rótulo negativo muitas vezes é atribuído com base em fatores, como classe social, história pessoal ou raça, que não necessariamente estarão relacionados ao ato desviante específico cometido.

Essa nova linha de pensamento quebra o mito de um sistema de punição fundamentado na recuperação de condutas desviantes; pelo contrário, preceitua que, no ato de rotular, o sistema punitivo pressiona fortemente o indivíduo a permanecer no papel social (marginal e marginalizado) que lhe é atribuído. O sujeito da discriminação, em vez da reabilitação, terá sua identidade desviante reforçada, contexto em que o sistema punitivo concebido é entendido como criador e reprodutor da violência e do crime.

Ao analisar os mecanismos de definição e controle empregados por diversos órgãos, oficiais e não oficiais, torna-se evidente que o comportamento desviante é apenas um comportamento estigmatizado como tal. Além disso, os fatores e as circunstâncias atribuídos à criminalidade são, na realidade, fatores e circunstâncias que contribuem para o movimento de criminalização. Esse processo ocorre de duas formas distintas: por meio da criminalização primária, que é vista sob a ótica do legislador na elaboração das normas penais, e da criminalização secundária, no processo de aplicação dessas normas, papel desempenhado sobretudo por juízes, promotores e policiais. Nesse diapasão, Baratta dispõe:

---

[153] BAYER, Diego. Teoria do etiquetamento: a criação de estereótipos e a exclusão social dos tipos. *Jusbrasil*, [2023].
[154] BATISTA, Vera. *Introdução crítica à criminologia brasileira*. Rio de Janeiro: Revan, 2011.

> Não pode compreender a criminologia se não se estuda a ação do sistema penal, que a define e reage contra ela, começando pelas normas abstratas até a ação das instâncias oficiais (polícia, juízes, instituições penitenciárias), e que, por isso, o status social de delinquente pressupõe, necessariamente, o efeito da atividade das instâncias oficiais de controle social da delinquência, enquanto não adquire esse status aquele que, apesar de ter realizado o mesmo comportamento punível, não é alcançado, todavia, pela ação daquelas instâncias. Portanto, este não é considerado e tratado pela sociedade como "delinquente".[155]

Becker[156] demonstra que cada norma contém um elemento de desaprovação para com aqueles que a violam, muitas vezes marcando-os como *outsider*. Aqueles que desrespeitam uma regra de trânsito ou deixam de pagar um imposto, por exemplo, podem não ser vistos como diferentes de seus pares, e suas ações encaradas com tolerância. Em contrapartida, o ladrão geralmente é visto como mais desviante e é punido severamente. Em relação aos crimes de homicídio e estupro, os julgadores tendem a analisar os acusados como *outsiders*, entretanto as condutas serão valoradas no caso concreto. Sob esse aspecto, resume Zaffaroni: "[...] há etiquetas que se colocam em material mais etiquetável que outro"[157], ou seja, a resposta da sociedade a situações similares ou idênticas varia, o que determinará a rotulagem de determinados comportamentos. A reação depende da identidade tanto da pessoa que cometeu o ato quanto do indivíduo ou grupo que é impactado negativamente por ele.

Certos comportamentos são mais propensos à suspeita e tratamento díspar dentro do sistema de justiça criminal, momento em que o conceito de rotulagem é apresentado. Em essência, Batista[158] expõe que os indivíduos que forem considerados desviantes das normas estabelecidas tanto pela sociedade, quanto pelos que ocupam cargos de autoridade serão "etiquetados" de delinquentes.

O foco da teoria está centrado no rótulo de criminoso, que tem o efeito negativo de estigmatizar o indivíduo, o que dificulta a possibilidade de reeducação e ressocialização. A teoria não sugere a existência de

---

[155] BARATTA, 2002, p. 86.
[156] BECKER, 2008.
[157] ZAFFARONI, 2013, p. 142.
[158] BATISTA, 2011.

um "criminoso natural", mas afirma que o crime é uma consequência do processo de rotulagem. Como exemplo, o homem, que é perpetuamente reconhecido como ex-presidiário não consegue garantir uma ocupação convencional devido à estigmatização que acompanha o rótulo. Talvez entenda que sua única opção seja se envolver em atividades ilícitas, levando-o ao "ciclo da criminalização". Ao quebrar as regras socialmente impostas, inevitavelmente é visto como alguém que não tem a capacidade de se comportar de maneira diferente, sendo pessoa fora das normas sociais.

Ademais, mesmo antes do julgamento formal do possível crime, instâncias informais de controle social como a sociedade, a igreja e a mídia já rotularam o indivíduo como desviante. Isso se deve ao fato de que ao receber a notícia de um crime, o rótulo de criminoso é imediatamente atribuído ao acusado, apesar da centralidade da presunção de inocência no ordenamento jurídico brasileiro.

Nesse contexto, Zaffaroni[159] faz a ressalva de que certas ações são mais facilmente etiquetadas do que outras e a atribuição de rótulos muitas vezes é feita de forma arbitrária e desproporcional. Ao analisar o sistema penal brasileiro por essa ótica, fica claro que certos delitos contra o patrimônio são mais facilmente rotulados e punidos do que os crimes contra a ordem tributária, previstos principalmente na Lei n.º 8.137/1990.

O crime de furto (artigo 155 do código penal[160]), em sede exemplificativa, possui pena que varia de um a quatro anos de reclusão, contudo a restituição da coisa subtraída ou o ressarcimento do dano causado até o recebimento da denúncia apenas incorrerá na redução da pena a ser imposta, em consonância com o artigo 16 do mesmo diploma legal[161]. Sob outra vertente, o crime de fraude à fiscalização tributária, previsto no artigo 1º da Lei n.º 8.137/1990[162] possui pena de dois a cinco anos de reclusão. Curiosamente, esse crime é abarcado pela extinção da punibilidade ao agente em caso de pagamento do débito tributário, mesmo após

---

[159] ZAFFARONI, 2013.
[160] Art. 155 do CP: Subtrair, para si ou para outrem, coisa alheia móvel: Pena - reclusão, de um a quatro anos, e multa.
[161] Art. 16 do CP: Nos crimes cometidos sem violência ou grave ameaça à pessoa, reparado o dano ou restituída a coisa, até o recebimento da denúncia ou da queixa, por ato voluntário do agente, a pena será reduzida de um a dois terços.
[162] Art. 1º, II da lei n.º 8.137/1990: Constitui crime contra a ordem tributária suprimir ou reduzir tributo, ou contribuição social e II - fraudar a fiscalização tributária, inserindo elementos inexatos, ou omitindo operação de qualquer natureza, em documento ou livro exigido pela lei fiscal. Pena - reclusão de 2 (dois) a 5 (cinco) anos, e multa.

a sentença penal condenatória, em conformidade com o artigo 9º, §2º da Lei n.º 10.684/2003[163]. Diante das duas situações apresentadas, reais e concretas, é notório que a lei não é "inocente" e neutra, mas proveniente da classe social burguesa.

O objetivo da obra não se traduz na discussão acerca da legalidade sobre a extinção da punibilidade em determinados casos, mas considerar a reflexão acerca da divergência quanto ao tratamento dispensado aos delitos considerados de "colarinho branco"[164] e o crime convencional, havendo, incontestável diferença de tratamento diante da mesma situação fática, qual seja, a reparação do bem jurídico violado: no furto, a restituição da coisa; no crime tributário, o pagamento do débito. É o retrato perfeito da definição de Zaffaroni:

> O sistema penal atua sempre seletivamente. Estes estereótipos permitem a catalogação dos criminosos que combinam com a imagem que corresponde à descrição fabricada, deixando de fora outros tipos de delinquentes (delinquência de colarinho branco, dourada, de trânsito etc.[165]

Viana arremata: "O ciclo vicioso do fenômeno do crime pode ser assim resumido: desviação primária – aplicação da etiqueta de criminoso (cerimônia degradante) – novo *status* – isolamento e modificação da autoimagem – desviação secundária"[166].

De acordo com os princípios da abordagem da rotulagem, o conceito de "criminoso" é apenas uma pessoa que foi identificada e marcada por aqueles que estão no poder como indesejada. A concentração de poder

---

[163] Art. 9º, §2º da lei n.º 10.684/2003: É suspensa a pretensão punitiva do Estado, referente aos crimes previstos nos arts. 1º e 2º da Lei nº 8.137, de 27 de dezembro de 1990, e nos arts. 168-A e 337-A do Código Penal, durante o período em que a pessoa jurídica relacionada com o agente dos aludidos crimes estiver incluída no regime de parcelamento. § 2º Extingue-se a punibilidade dos crimes referidos neste artigo quando a pessoa jurídica relacionada com o agente efetuar o pagamento integral dos débitos oriundos de tributos e contribuições sociais, inclusive acessórios.

[164] Sobre o conceito, Penteado Filho (2012, p. 123) assevera: "Os crimes do colarinho branco têm duas características próprias e simultâneas: o status respeitável do autor e a interação da atividade criminosa com sua profissão. Nesse ambiente, destacam-se os crimes contra a ordem tributária, as relações de consumo, a economia popular, o mercado de ações, os crimes falimentares, os crimes ambientais etc., de modo que seus autores, em regra, são pessoas ou grupos de pessoas de amplo prestígio social e político, com fácil trânsito em todas as áreas governamentais. As propinas, o tráfico de influência e favorecimento são, de igual raiz, atividades correlacionadas àqueles ilícitos, que contam com o apoio de agentes públicos ímprobos e desonestos".

[165] ZAFFARONI, Eugenio Raul. *Em busca das penas perdidas*: a perda de legitimidade do sistema penal. 5. ed. Rio de Janeiro: Revan, 2001. p. 130.

[166] VIANA, Eduardo. *Criminologia*. 6. ed. Salvador: JusPODIVM, 2018. p. 304.

em um pequeno grupo leva à criminalização do comportamento, o que, por sua vez, resulta na utilização do direito penal como meio de regulação social. Esta dinâmica também contribui para a variabilidade na definição do que é considerado criminoso, pois é fortemente influenciada pelo sistema econômico ao qual o aparato punitivo está afiliado.

Fica evidente, portanto, que a prisão serve para fortalecer a exclusão do indivíduo da sociedade. Aqueles que já foram marginalizados por não se conformarem com as normas sociais recebem ainda outro rótulo e ficam ainda mais isolados durante o período na prisão. Além disso, é impossível reintegrar alguém que nunca teve a oportunidade de ser realmente socializado. Em vez disso, a prisão apenas agrava o processo de dessocialização, levando o indivíduo a acumular mais rótulos e pontos desviantes, aprofundando ainda mais sua exclusão da sociedade.

3.3.1.2 A Criminologia Crítica ou Radical

No final dos anos 1960 e início dos anos 1970, nascia um movimento para explicar a relação existente entre o sistema punitivista e o modelo de produção capitalista, aproveitando-se do ímpeto criado pelas manifestações em prol dos direitos civis. O principal objetivo consistia em expor a seletividade do sistema penal e desvendar sua mística, além de desafiar a noção de que o sistema de justiça criminal pune a todos igualmente, rechaçando a ideia de que o sistema funciona perfeitamente.

De acordo com Rodrigues[167], esse ramo postula que o crime é resultado direto da estrutura capitalista da sociedade, que gera inquietação social entre classes sociais conflitantes. É preciso reconhecer que, embora existam explicações parciais para a existência do comportamento criminoso, é impossível compreender totalmente esse complexo fenômeno por meio das lentes simplistas e reducionistas. Os conceitos de crime e violência estão interligados, e problemas complexos em geral requerem uma abordagem abrangente que leve em conta vários conhecimentos e métodos de pesquisa conforme conceitua Santos:

> A criminologia radical estuda o papel do Direito como matriz de controle social dos processos de trabalho e das práticas criminosas, empregando as categorias fundamentais da teoria marxista [...] O sistema de controle social atua com

---

[167] RODRIGUES, 2004.

> todo rigor na repressão da força de trabalho excedente marginalizada do mercado [...] a estrutura econômica desigual e opressiva produz os problemas sociais do capitalismo, como o desemprego, a miséria e o crime, mas a organização política do poder do Estado apresenta esses fenômenos, especialmente o crime, como causas dos problemas sociais do capitalismo.[168]

A teoria marxiana é o marco fundamentador da criminologia crítica, vista como fenômeno derivado do modo de produção capitalista moderno, ou seja, parte da ideia de que o sistema punitivo se constrói e opera com base no projeto ideológico da sociedade de classes. Dessa forma, seu objetivo primordial estaria longe da proteção da sociedade ou da preocupação de criar ou manter as condições para a convivência humana harmoniosa; o verdadeiro fim oculto de todo o sistema penal se apoiaria nos interesses das classes dominantes. Nesse caso, conter e negar a contradição das relações estabelecidas entre capital/trabalho.

Por isso, qualquer instrumento repressivo de controle social revelará a ação opressora de algumas classes sobre outras. Sendo assim, o direito penal se transforma em elitista e seletivo, focando fortemente os pobres e raramente atuando contra membros da classe dominante que, aliás, serão os idealizadores e executores das próprias leis. A legislação é vista como completamente desprovida de qualquer objetivo de transformação social, funcionando como ferramenta necessária ao fortalecimento do status quo da sociedade, de maneira a perpetuar a desigualdade e ampliar, cotidianamente, a massa média de acumulação do lucro por meio do exercício do poder e da força dominante. É preciso estar atento para a grande diferença na intensidade da ação do direito penal sobre os setores menos favorecidos da sociedade, ao mesmo tempo que se revela bastante tolerante e omisso diante de condutas criminosas gravíssimas relacionadas às classes dominantes, em particular, aos representantes dos poderes democráticos estabelecidos nas esferas municipal, estadual e federal.

De acordo com o entendimento de Bayer[169], a perspectiva da criminologia crítica reclama que o crime não é uma característica inata do indivíduo, como sugerido pela antropologia criminal e estudos enraizados

---

[168] SANTOS, 2008, p. 39-41.
[169] BAYER, 2023.

na biologia e psicologia humana. Em vez disso, defende que a noção de criminoso é um produto da construção social. Para resumir, a criminologia, como o nome indica, surge como crítica genuína ao sistema vigente: o propósito não é estabelecer uma definição de crime e delinquência, nem se aprofundar nas causas e compreensão do controle social, mas defender o reconhecimento e apoio de um sistema que perpetua níveis crescentes de disparidade social. Diante desse breve contexto, a doutrina aponta três vertentes da criminologia crítica.

A tendência relacionada ao neorrealismo de esquerda defende uma conexão transformada entre a aplicação da lei e a sociedade, a fim de que participem ativamente da batalha coletiva contra a atividade criminosa. Também enfatiza a importância de reservar as penas privativas de liberdade para casos envolvendo crimes particularmente graves, reconhecendo a necessidade de manter seu caráter excepcional. Essa vertente clama por uma abordagem reducionista da política criminal, que implica a descriminalização de certos comportamentos e a criminalização de outros. Embora a prisão seja reconhecida como uma opção viável, ela é considerada apropriada apenas em circunstâncias extremas.

A inclinação ao direito penal mínimo advoga contra os perigos potenciais da implementação de penalidades excessivamente severas, pois essas consequências podem às vezes ser mais gravosas do que o próprio ato criminoso. A sociedade deveria se preocupar com a prevalência do crime de "colarinho branco", por exemplo, que inclui a corrupção e a lavagem de dinheiro, em vez de focar apenas o que costuma ser considerado "crimes de rua", a exemplo dos pequenos furtos.

Por fim, a inclinação relacionada ao abolicionismo penal, vertente mais radical, defende a completa erradicação do direito penal, fundamentada na crença de que falha em cumprir seus propósitos pretendidos e perpetua um discurso de poder que potencializa as disparidades sociais. Além disso, argumenta que a implementação de medidas punitivas afeta desproporcionalmente os grupos marginalizados, como os pobres e os negros.

Essa vertente criminológica se apresenta como verdadeira crítica ao sistema, desatrelada do escopo de criar o conceito de crime, delinquente, causas ou entendimentos sobre o controle sociais, mas defende a existência de um sistema que somente reproduzirá a desigualdade social. A criminologia crítica contribuiu para a criminalização de ofensas a bens jurídicos difusos, como a lei de crimes ambientais, a lei de organizações criminosas, as alterações da lei de lavagem de capitais, os crimes contra a ordem tributária, além do incentivo à discussão para maximizar a punição de "crimes do colarinho branco" e a defesa em prol da descriminalização de algumas condutas praticadas pelas classes sociais vulneráveis.

Apesar de enfrentar seus próprios desafios, Batista[170] entende que a criminologia crítica continua sendo uma ferramenta inestimável para compreender a violência arraigada nas estruturas de poder, particularmente no contexto de intensificação dos processos de criminalização seletiva que resultam no encarceramento generalizado de indivíduos e grupos vulneráveis.

Portanto, percebe-se que o estudo crítico da criminologia ainda tem uma distância significativa a percorrer, entretanto necessita defende o direito penal direcionado às classes marginalizadas por meio de um duplo processo, a crítica e a desconstrução de um sistema de direito penal opressivo, ao mesmo tempo que busca a construção de um quadro de direito penal mais equitativo e justo. Esse objetivo, político e estratégico, é a contribuição mais significativa da criminologia crítica e que deve ser sempre lembrado.

---

[170] BATISTA, 2011.

4.

POLÍTICAS SOCIAIS VINCULADAS À REMIÇÃO

4.1 REGISTROS HISTÓRICOS QUE PERMEIAM O CÁRCERE

4.1.1 A evolução histórica da pena de prisão

Ao longo da história, Melossi e Pavarini[171] explicam que as punições traduziram o reflexo do desenvolvimento das civilizações, influenciadas pelas características de cada local, bem como dos contextos políticos e econômicos vigentes. Assim, existe uma estreita relação entre o nascimento da pena de prisão e as reorganizações econômicas e sociais de diferentes países, combinação que persiste até a atualidade.

No passado, Oliveira[172] demonstra que as prisões serviam para a prevenção da fuga, localizadas em lugares, como palácios, templos e muralhas da cidade. Curiosamente, essas prisões não foram projetadas para o cumprimento de pena em decorrência do delito cometido, pelo contrário, assemelhavam-se a pelourinhos, onde os condenados seriam expostos e submetidos a torturas.

No entanto, inicialmente a prisão não cumpria a função de pena principal, mas funcionava como mecanismo de custódia cautelar do preso até que fosse decretada a sentença. Em havendo responsabilização criminal, o sujeito sofreria os consectários da pena de morte ou sob forma de castigo físico, sintetizado por Greco:

> Até o século XVII, somente umas limitadas exceções tinham um conteúdo similar ao da pena de prisão moderna, já que a clausura, em geral, tinha a função cautelar de servir como retenção até o momento do juízo ou da execução.[173]

---

[171] MELOSSI, Dario; PAVARINI, Massimo. *Cárcere e Fábrica*: as origens do sistema penitenciários (séculos XVI – XIX*)*. Tradução: Sérgio Lamarão. Rio de Janeiro: Revan, 2006.
[172] OLIVEIRA, 2013.
[173] GRECO, 2015, p. 98.

Para a compreensão mais abrangente do contexto histórico que envolve o conceito de prisão como restrição à liberdade, faz-se necessário categorizá-la em três períodos distintos: a) Antiguidade; b) Idade Média; c) Idade Moderna.

Na antiguidade (entre os anos 4000 a.C. a 476 d.C.), Bitencourt[174] explica que não existia o conceito de punição como forma de privar o indivíduo da sua liberdade. Apesar de a prática do encarceramento de criminosos prevalecer desde os tempos imemoráveis, não consistia em forma de punição e era motivada por diversos fatores. As prisões se localizavam em instalações temporárias de imenso sofrimento, onde os acusados eram submetidos a interrogatórios brutais, que incluíam o uso implacável da tortura, em que o objetivo principal era extrair a confissão, o que inevitavelmente levaria à sua punição, seja física ou resultando em morte, executada de várias maneiras. Esclarece Oliveira que o termo "cárcere" representava na Antiguidade: "O local de circo em que os cavalos aguardavam o sinal para a partida nas corridas. Passou depois a designar prisão, onde se colocavam os escravos, os delinquentes e os vencidos na guerra"[175].

Na Babilônia (aproximadamente 1750 anos a.C.), Cipriani[176] descreve que o rei Hamurábi propôs o "Código de Hamurábi", a primeira compilação de leis escritas que se tem notícia, baseado no princípio da retaliação, em que o ofensor deveria sofrer o mesmo mal causado ao ofendido. Isso marcou um avanço para aquela época, pois apenas o indivíduo que havia cometido o crime seria punido, e não toda a família, como costumava acontecer. Esse código estabelecia penas para diversos delitos, sendo caracterizado pela clara diferenciação entre indivíduos livres e escravos. Diversos métodos de punição foram utilizados, incluindo enforcamento, afogamento e empalamento. A mutilação, por outro lado, foi infligida de acordo com o delito específico cometido e a posição social do acusado.

Na Grécia Antiga (aproximadamente entre os anos 500 a.C. e 300 a.C.), Dotti[177] destaca que era possível prender o devedor até o julgamento ou até que houvesse a quitação da dívida, pois a pena privativa de liberdade não era reconhecida como sanção penal. Nesse contexto, o filósofo Platão já apresentava as duas ideias de privação da liberdade, que permanecem pre-

---

[174] BITENCOURT, Cezar. Roberto. *Falência da pena de prisão*: causas e alternativas. São Paulo: Saraiva, 2001.
[175] OLIVEIRA, Edmundo. *O futuro alternativo das prisões*. Rio de Janeiro: Forense, 2002. p. 5.
[176] CIPRIANI, Mário Luís Lírio. *Das penas*: suas teorias e funções no moderno direito penal. Canoas: Ed. Ulbra, 2005.
[177] DOTTI, René Ariel. *Bases alternativas para o sistema de penas*. São Paulo: Revista dos Tribunais, 1998.

sentes nas sociedades atuais: a prisão-custódia e a prisão-pena. Entretanto, durante a antiguidade, apenas a custódia foi utilizada para o confinamento do acusado. Vários locais, incluindo masmorras e salas, mantinham o acusado seguro até o julgamento. De acordo com Bitencourt[178], essas estruturas, muitas vezes em ruínas ou em condições insalubres, foram projetadas apenas com o objetivo de deter indivíduos considerados culpados.

Em Roma, à semelhança do que ocorria na Grécia, Bitencourt[179] explica que a privação da liberdade era utilizada como forma de custódia, destacando-se pelo terror que infligia aos que ali estavam temporariamente encarcerados. Os romanos também utilizavam o encarceramento para questões civis e não criminais, como ocorria na prisão por dívida até o adimplemento da obrigação, ocasião em que o devedor se tornava escravo até o pagamento do débito. Nesse contexto histórico, Greco[180] traz como exemplo prático a chamada prisão "Mamertina", um local sem luz, úmido, infestado de insetos e criaturas venenosas, onde os acusados permaneciam imobilizados com os pés presos em toras de madeiras, em que o sustento também era escasso.

É seguro dizer que a prisão, nessa época, revestia-se da função de acautelamento, e não como pena principal, já que a segregação preventiva era utilizada como meio de aguardar a penalidade final. As principais civilizações da antiguidade, a exemplo da Grécia e Roma, recorriam à prisão como forma de custódia, e não como punição, conforme preceitua Greco:

> De nenhum modo podemos admitir nesta etapa histórica sequer um início de cárcere como lugar de cumprimento de penas, já que o catálogo e penas praticamente acaba com a morte, salvo no caso de cárceres de devedores, cuja finalidade era coativa e assegurativa.[181]

A Idade Média (ano de 476 ao ano de 1453), embora não tenha havido mudança substancial quanto à finalidade da pena, inova com duas formas de enclausuramento: o cárcere do Estado e o cárcere eclesiástico.

A Igreja detinha o poder significativo como uma das principais instituições da época e sua influência se estendia a todos os setores da sociedade, conferindo-lhe notória autoridade. Os locais insalubres mata-

---

[178] BITENCOURT, 2001.
[179] *Ibidem.*
[180] GRECO, 2015.
[181] *Ibidem*, p. 100.

vam os tutelados antes mesmo dos julgamentos, já que não havia a preocupação com o ambiente de privação da liberdade, justamente porque o enclausuramento não tinha esse significado. Segundo Greco, servia de intenso sofrimento ao enclausurado:

> Foi um período no qual se utilizaram os mais terríveis tormentos e em que não se cogitava de cuidar do ser humano de forma digna, uma vez que a própria comunidade onde o acusado encontrava-se inserido demandava por um espetáculo de horrores. A multidão se regozijava com o sofrimento, com os gritos do condenado, com a arte com que os torturadores manejavam seus instrumentos. A dor era o combustível que mantinha o público ávido em assistir a essas "distrações públicas".[182]

De acordo com a doutrina de Greco[183], a prisão do Estado servia ao duplo propósito: primeiramente, funcionava como um "cárcere de custódia", onde indivíduos considerados adversários da autoridade governante aguardavam a aplicação da punição, variando de aflições físicas à pena de morte. No entanto, o importante significado reside em seu propósito secundário, que envolvia o confinamento de condenados para cumprir a pena privativa de liberdade. Esse prazo podia ser temporário, com duração determinada, ou se estender indefinidamente, embora houvesse a possibilidade de clemência a critério dos detentores do poder. Nesse contexto, a prisão assumiu duas formas: a primeira foi a prisão-custódia, em que o acusado efetivamente aguardava a punição; a segunda era a prisão-pena, ficando o condenado encarcerado pelo período estipulado ou até que o rei lhe concedesse o perdão.

Bitencourt[184] relata que o cárcere eclesiástico seguia os princípios e regulamentos da Igreja, com a função precípua de deter os clérigos rebeldes, que eram obrigados a passar algum tempo no mosteiro para penitência, oração e meditação. Surgiu uma nova abordagem à punição, na qual a prisão tinha um propósito diferente, funcionando como uma pena em si. Além da punição, o objetivo era corrigir o condenado por meio do isolamento e da penitência.

De acordo com Oliveira[185], a prisão eclesiástica fundamentava-se nas bases do Direito Canônico, em que a prisão passou a ser vista como

---

[182] *Ibidem.*
[183] *Ibidem.*
[184] BITENCOURT, Cezar Roberto. *Tratado de direito penal. Volume I*: parte geral. 13. ed. São Paulo: Saraiva, 2008.
[185] OLIVEIRA, 2013.

pena, inicialmente temporária e posteriormente perpétua, onde o silêncio e a oração foram proclamados como métodos para buscar a redenção do pecado. Os eclesiásticos, ao cometerem ofensas religiosas, eram confinados a uma seção específica do próprio mosteiro, local onde se engajariam em um árduo processo de penitência e fervorosa oração, com o objetivo final de buscar a redenção pelos delitos cometidos. Inclusive, Greco[186] expõe que o sentido de "penitência" serviu de origem ao termo "penitenciária", atualmente utilizada para se referir às instituições onde os indivíduos cumprem suas penas, estabelecendo um precedente essencial para o desenvolvimento das prisões conhecidas na modernidade.

Essas instituições passaram a cumprir a função primária de privação da liberdade como punição imposta pelo Estado em razão de atos criminosos específicos, ocorrendo uma singela mudança na mentalidade: os "espetáculos de sofrimento" começam a ceder lugar ao esquecimento do ser humano no interior das prisões. Em arremate, Greco explica:

> Uma exceção à regra geral do cárcere de custódia são as denominadas prisões de estado e a prisão eclesiástica, utilizadas para prender determinadas pessoas, que gozavam de certas prerrogativas. A prisão de estado cumpre uma função importante na Idade Média, e também na primeira metade da Idade Moderna. Nela, somente poderão recolher-se os inimigos do poder real ou senhorial dos detentores do poder. A prisão eclesiástica estava destinada aos sacerdotes e religiosos. Responde às ideias de redenção, caridade e fraternidade da Igreja, dando ao internato o sentido de penitenciária e meditação. Recolhiam-se os infratores em uma ala dos monastérios para que por meio da oração lograssem sua correção. Tinham um regime alimentício e penitenciário com frequentes disciplinas e trabalhos manuais em suas celas desde o primeiro momento, elemento equiparável ao atual tratamento penitenciário de trabalhos e atividades.[187]

Segundo o entendimento de Rusche e Kirchheimer[188], com o passar do tempo, em decorrência do crescimento dos centros urbanos e da expansão demográfica, além do impacto devastador das guerras no início do século XVI, mudanças impactaram as condições até então favoráveis

---

[186] GRECO, 2015.
[187] GRECO, 2015, p. 101.
[188] RUSCHE, Georg; KIRCHHEIMER, Otto. *Punição e estrutura social*. 2. ed. Rio de Janeiro: Revan, 2004.

à burguesia florescente. O mercado de trabalho tornou-se cada vez mais escasso, o que levou a várias medidas para resolver a escassez de força de trabalho, tais como o estímulo a taxa de natalidade, a utilização de condenados no reforço do exército e a exploração do trabalho infantil. Apesar desses esforços, o capitalismo emergente ainda enfrentava um obstáculo significativo ao seu crescimento e expansão: ausência da reserva da força de trabalho. A prática anterior de negligenciar e descartar a vida humana como punição já não era sustentável para a economia. Como resultado, o tratamento aos pobres precisava ser revisto, com alterações na legislação, razão pela qual gradualmente as penas foram modificadas, não por aspectos humanitários, mas para promover o avanço do mercantilismo.

Portanto, a Idade Moderna (ano de 1453 ao ano de 1789) trouxe significativas mudanças no contexto socioeconômico europeu, especialmente em virtude das guerras, das expedições militares e da crise do sistema feudal, que levaram muitas pessoas à condição de miserabilidade. Em 1525, durante a passagem do sistema feudal para o pré-capitalismo, a França, por exemplo, alterou drasticamente a vida dos antigos camponeses, e muitos se viram reduzidos à mendicância, roubo e vadiagem enquanto viviam constantemente com medo da forca. Incapazes de permanecerem em qualquer lugar, vagavam de cidade em cidade, inclusive espalhados pela Europa. Pelo significativo número de miseráveis, tornou-se impossível a imposição da pena de morte como punição.

Dessa forma, o nascimento do capitalismo resultou no declínio da situação financeira da classe trabalhadora e na consequente restrição de terras para fins agrícolas e pecuárias, deslocando a força de trabalho despreparada para o setor industrial, o que levou ao aumento da mendicância. Durante a transição de uma sociedade agrária medieval para uma sociedade industrial moderna, o trabalho foi imposto por meios ideológicos, resultando na divisão entre dois grupos: os que trabalhavam e os que não trabalhavam. Este último grupo era considerado uma ameaça para o restante da sociedade e, portanto, tratado como população excedente, representando um risco ao status quo.

Embora houvesse o movimento em prol da aplicação de penas privativas de liberdade, esse período ainda marcou a chamada "pena de galera", definido por Greco como uma das mais cruéis até então aplicadas:

> A pena de galera consistia na utilização de condenados que seriam, normalmente, executados, por já haverem sido sentenciados à morte, bem como daqueles condenados por crimes graves ou prisioneiros de guerra, para trabalhar nas galeras dos navios militares, remando incessante e concatenadamente, movidos pelas ameaças e agressões praticadas por aqueles que tinham per obrigação fazer com que os navios deslizassem pelo mar.[189]

Com o declínio da monarquia, esses indivíduos, deslocados à força das terras e despojados de suas posses, foram abruptamente empurrados para uma experiência até então desconhecida. Embora tecnicamente fossem considerados livres, não possuíam os recursos necessários para trilhar seus próprios caminhos (ferramentas, conhecimento técnico e capital), sendo compelidos à forçada adaptação na emergente manufatura.

A grande maioria engrossava a massa de miseráveis, enquanto poucos foram absorvidos pelo mercado de trabalho, surgindo uma outra classe econômica: a burguesia, constituída de descendentes de servos que haviam comprado a liberdade dos reis há muito tempo. Eles se voltaram ao comércio em razão de suas habilidades únicas e conhecimentos adquiridos com navegação, capital e meios de produção para prosperar no mercado.

O foco desse movimento socioeconômico estava na transição dos trabalhadores agrícolas das áreas rurais para se tornarem trabalhadores qualificados em novos métodos de produção. No entanto, a ideia principal defendida era a reforma de indivíduos tipicamente vistos como mendigos, vagabundos e criminosos. Não por acaso, em 1530, a Inglaterra determinou o registro de indivíduos considerados vagabundos, a menos que tivessem permissão oficial para mendigar ou não pudessem receber qualquer forma de caridade. Consoante preceituam Melossi e Pavarini[190], o primeiro esforço para abrigar certos indivíduos ocorreu no contexto do aumento da mendicância, que causou o declínio na produção têxtil. Para separar os que eram capazes de trabalhar dos que não eram, foi necessário estabelecer um local onde os primeiros pudessem ser alojados. O castelo de Bridewel, localizado em Londres, foi designado pelo rei para abrigar vagabundos, preguiçosos, pequenos criminosos e ladrões. O trabalho obrigatório, por meio de rígida disciplina, objetivava preparar esses indivíduos para as demandas das atividades manufatureiras.

---

[189] GRECO, 2015, p. 102.
[190] MELOSSI; PAVARINI, 2006.

As casas de correção inglesas (*houses of correction*) possuíam características de punição para condutas criminosas, mas também prestavam apoio aos mais necessitados e abrigavam oficinas destinadas ao trabalho. Na verdade, as instalações correcionais serviam tanto como local de assistência aos pobres (*poorhouses*) como locais onde os desempregados eram obrigados a trabalhar em troca de qualquer forma de assistência (*workhouses*).

Rusche e Kirchheimer[191] citam a dupla função educativa das casas de correção: coagir os chamados vagabundos a trabalharem ou disponibilizar trabalho aos desempregados. Em outras palavras, prega-se o discurso de que o trabalho consiste na eficaz maneira de reformar o desajustado social. Nas palavras de Melossi e Pavarini: "[...] a intenção de que a juventude se acostume a ser educada para o trabalho"[192].

As casas de trabalho (*workhouses*) foram implementadas como uma solução para enfrentar a escassez da força de trabalho naquele período, o que resultou na conversão de indivíduos marginalizados em trabalhadores operários. Os locais não eram destinados apenas aos mendigos, vagabundos e ladrões, mas também a prostitutas, pessoas com deficiência, indivíduos com problemas de saúde mental e filhos de famílias empobrecidas que se recusavam a trabalhar. O objetivo dessas instituições era acostumar os moradores à estrutura do modelo de produção manufatureira, servindo como meio de regular o valor do trabalho e controlar os padrões morais relevantes para a estrutura econômica.

Em linhas gerais, as casas de correção (*houses of correction*) e as casas de trabalho (*workhouses*) foram estabelecidas em atendimento aos anseios de uma minoria social, como maneira de combater os pequenos delitos, vistos como condutas desviantes, a exemplo da mendicância e da prostituição. Para os crimes mais graves, ainda incidiam os castigos corporais que causassem dor e sofrimento ao acusado. Rusche e Kirchheimer[193] entendem que o objetivo fundamental era reformar a força de trabalho de indesejáveis, como os mendigos, os ociosos e os desempregados, moldando-os em membros socialmente produtivos da sociedade. Portanto, as casas de correção foram criadas para adaptar o estilo de vida cotidiano de seus internos de acordo com as exigências da manufatura e, posteriormente, da indústria.

---

[191] RUSCHE; KIRCHHEIMER, 2004.
[192] MELOSSI; PAVARINI, 2006, p. 37.
[193] RUSCHE; KIRCHHEIMER, 2004.

É evidente que um dos objetivos principais dessas casas era incutir a disciplina nos indivíduos para o ingresso no modelo de produção capitalista. Ao impor regulamentos rigorosos e submissão à autoridade, o foco era ensinar os detidos a serem proletários obedientes e produtivos uma vez libertados. Portanto, a reclusão possuía o objetivo de disciplinar os custodiados conforme o modelo de produção estabelecido.

As instalações correcionais acabam por refletir a percepção da burguesia sobre a sociedade, servindo como uma ferramenta que prepara os pobres, em particular, para se moldarem aos padrões disciplinares necessários ao trabalho manual e, eventualmente, ao trabalho fabril, garantindo que permaneçam dóceis e não se rebelem contra a exploração do capital. Originariamente, conforme a doutrina de Foucault, o trabalho no cárcere não possuía nenhum viés voltado ao ensino do ofício: "[...] trabalhar sem objetivo, trabalhar por trabalhar, deveria dar aos indivíduos a forma ideal do trabalhador"[194].

À medida em que esse sistema de punição provou ser eficaz, o número de instituições correcionais proliferou por toda a Inglaterra. O desenvolvimento e o apogeu das casas prisionais evidenciaram claramente a estreita ligação entre a prisão e as relações íntimas que existiam, sobretudo quanto à utilização de presidiários como fonte de força de trabalho. De acordo com Carvalho Filho, o estabelecimento de rotinas intentava determinar uma maneira de "[...] domesticar setores marginalizados pela nascente economia capitalista"[195].

No período compreendido entre o século XVI ao XVII, Melossi e Pavarini[196] explicam que o ato de isolamento como forma de punição já existia para os eclesiásticos que realizavam a penitência religiosa em reclusão desde a Idade Média. Esse modelo específico de punição tornou-se predominante nas primeiras instalações de correção e de trabalho na Inglaterra. O que antes era uma prática espiritual em espaços religiosos foi adaptado para confinar e disciplinar grupos de pessoas como mendigos, prostitutas, vagabundos e órfãos, retirados das ruas e obrigados a trabalhar.

No ano de 1596, a Holanda estabeleceu sua própria instituição correcional, conhecida como "rasp-huis" (casa de raspagem). O nome deriva da principal tarefa realizada em seu interior, que consistia em

---

[194] FOUCAULT, Michel. *Microfísica do Poder*. São Paulo: Ed. Graal, 2012. p. 219.
[195] CARVALHO FILHO, Luís Francisco. *A prisão*. São Paulo: Publifolha, 2002. p. 22.
[196] MELOSSI; PAVARINI, 2006.

raspar meticulosamente um determinado tipo de madeira da América do Sul (conhecida como pau-brasil) com uma serra de múltiplas lâminas até transformá-la em um pó fino, utilizado pelos tintureiros no tingimento de fios. A base estrutural era construída sobre células compostas por vários presos, sendo o trabalho conduzido dentro dos limites da própria cela ou no pátio central.

Na Holanda surgiu o estabelecimento prisional que embasou as penitenciárias modernas, local que abrigava basicamente mendigos, ladrões e jovens infratores, considerado uma das primeiras casas de reforma em todo o mundo. O cumprimento da pena era fundamentado no trabalho, com o objetivo de converter os indesejáveis sociais em membros produtivos. No entanto, Greco[197] ressalva que, durante essa época, a exploração de prisioneiros por meio de trabalho árduo era desenfreada, fundamentada no discurso de que, mesmo penoso, o trabalho era compreendido como forma de transformação do indivíduo.

Esses estabelecimentos eram vistos como meio de reabilitar mendigos, desordeiros e indivíduos culpados de pequenos delitos por meio do trabalho. Carvalho Filho[198] cita que o objetivo subjacente não era gerar lucro ou trazer satisfação aos condenados; ao contrário, pretendia trazer-lhes tormento e cansaço. A intensa exploração da força de trabalho carregava o discurso de que somente dessa forma o indivíduo poderia ser reabilitado por meio da disciplina, conforme preceitua Bitencourt:

> O segredo das *workhouses* ou das *rasphuis* está na representação em termos ideais da concepção burguesa da vida e da sociedade", com o objetivo de "preparar os homens, principalmente os pobres, os não-proprietários, para que aceitem uma ordem e uma disciplina que os faça dóceis instrumentos de exploração.[199]

Com o advento do século XVIII, principalmente como resultado dos princípios e das crenças associados ao Iluminismo até meados do século XIX, vários sistemas penitenciários foram criados com a intenção de defender a dignidade dos indivíduos. O objetivo era impedir punições e torturas indevidas, evitando assim o tratamento degradante daqueles que

---

[197] GRECO, 2015.
[198] CARVALHO FILHO, 2002.
[199] BITENCOURT, 2008, p. 111.

se encontravam no sistema prisional. Dessa forma, a transição do século XVIII e XIX trouxe uma nova conjuntura na história da justiça criminal, em que as penas corporais e de morte cederam lugar às penas privativas de liberdade como a principal forma de punição, sintetizado por Sabadell:

> A privação da liberdade, enquanto modalidade punitiva, surge no século XVIII, tendo sido mencionada pela primeira no projeto de codificação penal aprovado pela Assembleia Nacional Constituinte francesa. Portanto, até este período histórico, a prisão não era associada ao cumprimento de pena privativa de liberdade. De fato, havia um brocardo no Direito Romano - empregado durante a Idade Média e Moderna na Europa -, no qual se afirma que a prisão 'serve para guardar os presos e não para castigá-los'. Em outras palavras, podemos dizer que a prisão era concebida como 'medida de segurança' no sentido próprio da palavra.[200]

De acordo com Foucault[201], as penas continuam doloridas, entretanto o foco é a contenção do corpo, e não mais o suplício físico. Embora o corpo não fosse mais o alvo principal da punição, ainda sofria os resultados da privação de liberdade, como o acesso restrito a alimentos ou até mesmo estabelecimento obrigatório de rotinas. Quer se manifeste como uma força social, quer econômica ou física, a verdade é que a prisão deixou de ser um meio de punição para um fim em si mesmo durante o século XVIII.

Portanto, a partir do final do século XVIII, Zaffaroni[202] traz o discurso em torno da reforma da justiça criminal e da eliminação do castigo físico atingiu o seu apogeu. Foi a essa altura que as prisões começaram a assumir um novo papel como meio de disciplinar e regular a força de trabalho, principalmente para proteger os interesses econômicos da época, o que envolvia garantir que os corpos daqueles considerados indesejáveis fossem mantidos íntegros para uso na produção industrial.

Nesse período, as casas de correção estavam experimentando um declínio em sua eficácia, sobretudo em decorrência dos ideais iluministas, que defendiam a integridade física como forma de dignidade, somado ao excedente da força de trabalho, explicado por Rusche e Kirchheimer:

---

[200] SABADELL, Ana Lúcia. *Algumas reflexões sobre as funções da prisão da atualidade e o imperativo de segurança*. Estudos de Execução Criminal: direito e psicologia. Belo Horizonte: Tribunal de Justiça do Estado de Minas Gerais, 2009. p. 29.
[201] FOUCAULT, 2012.
[202] ZAFFARONI, 1999.

> A casa de correção surgiu em uma situação social na qual as condições do mercado de trabalho eram favoráveis para as classes subalternas. Porém, esta situação mudou. A demanda por trabalhadores fora satisfeita e, eventualmente, produziu-se um excedente.[203]

A sociedade europeia já não permitia as mazelas proporcionadas pelas violações à integridade física dos condenados, sendo necessário rever o sistema punitivo. Assim, a prisão como forma de pena aparece como humanização do direito, demonstrado por Santos:

> Existem outras causas que explicariam o surgimento da prisão, dentre as quais: a) valorização da liberdade a partir do século XVI, e a imposição do racionalismo; b) o surgimento da má consciência que busca converter a publicidade dos castigos pela vergonha; c) as mudanças socioeconômicas na passagem da Idade Média para Moderna que deixavam uma quantidade significativa de pessoas expostas à mendicidade e/ou às práticas de atos delituosos, e como a pena de morte estava em desprestígio, era certo, pois que outros dispositivos penais fossem buscados; d) e, por fim, a razão econômica, que via no braço do sentenciado uma fonte lucrativa para deplorativa econômica.[204]

Segundo Bitencourt[205], a força motriz por trás da transição da prisão privativa para a prisão penal é, sem dúvida, econômica, que envolve a noção de aprisionamento de indivíduos em vez de sujeitá-los aos suplícios corporais decorrentes da sentença condenatória. Para Gould[206] representa um novo método de punição, embora inadvertidamente se transforme em uma ferramenta do sistema judiciário, dando origem a um novo conjunto de questões, como o poder discricionário excepcionalmente amplo concedido aos juízes do tribunal, que incluiu a prática de avaliar indivíduos com base em sua posição socioeconômica.

O reconhecimento do julgamento arbitrário no sistema jurídico, com a constatação da disparidade social quando se trata de medidas punitivas,

---

[203] RUSCHE; KIRCHHEIMER, 2004, p. 125.
[204] SANTOS, Myrian Sepúlveda dos. *Os Porões da República – A barbárie nas Prisões da Ilha Grande*: 1894-1945. Rio de Janeiro: Garamond, 2009. p. 174.
[205] BITENCOURT, 2001.
[206] GOULD, Stephen Jay. *A falsa medida do homem*. Tradução: Valter Lellis Siqueira. São Paulo: Martins Fontes, 2003.

lançou luz sobre a natureza desumana de certas formas de punição, a exemplo das fogueiras, dos esquartejamentos e do sepultamento em vida. Consequentemente, gerou uma demanda por alterações e melhorias no sistema de justiça criminal da época, surgindo estudiosos e entusiastas dessas ideias, como o italiano Cesare Bonessana e os ingleses John Howard e Jeremy Bentham.

Cesare Bonessana, nascido em 1738, desenvolveu um sistema penal que almejava suplantar o sistema anterior, caracterizado por sua natureza desumana e opressiva. A lógica subjacente a esse novo sistema está enraizada no conceito de Contrato Social, que opera sob o pressuposto de que existe um acordo entre o indivíduo e a autoridade governante (Estado) sobre a justificação das penalidades em caso de transgressão criminal. A transferência de poder dos particulares para o soberano é justificada pela promessa de segurança, que, por sua vez, fundamenta a penalidade imposta a quem descumprir o acordo. Embora o conceito de prisão como punição e dissuasão esteja bem estabelecido, há também um crescente reconhecimento de seu potencial para reforma e reabilitação individual.

John Howard, data de nascimento incerta, mas falecido em 1790, encabeçou o movimento pela reforma das prisões. A origem de sua jornada filantrópica remonta ao ano de 1755 em Portugal, quando partiu para ajudar as vítimas do devastador terremoto de Lisboa. No entanto, sua nobre missão tomou um rumo imprevisto quando o navio em que estava foi vítima de um ataque de corsário, resultando no confinamento na masmorra do "Castelo de Brest". Acredita-se que foi durante essa experiência angustiante que floresceu o chamado de Howard para a filantropia.

Ao retornar à Inglaterra, assumiu o papel de *sheriff* no condado de Bedford e embarcou em uma missão para reformar o sistema prisional. Howard propôs que as condições sanitárias fossem reavaliadas, incluindo um exame minucioso dos procedimentos e protocolos existentes, com foco em possíveis áreas de melhoria. Além de terem acesso à orientação religiosa, os indivíduos tiveram a oportunidade de trabalhar, pois a prisão se revelaria como forma de cumprimento de pena, e não mais a custódia por tempo indeterminado.

A abordagem de Howard para a reforma da prisão via o trabalho, mesmo que penoso, como meio de transformação moral e reabilitação. Influenciado pelas crenças religiosas calvinistas, defendeu a integração da religião como ferramenta para educar e moralizar os encarcerados. O isolamento desempenhou papel crucial na promoção do arrependimento e combate à promiscuidade. A prisão deveria trazer a separação entre sexo e idade, ideia pioneira na introdução de classificação de condenados com base em determinados critérios.

Jeremy Bentham, nascido em 1748, ficou conhecido como o criador da filosofia utilitarista, que teve influência significativa sobre o avanço do liberalismo político e econômico durante sua época, a qual preceitua que é inerente à natureza humana estar inclinado a buscar o prazer e evitar a dor ao tomar decisões. Dessa forma, para manter a ordem social e regular o comportamento humano, foi estabelecido um sistema de controle social baseado nos princípios éticos do utilitarismo, cujo objetivo principal da punição consistia em dissuadir os indivíduos no cometimento de crimes. Embora um crime possa ser uma ocorrência passada, o futuro oferece infinitas possibilidades. Portanto, o foco não estava apenas no ato criminoso, mas no impacto que poderia ter na sociedade como um todo. A prevenção foi considerada crucial porque, mesmo que houvesse casos em que o dano resultante não pudesse ser desfeito, sempre haveria caminhos para mitigar seus efeitos. A erradicação do desejo de cometer novos atos criminosos é crucial, porque, nos casos em que um crime pode render eventual proveito, a consequência que se segue será invariavelmente mais severa.

Em 1791, Bentham criou o "Panóptico", peça significativa da história penal, caracterizada pela estrutura circular que gira em torno de uma torre central. De dentro da torre, era possível observar a movimentação de presos e funcionários ao longo de todo o presídio, entretanto o recluso não tinha conhecimento de que estava sendo observado, justamente pela geometria do local, acarretando um contínuo estado de atenção por parte dos custodiados naquele sistema.

Esse mecanismo consistia em uma penitenciária de planta circular, em que as celas eram dispostas de forma voltada para o pátio central, onde ficava uma torre de vigilância. O desenho circular da torre permitia ao guarda ter uma visão completa de todas as celas simultaneamente. Do centro do edifício, podiam-se observar as celas adjacentes, cada uma com duas janelas, uma voltada para o interior e a outra para o exterior. É importante notar, no entanto, que essas janelas não permitiam nenhuma interação entre os indivíduos encarcerados. A noção de que os presos eram visíveis para agentes carcerários, mas não vice-versa, foi uma medida deliberada tomada para manter a disciplina, impedir possíveis fugas ou revoltas enquanto encarcerados. No contexto brasileiro, esse modelo, influenciado pelos princípios benthamistas, foi implantado na Penitenciária de Catumby construída em 1934.

Adiante no processo histórico, a primeira metade do século XX testemunhou o retrocesso no uso da prisão como forma de punição. Princípios duramente conquistados, especialmente pelos revolucionários franceses, foram gradualmente esquecidos e descartados, levando ao surgimento de diversos movimentos que defendiam a abolição do sistema prisional.

As prisões nos países latino-americanos, em particular, transformaram-se em centros literais de encarceramento em massa, onde os indivíduos eram confinados pelo governo sem a oportunidade de cumprir suas penas com dignidade e sem comprometer seus próprios direitos. As prisões rapidamente ficaram superlotadas, levando a uma série de contradições, desencadeando revoltas, promiscuidade desenfreada e a perpetração de inúmeros crimes dentro dos limites do sistema penitenciário, tanto pelos próprios presos, quanto pela corrupção entre os agentes do sistema prisional. As tragédias ocorridas nos sistemas prisionais são lembradas por Oliveira:

> a. A morte de 43 presos, por policiais, na Penitenciária de Attica, em New York, em dezembro de 1971; b. O motim, em fevereiro de 1995, na Penitenciária Central de Argel, que culminou com a morte, por policiais, de 96 presos liderados por ativistas pertencentes ao grupo Armado Islâmico, que lutava contra o Governo da Argélia; c. O massacre da Prisão de Carandiru, em 2 de outubro de 1992, resultando na morte de 111 presos, por integrantes da Polícia Militar de São Paulo; d. A matança, por policiais, de 290 presos ligados ao Movimento Sendero Luminoso, em abril de 1996, no Peru, nas Prisões de Santa Bárbara, San Pedro e El Frontón; e. O morticínio de 450 prisioneiros árabes, tchetchenos e paquistaneses, todos seguidores do Fundamentalismo Islâmico da Etnia do Taleban, em novembro de 2001, na Penitenciária de Mazar-e-Sharif, no Afeganistão, onde foram executados sumariamente por Guardas do Regime da Aliança do Norte, que à época contou com o apoio bélico dos E.U.A. e da Inglaterra, interessados na caçada a Osama Bin Laden, Líder da Organização Terrorista Al Qaeda, principal acusado pelos ataques destruidores de 11 de setembro de 2001, ao World Trade Center, em New York, e ao Pentágono, em Washington.⁰[207]

---

[207] OLIVEIRA, 2002, p. 8-9.

Símbolo da "cultura prisional" e no rigor de suas penas, os Estado Unidos testificaram ao mundo uma das prisões mais terríveis durante o final do século XX e o início do século XXI, denominada "Campo de detenção da Baía de Guantánamo", oficialmente fechada, em 22 de janeiro de 2009, após a decisão do então presidente Barack Obama, local acometido de diversas atrocidades, conforme descreve Greco:

> Nesses campos, os presos eram mantidos em condições desumanas, submetidos a toda sorte de torturas que, diga-se de passagem, eram permitidas formalmente pelo governo americano, com a desculpa de que deviam, em seus interrogatórios, obter um número maior de informações possíveis ao combate do terrorismo.[208]

No século XX e início do século XXI, foram empreendidos esforços para reintegrar os condenados à sociedade após a condenação, ocasião em que a ressocialização se tornou o objetivo a ser alcançado, levando muitos países a implementar políticas prisionais focadas na preparação dos presos para exercerem ocupações dignas após o alcance da liberdade. No entanto, Carvalho Filho explica que o plano de ressocialização enfrentou desafios significativos na maioria das nações devido à falta de condições necessárias para o cumprimento da pena de prisão:

> Países pobres e países ricos enfrentam dificuldades. Cárceres superlotados na Europa, na América, na Ásia, no Oriente Médio. Prisões antiquadas na Inglaterra. Violência entre presos na Finlândia. Violência sexual nos EUA. Adolescentes e adultos misturados na Nicarágua. Presos sem acusação no Egito. Maioria de detentos não sentenciados em Honduras. Massacres na Venezuela. Isolamento absoluto na Turquia. Greve de fome na Romênia. Prisioneiros que mutilaram o próprio corpo para protestar contra condições de vida no Cazaquistão. Doença e desnutrição no Marrocos. Mais de 96 mil tuberculosos na Rússia. Presos sem espaço para dormir em Moçambique. Tortura e número de presos desconhecidos na China.[209]

Sob o longo percurso histórico até então, Neuman sintetiza a evolução da pena privativa de liberdade:

---

[208] GRECO, 2015, p. 171.
[209] CARVALHO FILHO, 2002, p. 29.

> 1) Período anterior à pena privativa de liberdade, no qual a prisão constitui um meio para assegurar a presença da pessoa do réu ao ato judicial; 2) Período de exploração. O Estado adverte que o condenado constitui um apreciável valor econômico em trabalhos penosos; a privação de liberdade é um meio de assegurar sua utilização em trabalhos penosos. 3) Período correcionalista e moralizador. Encarnado pelas instituições do século XVIII, e princípios do século XIX. 4) Período de readaptação social ou ressocialização. Sobre a base da individualização penal, o tratamento penitenciário e pós-penitenciário.[210]

Portanto, observa-se que o desenvolvimento das penas privativas de liberdade está intrinsecamente relacionado à história do trabalho penitenciário. Inicialmente, a morte e a mutilação consistiam nas punições mais severas. No entanto, à medida que as taxas de criminalidade aumentaram, a impraticabilidade dessas punições tornou-se evidente, oportunidade em que o sistema jurídico implementou a privação de liberdade como pena principal, levando ao surgimento do trabalho como forma de punição e vingança por comportamentos criminosos. Como tal, a natureza punitiva do trabalho penitenciário é claramente relacionada às penas de privação à liberdade.

A chegada do século XXI não trouxe esperança de qualquer melhoria do sistema prisional. A questão da superlotação carcerária parece pouco preocupar as autoridades responsáveis, principalmente a elite política, que não vê nenhum benefício em atender às necessidades dos encarcerados. De acordo com Greco[211], as condições dentro das celas permanecem inalteradas — úmidas, fétidas e sem ventilação adequada. A qualidade da alimentação fornecida aos detidos continua abaixo da média, são privados da oportunidade de trabalhar e de se exercitar, suas interações com entes queridos são severamente restritas, muitas vezes impedindo visitas regulares de seus parentes.

É comumente aceito que o encarceramento é a forma de punição mais humana do que a tortura. No entanto, não se pode negar que ficou aquém das expectativas teóricas que lhe foram colocadas. As contradições existentes entre o discurso oficial e a realidade fática revelam a própria segregação por meio da insuficiência de políticas sociais, o que termina

---

[210] NEUMAN, Elías. *Prisión abierta*. Buenos Aires: Dep. Buenos Aires, 1974. p. 9.
[211] GRECO, 2015.

retirando os indesejáveis da sociedade e incutindo na população a falácia da reabilitação. Segundo Bitencourt, ao longo da história, as mudanças ocorridas nas formas de punir não possuíam viés humanitário:

> [...] nem por um propósito idealista ou pelo afã de melhorar as condições da prisão, mas com o fim de evitar que se desperdice a força de trabalho e ao mesmo tempo para poder controlá-la, regulando a sua utilização de acordo com as necessidades de valoração capitalista.[212]

Esses paradoxos parecem ter atingido seu auge provavelmente devido à ampla atenção dispensada aos motins e às fugas em massa. Durante as ocorrências, em razão das "imagens fortes" noticiadas pelos canais midiáticos, a sociedade acaba se interessando pelo assunto, levando à pronta resposta por parte dos representantes do Estado. No entanto, cessado o caos, o assunto é desconsiderado e esquecido até que nasça o próximo evento. Os indícios dão conta de que o Estado não deseja suportar esse fardo pesado, ao contrário, deixa-o à mercê da própria sorte.

4.1.2 Aspectos gerais da origem da prisão no Brasil

Durante o período primitivo anterior à colonização portuguesa, Bitencourt[213] explica que os povos indígenas não tinham um sistema formalizado de encarceramento, pois cada tribo possuía tradições e métodos únicos para lidar com as questões sociais, ainda que os meios de punição fossem similares. Nessa estrutura, não existia sistemas prisionais, e as punições para os indígenas variavam de banimento à pena de morte, sendo as prisões utilizadas para garantir que as negociações permanecessem pacíficas.

O período colonial (1500 a 1822) foi marcado pela tradição católica ideologicamente sustentada na crença de que o objetivo da punição era o castigo, mecanismo que não impedia os criminosos de se redimirem e curarem suas almas por meio da liberdade. Nessa época, o Brasil não desfrutava de um código penal instituído, motivo pelo qual não havia punições prescritas para os povos indígenas que não concordavam com a autoridade portuguesa, levando ao tratamento arbitrário, injusto e muitas vezes brutal, conforme descreve Nucci:

---

[212] BITENCOURT, 2001, p. 22.
[213] BITENCOURT, 2001.

> Na época do descobrimento, os portugueses encontraram a terra habitada por índios, que não possuíam um direito penal organizado e muito menos civilizado, aplicando-se penas aleatórias, inspiradas na vingança privada, além de se estabelecer, causalmente, algumas formas de composição. Muitas penalidades eram cruéis, implicando em tortura, morte e banimento.[214]

Sobre o regime dominador e autoritário no território brasileiro, complementa Salla: "Os colonizadores, durante os três primeiros séculos de sua presença na América, usaram intensamente a prisão como instrumento de ameaça e de exercício do poder arbitrário nas vilas e cidades do mundo colonial"[215]. No decurso do período colonial, a função da prisão consistia em punir e isolar, ressaltando a influência europeia no sistema punitivo, em decorrência da colonização portuguesa. Inclusive, a primeira prisão remete-se à Carta Régia de 1769, ocasião em que foi determinada a instalação da casa de correção no Rio de Janeiro.

Durante o período imperial (1822 a 1889), a disciplina aplicada aos infratores permaneceu inalterada quanto às medidas punitivas tomadas durante a Colônia. Santos[216] relata que o objetivo principal da punição era apenas infligir, sem qualquer tentativa de transmissão educacional ou moral por meio da pena. Durante a transição da Colônia para o Império, as penas foram direcionadas em punir fisicamente o infrator, sinalizando que o objetivo principal era a manutenção das sanções corporais desenvolvidas nas costas do escravo africano.

As Ordenações Filipinas[217] delineavam os crimes e suas respectivas penas até o ano de 1830, marcadas pela crueldade, como a mutilação, o açoitamento, as queimaduras, as humilhações e a pena de morte. As prisões durante esse período serviram apenas como locais de confinamento até a chegada do julgamento.

O Iluminismo transformou a visão de mundo por parte dos governantes, bem como nos métodos utilizados pelo Estado para punir os infratores, resultando na reforma completa do sistema prisional brasileiro em 1830, sobretudo na criação do código penal do Império, que sustentava a punição da alma como forma de se tornar civilizada novamente,

---

[214] NUCCI, 2014, p. 59.
[215] SALLA, Fernando. *As prisões em São Paulo*: 1822 – 1940. 2. ed. São Paulo: Fapesp, 2006. p. 34.
[216] SANTOS, 2009.
[217] Consistiam na compilação de leis portuguesas aplicáveis no Brasil.

além de implementar a progressão de regime, conforme explicado por Carvalho Filho:

> A base do sistema de penas adotado pelo novo Código era prisão celular, prevista para grande maioria de condutas criminosas. Deveria ser cumprida em estabelecimento especial. O preso teria um período de isolamento na cela (Filadélfia) e depois passaria ao regime de trabalho obrigatório em comum, segregação noturna e silêncio diurno (Auburn), o condenado a pena superior a seis anos, com bom comportamento e depois de cumprida a metade da sentença, poderia ser transferido "para alguma penitenciária agrícola". Mantido o bom comportamento, faltando dois anos para o fim da pena, teria a perspectiva do comportamento condicional.[218]

A prisão não servia para ferir o corpo, mas conter a alma do ofensor. As autoridades privavam a liberdade do criminoso como forma de punição, afastando-o da sociedade e devolvendo a paz aos seus habitantes. Consoante Shecaira e Corrêa Júnior: "[...] a prisão como pena substitui as penas corporais e mostra indícios de sua futura supremacia sobre as demais modalidades punitivas"[219]. As penas mais comuns no Brasil foram as prisões simples e prisões com trabalho, bem como a prisão perpétua, como maneira de castigar a alma até a redenção, utilizando a privação da liberdade para o alcance do objetivo.

O código penal do Império rompeu com o paradigma estabelecido até então, pois a finalidade deixa de ser a custódia do preso até o julgamento para se tornar uma forma de punição por meio da privação da liberdade. O encarceramento tornou-se a maneira predominante de punição criminal, sendo a pena de morte a exceção. Dos 211 crimes descritos no código penal imperial, 187 acarretavam pena de prisão. Assim, a consequência da prática desses crimes é a perda da liberdade.

O marco histórico que encerra totalmente a pena de morte no Brasil ocorreu em 1859, em decorrência da pressão social pela condenação de Mota Coqueiro, condenado à pena de morte mediante um erro do poder judiciário, em virtude do descobrimento do verdadeiro autor após a con-

---

[218] CARVALHO FILHO, 2002, p. 43.
[219] SHECAIRA, Sérgio Salomão; CORRÊA JÚNIOR, Alceu. *Teoria da pena*: finalidades, direito positivo, jurisprudência e outros estudos de ciência criminal. São Paulo: Ed. Revista dos Tribunais, 2002. p. 41.

denação criminal. Oliveira[220] ressalta que, embora não houvesse mais a pena de morte, a tendência natural era o falecimento do enclausurado, em razão das péssimas condições das prisões naquele momento histórico.

Contudo, a nova legislação marcou o afastamento significativo das penas severas e excessivas do passado, a exemplo do esquartejamento e do açoitamento, e introduziu a pena de privação de liberdade. Esse desenvolvimento marcou significativamente o sistema de justiça criminal do Brasil; contudo, ainda sob a vigência do regime escravocrata, o propósito da punição diferia significativamente das nações europeias, justamente porque a ideia de ressocialização conflitava com a ordem escravista vigente, tornando implausível o discurso da ressocialização pelo trabalho. Como resultado, existia uma variedade de penas no Brasil: aos indivíduos livres, a prisão com trabalho, multas, perda de cargo e banimento; aos escravos, penas corporais com viés infamante e punitivo.

O período republicano (1889 aos dias atuais) consolida-se com a abolição da escravidão em 1888 e o início da República em 1889, em que os considerados indesejáveis do passado se juntaram aos dissidentes da atualidade, incluindo imigrantes, prostitutas, vagabundos, embriagados e negros alforriados que se aliavam à oposição política do regime instituído. Embora não fosse a manifestação perfeita de igualdade, Roig[221] expõe que era uma versão invertida de igualdade que reunia aqueles que haviam sido socialmente excluídos e marginalizados sociais. Esse período histórico coincidiu com a abolição da escravatura, fonte de trabalho gratuito às elites, e a necessidade de estabelecer um mercado de trabalho funcional por meio da reabilitação.

O código penal de 1890 tentou ajustar o sistema criminal às mudanças econômicas e sociais da República, ocasião em que a punição corporal foi abolida, enquanto o encarceramento em prisões com trabalho continuou sendo uma das formas de punição. As penas perpétuas e coletivas foram extintas, assim como delimitado o tempo máximo de 30 anos para o cumprimento da pena privativa de liberdade. O arcabouço normativo tinha por objetivo estabelecer um sistema de punições criminais que permitisse às autoridades governamentais regular e administrar as denominadas "classes perigosas".

---

[220] OLIVEIRA, Márcia de Freitas. *O princípio da humanidade das penas e o alcance da proibição constitucional de penas cruéis*. 2014. (Dissertação em Direito Penal) – Universidade de São Paulo, São Paulo, 2014.

[221] ROIG, Rodrigo Duque Estrada. *Direito e prática histórica da execução penal no Brasil*. Rio de Janeiro: Revan, 2005.

O principal objetivo dessa nova legislação consistia em criar duas classificações separadas de delitos: as contravenções e os crimes como forma de melhor controlar e organizar aqueles que eram considerados uma ameaça à sociedade, nas palavras de Santos: "A entrada do 'duplo ilícito', ou seja, do crime e da contravenção no Código Penal de 1890 pode ser vista como a contrapartida da elite republicana à liberdade adquirida pelos escravos no período imediatamente anterior"[222].

De acordo com Jinkings[223], esse período marcou a consolidação dos interesses burgueses no âmbito penal, em que o ócio foi criminalizado por meio dos delitos de vadiagem e das greves, neutralizando aqueles que eram considerados improdutivos para a nova ordem social. Na mesma toada, Salla explica a mudança de paradigma acerca do significado do trabalho:

> A abolição da escravidão trouxe uma série de transformações para o mercado de trabalho. Na nova ordem econômica em fase de transição – onde o escravo é substituído pelo assalariado – um novo cenário se forja. O trabalho encarado como algo degradante e quase sinônimo de condição escrava começa a ceder lugar para um outro conjunto de ideias no qual ele passa a ser apresentado como a fonte da virtude, da honradez, da dignidade e da honestidade. Esse ideário se em todos os sentidos, nos primeiros tempos da República, e é fundamental para legitimar os meios de controle social que as elites e os governos do período desenvolveram. O alvo: aqueles que não se acomodam à disciplina do trabalho.[224]

Adiante na história prisional brasileira, Roig[225] cita a casa de correção da Capital Federal, regulamentada pelo Decreto n.º 3.647/1900, como fonte de inovação no que tange ao tratamento diferenciado dos condenados pela prática de contravenção penal, além de definir atividades laborais específicas, como alfaiataria, carpintaria, encadernação, construção civil e serralharia, que ocorria no interior do estabelecimento. O decreto também fortaleceu o sistema de vigilância da prisão e as medidas disciplinares ao introduzir novas sanções, além de prever a obrigação dos presos passassem pela instrução escolar pela primeira vez.

---

[222] SANTOS, 2009, p. 105.
[223] JINKINGS, Isabella. Cárcere e trabalho: gênese e atualidade em suas inter-relações. *In*: ANTUNES, Ricardo (org.). *Riqueza e miséria do trabalho no Brasil II*. São Paulo: Boitempo, 2013.
[224] SALLA, 2006, p. 187.
[225] ROIG, 2005.

O Decreto n.º 8.296/1910 inova ao estabelecer três classes dentro das unidades, permitindo que os presos pudessem progredir por meio da avaliação do diretor do estabelecimento, que aferia o comprometimento do indivíduo no trabalho e nos estudos. Por sua vez, o Decreto n.º 10.873/1914 trouxe dois aspectos importantes: as medidas disciplinares ligadas à educação moral e ao trabalho direcionada aos infratores juvenis, que ocorria em área separada no interior dos estabelecimentos prisionais; e aos vadios foi imposto o dever de procurar emprego dentro de um prazo definido, sob pena de retornarem ao cárcere.

Em 1920 é inaugurada a penitenciária da capital em São Paulo, que pretendia ser um modelo de disciplina e reabilitação dos prisioneiros por meio do trabalho, alinhando-se com o progresso da industrialização do país. Construída no bairro Carandiru, logo ficou conhecida como Complexo Penitenciário de Carandiru, concebido inicialmente como modelo de regeneração. De acordo com Carvalho Filho:

> [...] foi saudada como um marco na evolução das prisões e era visitada por juristas e estudiosos do Brasil e do mundo, como "instituto de regeneração modelar". Construída para 1.200 presos, oferecia o que havia de mais moderno em matéria de prisão: oficinas, enfermarias, escola, corpo técnico, acomodações adequadas, segurança. Tudo parecia perfeito.[226]

Consoante explica Jinkings[227], o principal modo de reabilitação foi por meio de atividades relacionadas ao trabalho, tornando-a protótipo para disciplinar a força de trabalho que a incipiente sociedade industrial brasileira necessitava. Portanto, o discurso oficial em prol da ressocialização por meio do trabalho continuava a conflitar com a realidade prática, pois não havia possibilidades concretas de construção da vida fora dos muros da prisão.

Mais tarde, durante o período do Estado Novo (1937-1945), ocorreu a reforma penal com a imposição do Decreto Lei n.º 2.848/1940 (marco originário do código penal), que tornava obrigatória a sujeição do preso ao regime do trabalho diurno e isolamento à noite. Por fim, a Lei n.º 7.210/1984 (marco originário da lei de execução penal) marcou a história do ordenamento jurídico brasileiro, pois se tornou um instrumento nor-

---
[226] CARVALHO FILHO, 2002, p. 43.
[227] JINKINGS, 2013.

mativo unificado para regulamentar o cumprimento de penas em todo o país. Nessa lei, o conceito de trabalho prisional foi redefinido: deixou de ser apenas uma obrigação e passou a ser um direito que deve ser assegurado aos apenados. O objetivo primordial foi incutir maior dignidade na execução das penas, embora ainda carregue sinais da sociedade escravista não muito distante.

Após a revisão do contexto prisional, infere-se que o Brasil não utilizou o trabalho prisional como fonte de força de trabalho excedente em tempos de escassez, o que pode ser explicado pelo histórico do mercado de trabalho no país, fortemente influenciado pela prevalência da escravidão durante um período significativo, seguida pela exploração da força de trabalho estrangeira, consoante explica Jinkings: "Apesar do processo histórico brasileiro ser bastante distinto do que ocorreu nos países centrais, a relação entre cárcere e fábrica é essencial para compreender a hegemonia burguesa da pena restritiva de liberdade sob o capitalismo"[228].

Portanto, traçando esse paralelo, observa-se que, nos países do capitalismo central, o trabalho realizado pelos prisioneiros foi utilizado como excesso de força de trabalho diante da escassez de trabalhadores livres, variando entre as funções preventivas e retributivas, dependendo em grande parte das exigências do mercado. No Brasil, contudo, o papel do trabalho prisional nunca serviu plenamente a esse propósito, ao contrário, representava apenas uma pequena parcela da população encarcerada.

4.1.3 Os sistemas penitenciários projetados

O modelo precursor de prisão como finalidade de pena ocorreu em 1776 nos Estados Unidos, conhecido como "Sistema Pensilvânico" (ou Filadélfico). A principal característica desse sistema consistia na completa reclusão dentro da cela por 24 horas todos os dias, com forte ênfase na meditação e na oração. Os indivíduos residiam, comiam e realizavam as tarefas dentro de suas celas individuais, aderindo estritamente a um código de silêncio, em que o objetivo primordial era instigar sentimentos de remorso, arrependimento, introspecção e devoção.

Melossi e Pavarini[229] explicam que o trabalho nesse sistema assume a função de empresa: a aquisição de matérias-primas, a organização da

---

[228] JINKINGS, 2013, p. 88.
[229] MELOSSI; PAVARINI, 2006.

produção e a venda dos produtos acabados no mercado aberto a preços mais baixos faziam parte do cotidiano de cada unidade prisional, fator que desencadeou uma resistência considerável por parte dos movimentos da classe operária. Dentro desse modelo de negócio, a responsabilidade de impor a disciplina no local de trabalho e de colher os lucros das vendas recai sobre o Estado. Apesar da elevada rentabilidade, houve pouco incentivo ao investimento em avanços tecnológicos ou maquinaria para melhorar a produtividade, voltada principalmente à fabricação de bens como botas, sapatos, cordas e escovas.

O principal fator que levou à queda foi o aumento vertiginoso do número de indivíduos encarcerados. A crítica mais significativa dirigida a ele relacionava-se ao tormento resultante do confinamento solitário. No entanto, Melossi e Pavarini[230] entendem que o fracasso não foi atribuído apenas ao clamor de alguns setores da sociedade em relação ao tratamento desumano da população carcerária, pelo contrário, deveu-se principalmente à avaliação do tipo de trabalho gerado dentro do sistema, que foi considerado não rentável e resultou em deformidades físicas e na diminuição da capacidade de trabalho dos internos.

Dessa feita, o objetivo velado do isolamento celular era manter o senso de ordem, à medida que o número de indivíduos encarcerados aumentava e os casos de maus-tratos se tornavam mais frequentes, aumentando o risco de rebelião, crítica encampada por Bitencourt: "[...] já não se trataria de um sistema penitenciário criado para melhorar as prisões e conseguir a recuperação do delinquente, mas de um eficiente instrumento de dominação"[231].

O segundo modelo de prisão como finalidade de pena também ocorreu nos Estados Unidos, no ano de 1821, chamado de "Sistema Auburniano", fortemente influenciado pelo capitão Elan Lynds, então diretor do presídio, que não acreditava na reforma dos prisioneiros, implementando uma abordagem coercitiva focada exclusivamente na imposição da obediência e da disciplina. De acordo com Carvalho Filho[232], o sistema visava responder às críticas do anterior ao incorporar oficinas nas quais os detentos pudessem trabalhar e produzir mercadorias, que eram vendidas para empresas externas em parceria com os presídios.

---

[230] *Ibidem*.
[231] BITENCOURT, 2008.
[232] CARVALHO FILHO, 2002.

O impacto desse padrão prisional foi tão profundo que levou as autoridades penitenciárias a adotarem uma abordagem de menosprezo e rigor em relação aos presos. A principal característica desse modelo, além do trabalho diurno regular, era a imposição do silêncio absoluto. Conforme Bitencourt: "A diferença principal reduz-se ao fato de que no regime celular a separação dos reclusos ocorria durante todo o dia; no auburniano, eram reunidos durante algumas horas, para poder dedicar--se a um trabalho produtivo"[233]. Os presos eram estritamente proibidos de manter qualquer tipo de conversa com seus companheiros de prisão, restringindo a comunicação aos guardas prisionais.

O silêncio proporcionava maior produtividade dos reclusos, pois não havia questionamentos em relação às ordens ou quanto ao sistema de produção implementado, o que intensificou a exploração dos trabalhadores encarcerados. Nas palavras de Melossi e Pavarini, o cárcere se transforma em fábrica, em que o modelo de "pedagogia penitenciária"[234] acaba se fundamentando no silêncio dos presos.

Deve-se notar que os fatores econômicos sempre acompanham o desenvolvimento histórico em todos os setores da sociedade, o que não foi diferente no sistema prisional. O modelo auburniano foi visto como solução para o desafio da escassez da força de trabalho durante a época, pois permitiu que a oferta de trabalho fosse adaptada para satisfazer às exigências do capitalismo, explicado por Assis:

> Na primeira metade do século XVIII, a importação de escravos restringia-se cada vez mais devido a uma nova legislação imposta pelo governo das Treze Colônias, enquanto que a conquista de novos territórios e a rápida e crescente industrialização produziam um vazio no mercado de trabalho, que não conseguia ser suprido apenas pelos índices de natalidade e de imigração.[235]

O objetivo econômico foi primordialmente estabelecido no sistema auburniano, já que antes a inspiração fundamentava-se nos aspectos religiosos. O trabalho prisional recebeu inúmeras críticas, sendo comparado ao trabalho escravo, visto que os reclusos nada recebiam pela força despendida.

---

[233] BITENCOURT, 2001, p. 80.
[234] MELOSSI; PAVARINI, 2006, p. 201.
[235] ASSIS, Rafael Damasceno de. A realidade atual do sistema penitenciário brasileiro. *Revista CEJ*, [s. l.], v. 11, 2007, p. 2.

A instituição da prisão, outrora considerada um empreendimento produtivo e lucrativo, revelou-se um fracasso. Apesar de os produtos resultantes do trabalho dos encarcerados não estarem sujeitos à tributação, os preços eram inferiores aos produzidos pelo proletariado livre, o que ocasionou o declínio em seus salários, resultando em intensas revoltas e manifestações por parte dos sindicatos de trabalhadores, desencorajando a produção nas prisões. Além disso, a incapacidade de industrializar completamente as prisões, transformando-as em fábricas, contribuiu significativamente para esse fracasso, especialmente numa época de rápido avanço tecnológico.

Em semelhantes termos, Melossi e Pavarini[236] dispõem que o desastre dessa modalidade estava intimamente ligado ao estado do mercado de trabalho, pois a decisão de implementar o trabalho prisional foi motivada sobretudo por ideologias voltadas ao lucro, em detrimento da abordagem educacional que facilitaria a integração dos presos na força de trabalho após o alcance da liberdade. A forte oposição dos sindicatos contra o trabalho prisional foi um fator significativo na decisão. Ao utilizar indivíduos encarcerados como força de trabalho, o custo de produção foi reduzido, representando uma ameaça potencial ao trabalho livre. Além disso, o fornecimento de treinamento do ofício e da técnica aos presos visava garantir seu emprego nas fábricas após o cumprimento das penas. No entanto, essa abordagem arriscava desvalorizar as habilidades e ofícios aos olhos de outros trabalhadores.

De maneira subsequente, a prisão se consolida como pena privativa de liberdade com o chamado "Sistema Progressivo Inglês", idealizado pelo capitão Alexander Maconochie na Ilha de Norfolk, Austrália, por volta do ano de 1840, servindo de destino para os presos mais perigosos, transferidos de um sistema que mostrava pouca consideração pelo bem-estar dos indivíduos. Ao chegarem, eram incluídos em um ambiente totalmente novo, que contrastava fortemente com a dureza que haviam experimentado anteriormente. Saindo de um regime caracterizado pela severidade e insensibilidade, agora enfrentavam uma realidade diferente. Em oposição aos regimes filadélfico e auburniano, essa forma de regime trouxe avanços consideráveis, pois diminuiu o rigor na privação da liberdade.

O sistema projetado, que vai de penalidades a incentivos, funcionava da seguinte maneira: a primeira etapa consistia no isolamento celular tanto durante o dia quanto à noite. Posteriormente, o trabalho coletivo rigorosamente silencioso. Por último, a aplicação do conceito

---

[236] MELOSSI; PAVARINI, 2006.

de liberdade condicional, que concedia a liberdade limitada e restrita a certas condições estipuladas. Uma vez decorrido o período de restrição designado, se não houvesse mais problemas ou incidentes, os indivíduos obtinham a liberdade definitiva.

A duração da sentença era calculada com base em uma combinação de trabalho e bom comportamento. O representante dessa instituição introduziu uma classificação denominada "Sistema de Marcas ou Vales", em que os presos podiam reduzir a pena, trabalhando, ou aumentá-la, caso cometessem alguma infração. Segundo Foucault: "[...] um regime de punições e de recompensas que não é simplesmente uma maneira de fazer respeitar o regulamento da prisão, mas de tornar efetiva a ação da prisão sobre os detentos"[237]. O saldo remanescente entre os aspectos positivos e negativos determinaria a conclusão da punição. De acordo com Bitencourt[238], fatores como a gravidade do crime, o desempenho no trabalho e a conduta dentro da prisão eram levados em conta.

Mais tarde, o "Sistema Progressivo Irlandês" foi aplicado na Irlanda por Walter Crofton, considerado o verdadeiro criador desse mecanismo, embora tenha refinado o sistema de Maconochie. Ao ser incumbido de inspecionar prisões na Irlanda, Crofton, que já conhecia o sistema inglês, desenvolveu um método para preparar os presos no reingresso à sociedade, o que levou à introdução do "período intermediário" entre a segunda e a terceira fases do sistema de Maconochie.

Esse arranjo oferecia vários benefícios, incluindo a possibilidade de usar roupas diferentes do uniforme da prisão, ausência de punição corporal, oportunidade de receber remuneração parcial por seu trabalho, comunicação com os indivíduos além dos limites da prisão. Seu profundo impacto foi reconhecido e adotado por vários países em todo o mundo. O sistema possui a preocupação com o aspecto ressocializador do preso e a consequente inserção na sociedade quando alcançar a liberdade, evitando um possível retorno ao cárcere futuramente, criando oportunidades de trabalho fora da prisão por meio das colônias agrícolas. Em semelhantes termos, procurou eliminar todas as formas de autoritarismo, opressão, abusos e "leis do silêncio" vistos em outros modelos penitenciários, pautando-se na garantia de direitos ao indivíduo enclausurado.

---

[237] FOUCAULT, Michel. *Vigiar e punir*. 23. ed. Rio de Janeiro: Ed. Vozes, 2000. p. 206.
[238] BITENCOURT, 2001.

Em linhas gerais, o sistema progressivo foi concebido para preparar os indivíduos encarcerados ao reingresso social, destacando-se pelos períodos distintos ao longo da pena, que vão desde um regime rígido até o gradual aumento da liberdade, podendo ser ajustado de acordo com o comportamento e a conduta do preso.

O ordenamento jurídico brasileiro, conforme estabelece o artigo 112 da lei de execução penal[239], emprega o sistema penitenciário progressivo, na medida em que a execução da pena é considerada um processo gradual em que o condenado cumpre o período específico de reclusão e, se apresentar bom comportamento e atender aos requisitos objetivos e subjetivos, é transferido progressivamente para o regime menos severo.

É necessário ressaltar que esse modelo incorpora certas características das duas primeiras formas de prisão, incluindo o confinamento nas celas durante a noite e a utilização do trabalho como forma de remição, pois o escopo máximo, ainda que muitas vezes, utópico, focaliza a liberdade por meio da reintegração social.

4.2 O INSTITUTO DA REMIÇÃO

4.2.1 A gênese da remição relacionada ao trabalho

Em linhas preliminares, como maneira de descortinar o conceito do instituto, Roig preceitua que: "A remição é o desconto de parte do tempo de execução da pena, em regra pela realização de trabalho ou estudo"[240], sendo complementado por Prado *et al.*:

> Trata-se de benefício concedido ao condenado que se encontra cumprindo pena em regime fechado ou semiaberto, consistente na antecipação do tempo da condenação, através do trabalho ou estudo, desenvolvido por ele de maneira a agregar ao tempo de pena cumprida os dias remidos.[241]

A instituição da remição originou-se do código penal militar espanhol sob a égide do governo fascista (Decreto n.º 281/1937), sendo inicialmente

---

[239] Art. 112 da LEP: a pena privativa de liberdade será executada em forma progressiva com a transferência para regime menos rigoroso, a ser determinada pelo juiz, quando o preso tiver cumprido ao menos [...]
[240] ROIG, 2018, p. 365.
[241] PRADO, Luís Regis *et al*. *Direito de Execução Penal*. 3. ed. revisada, atualizada e ampliada. São Paulo: Revista dos Tribunais, 2013, p. 174.

limitado a prisioneiros de guerra e condenados de crimes especiais. No entanto, em 1939, foi ampliado para abranger crimes comuns. A incorporação do regramento foi consolidada pela reforma do Código Penal Espanhol de 1944 e desenvolvido em 1956 no *Reglamento de los Servicios de Prisiones*. Sobre o tema, Mirabete sintetiza:

> Embora haja notícia de casos de diminuição de pena em decorrência do trabalho do condenado nas Ordenações Gerais dos Presídios da Espanha em 1834 e 1928, e no Código Penal espanhol de 1822, a redención de penas por el trabajo foi instituída nos termos do que hoje é conhecida pelo Decreto n° 281, de 28-5-1937, com relação aos condenados de guerra e por delitos políticos, sendo incorporada ao Código Penal daquele país na reforma de 1944 (artigo 100).[242]

Embora originalmente destinado a prisioneiros de guerra, esse instituto foi utilizado como um método de ressocialização para os condenados, pois acreditava-se que o envolvimento em atividades construtivas poderia conduzir à eficácia do processo de ressocialização. Em seus estudos, Rodrigues ressalta a importância do instituto:

> Historicamente a Remição é um importante instrumento de desprisionalização, surgido em 28 de maio de 1937, por meio de um decreto do Governo Franquista, para ser aplicado aos prisioneiros vencidos da Guerra Civil espanhola. A verdade é que este instituto pode ser considerado como uma das mais importantes conquistas no tocante ao abrandamento do processo de execução da pena privativa de liberdade atual.[243]

No Brasil, a remição de pena foi inicialmente prevista na Lei n.º 7.226/1978 do estado de Minas Gerais[244], considerada o marco precursor no ordenamento jurídico pátrio mesmo contendo o vício da inconstitucionalidade, na medida em que a Constituição brasileira de 1967 previa como competência exclusivamente federal a legislação de conteúdo

---

[242] MIRABETE, 2014, p. 559.
[243] RODRIGUES, Francisco Erivaldo. *A polêmica utilização do instituto da remição da pena através do estudo*. 2007. (Monografia) – Universidade Estadual do Ceará, 2007, p. 35.
[244] Art. 42 da lei n.º 7.226/1978 (revogada): sempre que o sentenciado participe ativamente das atividades educativas do estabelecimento e revele efetiva adaptação social, haverá a remissão (*sic*) de um (1) dia de prisão, por dois (2) dias de trabalho, na forma do regulamento.

penitenciário. Outrossim, não se pode negar que o diploma normativo estadual exerceu grande influência no advento da lei de execução penal de 1984, tema brilhantemente resumido pelos juristas Júnior e Aquotti:

> Em 1978 o Estado de Minas Gerais promulgou a Lei nº 7.226, que dispunha sobre a organização do sistema penitenciário, e trazia em uns de seus artigos sobre o instituto da remição da penal. Rodrigues, citando, segundo Marcos Elias de Freitas Barbosa entende que a Lei Estadual mineira ultrapassou a competência conferida pela Lei Federal nº 6.426/77, que possibilitou aos Estados legislar sobre direito penitenciários supletivamente. Portanto a Constituição Federal de 1967/69 assegurou como competência da União legislar sobre normas gerais de regime penitenciário, ou seja, os Estados não poderiam inovar sobre tal matéria. A Legislação que trouxe o instituto da remição e dispunha sobre o regime penitenciário, deu início com o Anteprojeto revisor de 1983, formulado pelo Ministério da Justiça e convertido em Projeto de Lei. Entrando em vigor em 11 de julho de 1984, a Lei Federal nº 7.210 (Lei de execução penal), consagrou em uns de seus conteúdos o instituto da remição.[245]

A exposição de motivos[246] n.º 132/133 de 1983 trouxe as explicações necessárias ao implemento da remição na legislação brasileira, citando a origem do instituto no código penal espanhol e prevendo a diminuição do tempo de pena por meio do trabalho. Dessa forma, o benefício incorporou-se definitivamente ao ordenamento jurídico por meio da lei de execução penal em 1984, estabelecendo inicialmente apenas a modalidade

---

[245] JUNIOR, Irineu de Almeida; AQUOTTI, Marcus Vinicius Feltrim. Breve análise do instituto da remição da pena realizado pelo trabalho e estudo. *In*: ENCONTRO TOLEDO DE INICIAÇÃO CIENTÍFICA PROF. DR. SEBASTIÃO JORGE CHAMMÉ, 10., 2014, Presidente Prudente. *Anais* [...], Presidente Prudente, 2014. p. 2.

[246] Exposição de Motivos n.º 132: A remição é uma nova proposta ao sistema e tem, entre outros méritos, o abreviar, pelo trabalho, parte do tempo da condenação. Três dias de trabalho correspondem a um dia de resgate. O tempo remido será computado para a concessão do livramento condicional e do indulto, que a exemplo da remição constituem hipóteses práticas de sentença indeterminada como fenômeno que abranda os rigores da pré-fixação invariável, contrária aos objetivos da Política Criminal e da reversão pessoal ao delinquente. Exposição de Motivos n.º 133: O instituto da remição é consagrado pelo Código Penal Espanhol (artigo 100). Tem origem no Direito Penal Militar da guerra civil e foi estabelecido por decreto de 28 de maio de 1937 para os prisioneiros de guerra e os condenados por crimes especiais. Em 7 de outubro de 1938 foi criado um patronato central para tratar da "redención de penas por el trabajo" e a partir de 14 de março de 1939 o benefício foi estendido aos crimes comuns. Após mais alguns avanços, a prática foi incorporada ao Código Penal com a Reforma de 1944. Outras ampliações ao funcionamento da remição verificaram-se em 1956 e 1963 (cf. Rodriguez Devesa, "Derecho Penal Español", parte geral, Madrid, 1971, págs. 763 e seguintes).

de remição pelo trabalho, silenciando quanto ao aspecto educacional, conforme explicitado por Nogueira:

> Todos reconhecem que o trabalho é tratamento indispensável na reeducação do preso, trazendo-o ocupado e interessado em determinado serviço, não só o torna útil, como evita que muitas rebeliões se desencadeiem nas prisões. É só com o trabalho que ele conseguirá recursos para assistir a família, constituir pecúlio, ressarcir os danos causados a vítima e até mesmo reembolsar o Estado das despesas com sua manutenção.[247]

No mesmo sentido, Pescador explica que originariamente a lei de execução penal trouxe apenas a remição pelo trabalho, instituto advindo do direito espanhol:

> A remição foi instituída em nosso país pela reforma penal de 1984, por meio da Lei 7.210, de 11 de julho de 1984 (LEP), trazendo uma nova proposta ao sistema prisional, tendo, entre outros méritos, o de abreviar, pelo trabalho, parte do tempo da condenação. O instituto da remição provém do Direito Penal Espanhol; lá tinha como objetivo a desobstrução dos presídios tendo em vista o excesso de presos durante o período da guerra civil. A Lei de execução penal no Brasil inseriu punições por comportamentos indisciplinados e abusivos, porém trouxe também prêmios e recompensas àqueles que procedem corretamente aos ditames da Lei. Tendo essas medidas a finalidade essencial da ressocialização do condenado. Desse modo, o instituto da remição vem premiar, com a redução da pena, aquele condenado que labora durante o período em que está recolhido ao estabelecimento prisional.[248]

Portanto, a remição da pena em decorrência do trabalho possui sua gênese em 1937 no código penal militar espanhol, vindo a se estabelecer no Brasil por meio da lei de execução penal em 1984, responsável pela sistematização básica de aplicação do instituto. Dessa forma, o artigo 126, §1º, II da lei de execução penal[249] possibilita o encurtamento da pena

---

[247] NOGUEIRA, Paulo Lúcio. *Comentários a Lei de execução penal*. 3. ed. São Paulo: Saraiva, 1996. p. 64.

[248] PESCADOR, Daiane da Conceição. Remição da Pena. *Revista UNOPAR Científica, Ciências Jurídicas e Empresariais*, [s. l.], v. 7, 2006. p. 16.

[249] Art. 126, § 1º da LEP: a contagem de tempo referida no caput será feita à razão de: II - 1 (um) dia de pena a cada 3 (três) dias de trabalho.

privativa da liberdade, além de proporcionar ao recluso a reaproximação do contexto social, concedendo a remição de um dia de pena para cada três dias trabalhados, em jornada de seis a oito horas diárias, com descanso aos domingos e feriados. De acordo com Silva, o labor auxilia no processo de ressocialização dos presos, preparando-os na transição para o mercado de trabalho após o cumprimento da pena:

> Pelo instituto em comento é oferecido em estímulo ao preso para que, desenvolvendo atividade laboral, não apenas veja abreviada a expiação da pena (o que seria de interesse exclusivo do condenado), mas também para que o trabalho sirva de instrumento para a efetiva e harmoniosa reinclusão à sociedade (o que é de interesse geral). O trabalho e, por consequência, a remição, constituem instrumento que buscam alcançar a finalidade preventiva da pena criminal.[250]

O artigo 126, caput, da lei de execução penal[251] não discrimina nem especifica onde deverá ocorrer a atividade laboral. Portanto, é irrelevante se o trabalho é realizado dentro dos limites da prisão (intramuros) ou fora dela (extramuros). Em outras palavras, a lei exige apenas que o preso cumpra a pena em ambiente fechado ou semiaberto, nos moldes da súmula n.º 562 do Superior Tribunal de Justiça[252]. Logo, autoriza-se a diminuição da pena aos indivíduos incluídos no regime fechado ou semiaberto e que exerçam trabalho dentro ou fora do estabelecimento prisional. Por outro lado, aqueles que cumprem pena em regime aberto não poderão remir pelo trabalho, apenas pela prática educacional, justamente porque a permanência em tal regime pressupõe-se à vinculação ao trabalho por meio da autodisciplina e responsabilidade, conforme estabelece o artigo 36 do código penal[253].

A legislação autoriza a cumulação da remição pelo estudo e pelo trabalho, incentivando a abreviação da pena por meio das práticas de

---

[250] SILVA, Haroldo Caetano da. *Manual de Execução Penal*. 2. ed. Campinas: Bookseller, 2002, p. 178.
[251] Art. 126 da LEP: o condenado que cumpre a pena em regime fechado ou semiaberto poderá remir, por trabalho ou por estudo, parte do tempo de execução da pena.
[252] Súmula n.º 562 do STJ: é possível a remição de parte do tempo de execução da pena quando o condenado, em regime fechado ou semiaberto, desempenha atividade laborativa, ainda que extramuros.
[253] Art. 36 do CP: o regime aberto baseia-se na autodisciplina e senso de responsabilidade do condenado. § 1º - O condenado deverá, fora do estabelecimento e sem vigilância, trabalhar, frequentar curso ou exercer outra atividade autorizada, permanecendo recolhido durante o período noturno e nos dias de folga. § 2º - O condenado será transferido do regime aberto, se praticar fato definido como crime doloso, se frustrar os fins da execução ou se, podendo não pagar a multa cumulativamente aplicada.

ressocialização, nos termos do artigo 126, §3º da lei de execução penal[254], como o desempenho laboral durante o dia e os estudos ao longo da noite.

Nos moldes do artigo 31, § único da lei de execução penal[255], embora o trabalho não seja obrigatório ao preso cautelar (quando ainda não há sentença penal transitada em julgado), o sujeito possui o direito à remição pelo trabalho e/ou estudos conforme preceitua o artigo 126, §7º da mesma lei[256], ressaltando que o serviço somente será realizado no interior do estabelecimento prisional, justamente em razão da cautelaridade da prisão.

Por fim, aquele que está em livramento condicional não possui o direito à remição pelo trabalho, em decorrência da própria natureza do benefício, ressalvada a hipótese da remição pelos estudos, sob a ótica do artigo 126, §6º da lei de execução penal[257].

Insta descrever que a legislação prevê a revogação de até um terço do tempo remido em caso de cometimento de falta grave, conforme estatuído no artigo 127 da legislação[258], muito bem explicado por Lima:

> Assim, o condenado possui apenas a expectativa do direito de abater os dias trabalhados do restante da pena a cumprir, desde que não venha a ser punido com falta grave. Nesse sentido, quanto aos dias de trabalho a serem considerados na compensação, se, por um lado, é certo que a perda dos dias remidos não pode alcançar os dias trabalhados após o cometimento da falta grave, sob pena de criar uma espécie de conta corrente contra o condenado, desestimulando o trabalho do preso, por outro lado, não se deve deixar de computar os dias trabalhados antes do cometimento da falta grave, ainda que não tenham sido declarados pelo juízo da execução, sob pena de subverter os fins da pena, culminando por premiar a indisciplina carcerária.[259]

---

[254] Art. 126, § 3º da LEP: para fins de cumulação dos casos de remição, as horas diárias de trabalho e de estudo serão definidas de forma a se compatibilizarem.

[255] Art. 31, § único da LEP: para o preso provisório, o trabalho não é obrigatório e só poderá ser executado no interior do estabelecimento.

[256] Art. 126, §7º da LEP: o disposto neste artigo aplica-se às hipóteses de prisão cautelar.

[257] Art. 126, § 6º da LEP: o condenado que cumpre pena em regime aberto ou semiaberto e o que usufrui liberdade condicional poderão remir, pela frequência a curso de ensino regular ou de educação profissional, parte do tempo de execução da pena ou do período de prova, observado o disposto no inciso I do § 1º deste artigo.

[258] Art. 127 da LEP: em caso de falta grave, o juiz poderá revogar até 1/3 (um terço) do tempo remido, observado o disposto no art. 57, recomeçando a contagem a partir da data da infração disciplinar.

[259] LIMA, Renato Brasileiro de. *Manual de Execução Penal*. São Paulo: Editora JusPodivm, 2022, p. 373.

Nesse aspecto, a súmula n.º 533 do Superior Tribunal de Justiça[260] estabelece o reconhecimento do trâmite formal no que concerne à falta disciplinar, ou seja, não basta somente a prática, mas à obediência dos aspectos administrativos de apuração do fato.

Tendo em vista que a concessão de remição da pena é matéria de direito público e subjetivo dos indivíduos que cumprem pena no Brasil, não é necessário discutir o indeferimento do pedido quando preenchidos os requisitos necessários, que incluem o envolvimento ativo no trabalho e/ou atividades educacionais. Quanto ao momento da requisição da contagem explica Mirabete:

> Não faz a lei qualquer limitação ao número e ao momento próprio para o condenado requerer a remição. Deduz-se, em consequência, que pode ele requerê-la a qualquer tempo, com referência aos dias de trabalho e estudo desenvolvidos até o mês anterior, já que a remessa de cópias do registro pela autoridade administrativa ao juiz da execução é mensal.[261]

Dessa forma, torna-se possível solicitar formalmente a redução do número de dias oficialmente contabilizados como dias trabalhados ou estudados, que poderá ser iniciado pelo próprio preso, seu advogado constituído, defensor público ou mesmo o Ministério Público. É claro que qualquer pedido de redução de pena deve ser acompanhado de documentação que comprove a participação nas atividades designadas. Após a elaboração do pedido de remição da pena devidamente instruído de maneira documental, o diretor do estabelecimento encaminhará o feito ao juiz da execução, responsável pela avaliação e decisão sobre a concessão do benefício.

4.2.2 O advento da remição pelo estudo

No âmbito internacional, a defesa da educação no interior dos presídios inicialmente foi apresentada como forma de instrução aos presos, conforme explicado por Silveira:

---

[260] Súmula n.º 533 do STJ: para o reconhecimento da prática de falta disciplinar no âmbito da execução penal, é imprescindível a instauração de procedimento administrativo pelo diretor do estabelecimento prisional, assegurado o direito de defesa, a ser realizado por advogado constituído ou defensor público nomeado.
[261] MIRABETE, 2014, p. 602.

> [...] a ignorância gera delinquente e o delito é o produto do meio social desfavorecido intelectualmente; a educação corrobora para a socialização e a reinserção do marginal na sociedade; a educação capacita o preso e beneficia laboralmente o detento a ajustar-se à organização e afazeres da vida comum. Outra justificativa, de ordem prática, é que as atividades educativas poderiam contribuir para que os internos não ficassem ociosos.[262]

Em 1847, ocorreu o I Congresso Penal e Penitenciário Internacional na cidade de Bruxelas, ocasião em que foram realizadas discussões acerca da educação como forma de correção para jovens marginais. Dez anos depois, em Frankfut, o foco da discussão era eliminar a ociosidade do preso por meio de ações de cunho religioso, escolar ou moral.

Durante o Congresso Penal e Penitenciário Internacional em Estocolmo, em 1878, surgiu um preceito inovador acerca da reincidência e educação elementar no ambiente prisional, ocasião que marcou a primeira participação do Brasil no evento. Enquanto a importância dos métodos educacionais foi enfatizada em escala internacional, a implementação no Brasil mostrou-se inviável devido ao número esmagador de indivíduos analfabetos.

Os relatórios internacionais sobre práticas penais revelaram um traço comum entre muitos países, apesar de suas diferenças: o encarceramento de infratores, embora realizado de várias formas, visava manter a ordem e reabilitar aqueles que violavam as regras sociais de cada nação, mas não garantia a preservação da dignidade humana.

O impacto desse evento teve significativa influência no ordenamento jurídico brasileiro: após quatro anos de tramitação, o projeto de Lei n.º 265/2006, de autoria do então senador Cristovam Buarque, foi transformada na Lei n.º 12.433, em 29 de junho de 2011, que modificou a lei de execução penal para assegurar a remição pelo estudo como prática de diminuição da pena. Sobre a origem do instituto, escreve Avena:

> Originariamente, previa a lei de execução penal a possibilidade de remição de pena apenas pelo trabalho do preso. Entretanto, após intenso debate, passaram os tribunais a

---

[262] SILVEIRA, Maria Helena Pupo. *O processo de normalização do comportamento social em Curitiba*: Educação e Trabalho na Penitenciária do Ahú (1908). Tese (Doutorado em Educação) – Universidade Federal do Paraná, 2009. p. 169.

considerar possível o deferimento do benefício também nas hipóteses de estudo, posição que restou fortalecida com a edição da Súmula 341 do STJ, dispondo que "a frequência a curso de ensino formal é causa de remição de parte do tempo de execução de pena sob regime fechado ou semiaberto". Com a vigência da L. 12.433/2011, alterando dispositivos da LEP, o impasse foi definitivamente solucionado, contemplando essa lei, expressamente, a possibilidade de remição pelo estudo.[263]

A potencial conexão entre as revoltas no sistema prisional brasileiro e a mobilização de agentes nas esferas política e intelectual pode ter desempenhado um papel preponderante nas ações políticas educacionais. De acordo com Torres[264], durante o período dessas rebeliões e massacres, grupos e indivíduos que lutavam pelos direitos humanos e pelo acesso à educação encontraram pontos de convergência em prol do direito à educação no âmbito prisional.

Nesse contexto, Torres[265] expõe que a origem da remição de pena mediante os estudos pode ser vista sob duas perspectivas diferentes. Em primeiro lugar, a questão da superlotação nas prisões levou a condições de vida desumanas e insalubres no interior do cárcere, agravadas pelo massacre do Carandiru, na década de 1990, largamente noticiado nos meios de comunicação à época. O segundo fator envolve o surgimento do Primeiro Comando da Capital (PCC), criado na mesma década e atualmente considerado uma das maiores organizações criminosas do país. Esses acontecimentos resultaram em maiores esforços por parte de grupos de direitos humanos para resolver a terrível situação das prisões no país. Portanto, o direito à educação como remição de pena no Brasil foi fruto da ação coletiva da sociedade civil e de ativistas em resposta ao terrível estado do sistema penal, incluindo questões como superlotação e condições desumanas.

Torres explica os desdobramentos relacionados ao surgimento da remição pelo estudo, que se vincula à garantia de direitos e ao combate da superlotação carcerária:

---

[263] AVENA, Norberto Cláudio Pâncaro. *Execução penal*: esquematizado. 4. ed. revisado, atualizado e ampliado. Rio de Janeiro: Forense; São Paulo: Método, 2017. p. 333.

[264] TORRES, Eli Narciso da Silva. *A gênese da remição de pena pelo estudo*: o dispositivo jurídico-político e a garantia do direito à educação aos privados de liberdade no Brasil. Tese (Doutorado em Educação) – Universidade Estadual de Campinas, Campinas, 2017.

[265] *Ibidem*.

Por outro lado, isso impulsionou as discussões e desdobramentos relacionados a processos específicos do espaço político, que permitiram o surgimento e levaram à consolidação de uma rede de ativistas dispostos a agir em duas frentes: (i) na consolidação de políticas e diretrizes nacionais que visassem à garantia de direitos à educação de pessoas privadas de liberdade e (ii) em ações junto ao parlamento, para aprovar a possibilidade de remição de pena pelo estudo e, assim, atender aos interesses destes indivíduos que denunciavam estar vitimados pelo superencarceramento e seus desdobramentos em violações de direitos e subordinação ao crime organizado nas prisões.[266]

Dessa forma, ressalte-se, a remição por meio da prática educacional foi inicialmente prevista na Lei n.º 12.433/2011, já que anteriormente só havia a previsão legal de abatimento da pena por meio do trabalho. Desde a entrada em vigor dessa norma, os indivíduos que exercem atividades educativas dentro dos estabelecimentos prisionais passaram a ter o direito de descontar da pena os dias dedicados aos estudos.

O artigo 126 da lei de execução penal[267] estabelece que o condenado poderá remir o tempo de execução de pena em decorrência de frequência escolar, na ordem de um dia de pena para 12 horas de atividade estudantil, sendo dividido em, no mínimo, três dias, ou seja, a carga horária diária de estudos consiste em, no máximo, quatro horas diárias. Caso haja a conclusão do ensino fundamental, médio ou superior, o tempo de remir será acrescido de um terço, sendo certificado pelo órgão educacional competente. A lei permite ao preso escolher alocar a carga estudantil em um número maior de dias, se assim o desejar, sendo possível mesclar dois cursos separados, desde que os horários sejam compatíveis entre si.

Além disso, é importante destacar que a remição pelo estudo difere da estabelecida ao trabalho, pois esta última aplica-se exclusivamente aos

---

[266] *Ibidem*, p. 93.
[267] Art. 126 da LEP: o condenado que cumpre a pena em regime fechado ou semiaberto poderá remir, por trabalho ou por estudo, parte do tempo de execução da pena. §1º A contagem de tempo referida no caput será feita à razão de: I - 1 (um) dia de pena a cada 12 (doze) horas de frequência escolar - atividade de ensino fundamental, médio, inclusive profissionalizante, ou superior, ou ainda de requalificação profissional - divididas, no mínimo, em 3 (três) dias; §2º As atividades de estudo a que se refere o § 1o deste artigo poderão ser desenvolvidas de forma presencial ou por metodologia de ensino a distância e deverão ser certificadas pelas autoridades educacionais competentes dos cursos frequentados. §3º Para fins de cumulação dos casos de remição, as horas diárias de trabalho e de estudo serão definidas de forma a se compatibilizarem. [...] §5º. O tempo a remir em função das horas de estudo será acrescido de 1/3 (um terço) no caso de conclusão do ensino fundamental, médio ou superior durante o cumprimento da pena, desde que certificada pelo órgão competente do sistema de educação.

indivíduos que cumprem pena em estabelecimentos fechados ou semiabertos. Em contrapartida, a remição pelo estudo tem um alcance mais amplo, pois é acessível aos detentos que cumprem pena em regime aberto ou em livramento condicional. Logo, independentemente da inclusão em regime fechado, semiaberto, aberto ou em liberdade condicional, desde que se dedique à atividade educacional, o sujeito terá direito a esse benefício, que abrange oportunidades de aprendizagem desde o ensino fundamental até o ensino superior, incluindo o profissionalizante, ressaltando que todas essas atividades podem ser desenvolvidas de forma presencial ou à distância.

4.2.3 A consolidação da remição pela leitura

A remição da pena pela leitura possui origem no instrumento de remição pelo estudo, consistindo em ferramenta poderosa na aquisição de conhecimento e liberdade, mesmo dentro dos limites do sistema prisional. A leitura é uma forma de escapar da dura realidade de um ambiente hostil, controlado por facções rivais e pela omissão do poder público, permitindo que os presos transcendam sua situação atual e mergulhem no mundo exterior. Isso, por sua vez, estabelece a educação como uma ferramenta vital para o crescimento pessoal e como um mecanismo de mudança individual e social. Nesse sentido, Marcão:

> O aprimoramento cultural proporcionado pela leitura amplia horizontes antes limitados pela ignorância; permite amealhar estímulos positivos no enfrentamento ao ócio da criatividade; combate a anemia aniquiladora de vibrações e iniciativas virtuosas; e disponibiliza, como consequência natural de seu acervo, acesso à felicidade que decorre de novas perspectivas atreladas a realizações antes não imaginadas.[268]

A remição pela leitura nas unidades prisionais é fundamental na garantia do equilíbrio do preso, sendo importante aliado no processo de ressocialização e inclusão do egresso. Em outras palavras, o universo da leitura auxilia o sujeito a não se desconectar do ambiente externo, trazendo clareza ao "ambiente escuro" do encarceramento.

Conforme explicitado por Torres[269], o instituto da remição pela leitura foi introduzido na legislação brasileira por meio de atos normativos

---

[268] MARCÃO, Renato. *Curso de Execução Penal*. São Paulo: Saraiva, 2016. p. 246.
[269] TORRES, 2017.

infralegais, já que ainda não havia lei com previsão neste sentido. Em 2009, o então juiz federal Sergio Moro, em conjunto ao Conselho Comunitário, lançou um projeto voltado à remição pela leitura na penitenciária federal de Catanduvas/PR. Vale ressaltar que o projeto teve início antes da promulgação da Lei 12.433/2011, que estabeleceu o conceito de remição pelo estudo. O magistrado federal instituiu o programa utilizando a analogia *in bonam partem* do instituto de remição pelo trabalho, sendo o livro *Crime e Castigo*, de Fiódor Dostoiévski escolhido para o lançamento do programa, tendo a adesão inicial de 65 reclusos.

Por sua vez, a Lei n.º 17.329/2012, do estado do Paraná, inaugurou o instituto por meio do projeto "remição da pena por estudo através da leitura", incentivando os presos a desenvolverem a capacidade crítica mediante a leitura e resenhas. No âmbito federal, embora não disciplinado de forma expressa na lei de execução penal, foi inicialmente instituído via Conselho Nacional de Justiça por meio da recomendação n.º 44 no ano de 2013.

Após a aplicação nos presídios dos estados, o Conselho Nacional de Justiça publicou um ato normativo com a finalidade de disciplinar o instituto. No ano de 2021, a recomendação foi revogada pela resolução n.º 391[270], que passou a normatizar a remição pela leitura.

Para que o preso possua direito à remição, a produção textual será submetida à avaliação pelo setor pedagógico. Em caso de aprovação, a contagem da remição será submetida ao crivo do juiz da execução penal, para que estabeleça na contagem da pena aqueles dias remidos. Em suma, pode-se remir quatro dias para cada obra lida (e avaliada), sendo limitado a 12 exemplares por ano, totalizando 48 dias de remição de pena.

---

[270] Art. 5º da resolução n.º 391: terão direito à remição de pena pela leitura as pessoas privadas de liberdade que comprovarem a leitura de qualquer obra literária, independentemente de participação em projetos ou de lista prévia de títulos autorizados, considerando-se que: I – a atividade de leitura terá caráter voluntário e será realizada com as obras literárias constantes no acervo bibliográfico da biblioteca da unidade de privação de liberdade; II – o acervo bibliográfico poderá ser renovado por meio de doações de visitantes ou organizações da sociedade civil, sendo vedada toda e qualquer censura a obras literárias, religiosas, filosóficas ou científicas, nos termos dos art. 5o, IX, e 220, § 2o, da Constituição Federal de 1988; III – o acesso ao acervo da biblioteca da unidade de privação de liberdade será assegurado a todas as pessoas presas ou internadas cautelarmente e àquelas em cumprimento de pena ou de medida de segurança, independentemente do regime de privação de liberdade ou regime disciplinar em que se encontrem; IV – para fins de remição de pena pela leitura, a pessoa em privação de liberdade registrará o empréstimo de obra literária do acervo da biblioteca da unidade, momento a partir do qual terá o prazo de 21 (vinte e um) a 30 (trinta) dias para realizar a leitura, devendo apresentar, em até 10 (dez) dias após esse período, um relatório de leitura a respeito da obra, conforme roteiro a ser fornecido pelo Juízo competente ou Comissão de Validação; V – para cada obra lida corresponderá a remição de 4 (quatro) dias de pena, limitando-se, no prazo de 12 (doze) meses, a até 12 (doze) obras efetivamente lidas e avaliadas e assegurando-se a possibilidade de remir até 48 (quarenta e oito) dias a cada período de 12 (doze) meses.

Destaca-se que está em tramitação na Câmara dos Deputados o projeto de lei n.º 6.478/2016, que visa alterar a redação do artigo 126 da lei de execução penal[271], de modo a possibilitar a remição de pena pela leitura à medida de um dia de pena para cada uma obra lida e retratada por meio de avaliação de resenha.

O principal objetivo de usar a leitura como meio de reduzir a pena é facilitar a reinserção e reintegração do preso na sociedade, a melhora do convívio social, a conclusão do estudo formal e até mesmo o alcance de melhores oportunidades de emprego. Isso pode, em última análise, traduzir-se no desencorajamento a eventual prática criminosa futura. Portanto, o grande desafio consiste em incentivar a prática literária em um ambiente carcerário permeado pela baixa escolaridade.

4.2.4 A possibilidade de aplicação da remição pela prática esportiva

No Brasil, a prática de esportes é amplamente disseminada como um meio de promover a união e a harmonia social. Acredita-se que o esporte pode ajudar na reabilitação de indivíduos que lutam contra o alcoolismo e o uso de drogas, além de inspirar crianças, adolescentes e jovens por meio da disciplina esportiva. Infelizmente, o sistema prisional nem sempre concede ao esporte o reconhecimento que ele merece.

A simples existência de campos de futebol nas prisões não possui o condão de viabilizar essa empreitada; o estabelecimento de política social vinculada à prática esportiva não deve ser limitado à população em geral, mas necessita da capacidade de implemento nos sistemas prisionais por meio dos representantes especializados. Essa abordagem precisa ser adotada para garantir que o esporte não seja uma atividade isolada dentro das prisões, mas utilizada em conjunto a outras práticas de remição.

No âmbito legislativo, de acordo com o artigo 41, VI da lei de execução penal[272], o preso tem o direito de exercer suas habilidades profissionais, intelectuais, artísticas e atléticas praticadas antes do ingresso no cárcere,

---

[271] Art. 126 do projeto de lei n.º 6.478/2016: o condenado que cumpre a pena em regime fechado ou semiaberto poderá remir, por trabalho, por estudo ou pela leitura de livros, parte do tempo de execução da pena". (NR) § 1º, III – 1(um) dia de pena a cada 1 (um) exemplar de obra literária, clássica, científica ou filosófica, dentre outras, de acordo com o acervo disponível na unidade. § 3º. A leitura de livros a que se refere o § 1o deste artigo poderá ser desenvolvida e comprovada por meio de elaboração de resenhas que retratam o conteúdo da obra.

[272] Art. 41, VI da LEP: constituem direitos do preso: VI - exercício das atividades profissionais, intelectuais, artísticas e desportivas anteriores, desde que compatíveis com a execução da pena.

desde que essas práticas não interfiram na punição. Além disso, o artigo 217 da Constituição Federal de 1988[273] estabelece como direito e responsabilidade do Estado o incentivo ao esporte formal e informal a todos os indivíduos. Em relação ao assunto, Roig defende a efetivação do instituto, não vislumbrando qualquer óbice legal:

> A remição pelo desporto profissional não encontra quaisquer dificuldades de implementação, posto que se trata de modalidade de trabalho, seguindo assim os mesmos procedimentos a ele atinentes. Já a remição pelo desporto não profissional, embora não positivada, é medida que proporciona resgate de autoestima, melhor condição de saúde e maior aproximação social do preso ou internado, atendendo ao próprio fundamento constitucional da dignidade da pessoa humana. Deve com isso ser concretizada, mesmo que por analogia. Pode, inclusive, ser inserida como atividade de cunho educativo (educação física), permitindo remição tal como as atividades educacionais. De qualquer modo, assim como a remição por estudo partiu de uma construção jurisprudencial para enfim positivar-se, o mesmo deve ocorrer com o esporte.[274]

O projeto de lei n.º 5516/2013 propõe que o artigo 126 da Lei de execução penal[275] contemple expressamente a remição em decorrência da prática desportiva. Segundo o entendimento, a pena seria reduzida em um dia para cada 12 horas de prática desportiva, com comparecimento distribuído em pelo menos seis dias da semana, ressaltando que a legislação estabelece a mesma redução de um para cada 12 horas de frequência escolar ou três dias de trabalho. Além disso, o plano pretende garantir que as horas diárias de trabalho, estudo e prática esportiva sejam coordenadas para permitir o acúmulo dos dias a remir.

---

[273] Art. 217 da CF: é dever do Estado fomentar práticas desportivas formais e não-formais, como direito de cada um, observados: I - a autonomia das entidades desportivas dirigentes e associações, quanto a sua organização e funcionamento; II - a destinação de recursos públicos para a promoção prioritária do desporto educacional e, em casos específicos, para a do desporto de alto rendimento; III - o tratamento diferenciado para o desporto profissional e o não- profissional; IV - a proteção e o incentivo às manifestações desportivas de criação nacional [...].

[274] ROIG, 2018, p. 347.

[275] Art. 126, III da LEP modificado pelo Projeto de lei n.º 5516/2013: O condenado que cumpre a pena em regime fechado ou semiaberto poderá remir, por trabalho, por estudo ou por desporto parte do tempo de execução da pena. III – 1 (um) dia de pena a cada 12 (doze) horas de frequência desportiva dividida, no mínimo, em 6 (seis) dias alternados.

O esporte pode revelar-se como mecanismo útil no processo de reconstrução dos presos, seja por meio do sucesso em atividades atléticas, seja integrando os princípios e valores aprendidos, buscando a reparação de danos e diminuição da vulnerabilidade social quando alcançarem a liberdade.

4.3 A EDUCAÇÃO PARA ALÉM DA RESSOCIALIZAÇÃO

O artigo 205 da Constituição Federal de 1988[276] direciona ao Estado a obrigação de promover o incentivo à educação de forma geral, responsabilidade que se estende ao sistema penitenciário, conforme disposto no artigo 17 da lei de execução penal[277], que, se bem implementada, pode reduzir significativamente os índices de reincidência, além de prevenir a ociosidade e o comportamento criminoso no interior das prisões.

O conceito de educação engloba qualquer ação que facilite o processo de aprendizagem de um indivíduo e tenha impacto na aquisição de habilidades. Discutir educação, em um ambiente degradante como a prisão, pode parecer contraditório, por isso faz-se necessário evitar qualquer avaliação tendenciosa ou simplista quanto ao viés transformador da educação.

Gohn[278] relata que a definição de educação expandiu-se para além dos limites das instituições formais e salas de aula, tornando-se um fenômeno complexo, multifacetado e onipresente, que transcende as fronteiras tradicionais, englobando uma ampla gama de experiências de aprendizagem.

A educação possui a função essencial de garantir competências individuais, conforme explicitado por Julião:

> Compreende que a educação deve garantir as seguintes competências: pessoal (relaciona-se com a capacidade de conhecer a si mesmo, compreender-se, aceitar-se, aprender a ser); social (capacidade de relacionar-se de forma harmoniosa e produtiva

---

[276] Art. 205 da CF: a educação, direito de todos e dever do Estado e da família, será promovida e incentivada com a colaboração da sociedade, visando ao pleno desenvolvimento da pessoa, seu preparo para o exercício da cidadania e sua qualificação para o trabalho.

[277] Art. 17 da LEP: a assistência educacional compreenderá a instrução escolar e a formação profissional do preso e do internado.

[278] GOHN, Maria da Glória. Educação Não Formal, Aprendizagens e Saberes em Processos Participativos. *Investigar em Educação*, [s. l.], II ª Série, n. 1, 2014.

com outras pessoas, aprender a conviver); produtiva (aquisição de habilidades necessárias para produzir bens e serviços, aprender a fazer); e cognitiva (adquirir os conhecimentos necessários ao seu crescimento pessoal, social e profissional, assegurar a empregabilidade e/ou trabalhabilidade).[279]

A proposta de ressocialização, por meio da educação, reside no potencial de confirmar inequivocamente que, sem recursos pedagógicos e ferramentas tangíveis que garantam o acesso educacional em unidades prisionais, os esforços para reintegrar os presos à sociedade se tornarão cada vez mais desafiadores ou totalmente inatingíveis.

A prisão encerra um ambiente de paradoxos, tanto na extensão física quanto nas ideologias que ela representa. Sua lógica é fundamentada na disciplina e na transformação do recluso em cidadão reformado e disciplinado, considerado apto à aceitação da sociedade. Vale ressaltar que o conceito de conversão a "bons cidadãos" refere-se a questões afetas apenas em uma sociedade isenta de falhas, tornando-os ideais utópicos. Entretanto, as regras prisionais não têm o condão de resolver as condições subjacentes que levaram o preso a cometer crimes fora dela.

Portanto, a presença da escola nas prisões, carregada de responsabilidades adicionais e finalidade simbólica, tornou-se uma ferramenta de ressocialização. Enquanto alguns educadores e membros da sociedade veem como o único método viável para converter criminosos em cidadãos respeitáveis, outros consideram um gasto inútil de recursos. Parcela significativa da sociedade entende que a população carcerária não detém valores intrínsecos de cidadãos, motivo pelo qual seus direitos são vistos como um mero privilégio concedido pelo Estado, explicado por Zanetti e Catelli Jr:

> [...] a educação aparece como direito social marcada por uma enorme demanda, dadas as trajetórias de vida dos que hoje fazem parte da população carcerária brasileira. Pesquisar a educação em prisões torna-se fundamental, na medida em que a compreensão de suas especificidades pode colaborar para que se atenda de maneira efetiva ao direito dos encarcerados à educação ao longo da vida.[280]

---

[279] JULIÃO, Elionaldo Fernandes. *Sistema penitenciário brasileiro*: a educação e o trabalho na política de execução penal. Rio de Janeiro: DP et Alli, 2012. p. 223.

[280] ZANETTI, Maria A.; CATELLI JR., Roberto. Notas sobre a produção acadêmica acerca da educação em prisões - 2000/2012. In: FALCADE-PEREIRA, Ires A.; ASINELLI-LUZ, Araci (org.). *O espaço prisional*: estudos, pesquisas e reflexões de práticas educativas. Curitiba: Appris, 2014. p. 19-20.

Conforme pesquisa realizada pela Universidade de São Paulo, em 2013, Jacinto[281] relata que o incentivo à educação, mesmo demonstrada sob ciência social, revela-se como fator preponderante na diminuição da criminalidade. Os resultados da pesquisa apontam claramente o impacto significativo da educação no comportamento do aluno. O teste inicial revelou que um aumento de apenas 1% no investimento educacional poderia levar à diminuição de 0,1% na taxa de criminalidade. No entanto, essa correlação positiva depende do funcionamento eficaz das escolas como espaços de desenvolvimento do conhecimento. A investigação subsequente indicou que as escolas com indicadores de violência, incluindo dano ao patrimônio, tráfico de drogas, envolvimento de gangues etc. podem promover um ambiente que incentiva o comportamento agressivo entre os alunos.

Ao chegar ao presídio, constata-se que inúmeros detentos não tiveram contato prévio com a educação formal, fruto da exclusão e desigualdade social que assola a população brasileira. No entanto, alguns têm a oportunidade de iniciar ou mesmo terminar seus estudos enquanto estão encarcerados, conquanto apenas uma pequena fração desses detentos acaba obtendo um diploma do ensino médio ou cursando o ensino superior. O pressuposto básico da educação é lembrado por Maeyer, afirmando seu valor de direito, e não apenas de instrumento à reabilitação:

> A educação nunca deve ser justificada por objetivos de reabilitação. Não estamos seguros de que graças à educação a reincidência diminua (em uma semana, um mês, em dez anos? Como avaliar?). Mesmo que a educação não tenha nenhum efeito sobre a reincidência, o direito à educação na prisão deve ser mantido e preservado. A educação não deve jamais ser instrumentalizada. É um direito, simplesmente. Não devemos explicar ou convencer.[282]

Santos[283] preceitua que o ambiente carcerário deve proporcionar ao preso a chance de se alfabetizar e construir o processo de cidadania visando à inserção na sociedade. Portanto, a preocupação central do sis-

---

[281] JACINTO, Lucas. Estudo da Esalq constata que educação promove redução na criminalidade. *USP Online*, 2013.
[282] MAEYER, Marc de. *Aprender e desaprender. In*: Educando para a liberdade: trajetória, debates e proposições de um projeto para educação nas prisões brasileiras. Brasília: UNESCO, Governo Japonês, Ministério da Educação, Ministério da Justiça, 2006a. p. 55.
[283] SANTOS, Sintia Menezes. Ressocialização através da educação. *Direitonet*, 2005.

tema prisional seria o desenvolvimento das capacidades crítica e criadora do preso, incentivando-o a refletir sobre suas escolhas no âmbito social.

Nesse cenário, observa-se a importância da remição na vida do apenado, na medida em que poderá abreviar o tempo de soltura realizando atividades de educação, o que lhe garantirá certa qualificação na vida fora do cárcere, conforme destacado por Julião:

> A educação em espaços de privação de liberdade pode ter principalmente três objetivos imediatos que refletem as distintas opiniões sobre finalidade do sistema de justiça penal: (1) manter os ocupados de forma proveitosa; (2) melhorar a qualidade de vida na prisão; e (3) conseguir um resultado útil, tais como ofícios, conhecimentos, compreensão, atitudes sociais e comportamento, que perdurem além da prisão e permitam ao apenado o acesso ao emprego ou a uma capacitação superior, que, sobretudo, propicie mudanças de valores, pautando-se em princípios éticos e morais. Esta educação pode ou não se reduzir no nível da reincidência. Já os demais objetivos fazem parte de um objetivo mais amplo que a reintegração social e desenvolvimento potencial humano.[284]

Sendo assim, a educação de jovens e adultos privados da liberdade apresenta-se como forma de afirmação da própria identidade cultural, por isso a importância da escola em examinar o perfil de cada sujeito, entendendo os fatores pelos quais chegaram àquela situação, bem como o contexto social, econômico e cultural daquelas pessoas. Maeyer defende a universalidade da educação:

> A educação de adultos não é uma segunda chance de educação. Não é uma segunda e provavelmente última oportunidade de se fazer parte da comunidade de letrados, aqueles que estudaram e têm conhecimento. Também não é um prêmio de consolação ou um tipo de educação reduzida a ser oferecida àqueles que, por razões sociais, familiares ou políticas, não foram capazes de tê-la durante a infância. Não é uma educação pobre para pobres.[285]

Por consequência, é necessário o aprofundamento na análise pedagógica sobre a educação de jovens e adultos no espaço prisional, rompendo

---

[284] JULIÃO, 2012, p. 221.
[285] MAEYER, 2006a, p. 21.

a barreira de que o ambiente carcerário é projetado somente à punição de condutas penalmente desviantes; ao contrário: o interior das penitenciárias também pode ser ambiente de ressocialização e formação de sujeitos autônomos e críticos.

A compreensão do tema torna-se muitas vezes criticável por alguns estudiosos penalistas, porque o cerne da questão não está na periculosidade do sujeito que tem sua liberdade tolhida pelo cometimento do crime, seja ele quem for. Por isso, as políticas sociais relacionadas à educação não podem ser movidas precipuamente pelo capital, pois o foco deve ser direcionado ao desenvolvimento da análise crítica como forma do recluso compreender o universo social em que está inserido.

Gramsci[286] defende que a educação deve estar calcada na transformação social, no qual o professor tem o papel preponderante de criar condições para que os cidadãos compreendam o contexto social no qual estão inseridos. Essa função intelectual do professor revela o papel de desenvolver uma concepção de mundo que seja coerente, articulada e orgânica, fazendo com que as pessoas desenvolvam todas suas potencialidades, pressuposto vital para a própria emancipação.

A função da educação funciona como pilar no processo de ressocialização do preso, notoriamente aliada às políticas sociais de inserção social, traduzindo naquilo que Gramsci[287] denomina o "papel da educação crítica e transformadora na elevação cultural das massas". Dessa forma, entende que a ação educativa transformadora está em garantir que o cidadão tenha condições de viver em sociedade sem qualquer tipo de segregação advinda do capital. Consequentemente, a educação crítica se traduz em mecanismo de reflexão de cada realidade concreta, nesse caso, vista como componente importante no processo de ressocialização e reintegração do recluso à sociedade.

Com brilhantismo, Maeyer[288] usa o termo "decodificação" para explicar o papel da escola no âmbito da prisão: oportunidade de entender a realidade e a busca pela compreensão das causas que o trouxe até aquele ambiente de segregação. Logo, a educação sempre terá este papel de desconstrução e reconstrução dos comportamentos.

---

[286] GRAMSCI, Antônio. *Cadernos do cárcere, volume 3*: Maquiavel, notas sobre o estado e a política. Tradução de Luiz Sérgio Henriques, Marco Aurélio Nogueira, Carlos Nelson Coutinho. 1. ed. Rio de Janeiro: Civilização Brasileira, 2017.
[287] *Ibidem*.
[288] MAEYER, 2006a.

O ambiente escolar no âmbito das penitenciárias deve ser permeado pela produção de conhecimento, de questionamentos e estabelecimento de vínculos. Nesse contexto, a educação surge como ferramenta para a produção de mudança de atitudes e reinserção social do indivíduo privado da liberdade. A sala de aula precisa oferecer oportunidades de reflexão, escolhas e tomada de decisões, visando à reintegração social. É importante entender que a educação emancipadora, aliada às políticas sociais de inclusão, revela-se como mecanismo útil no combate à reincidência criminal.

Sobre a promoção do aspecto emancipador do recluso, Alexandria[289] destaca o incentivo ao raciocínio lógico, o avanço no processo de alfabetização e a construção do senso crítico em relação à sociedade como mecanismos preparatórios para o retorno à liberdade. Dessa forma, o desenvolvimento de um projeto de vida para além do cárcere pode neutralizar seus efeitos prejudiciais e proporcionar sentido à própria vida, de maneira a aliviar os danos causados pela reclusão.

Quando se trata de educação focada na emancipação humana nos estabelecimentos prisionais, a tarefa torna-se mais difícil e complexa, em virtude do próprio ambiente desagregador e excludente inerente ao sistema prisional, que é cercado de contradições. A busca e a finalidade da educação devem primar pela conjugação entre o ensino alfabetizante e autônomo-crítico, pois é a maneira de preparar o recluso para a sociedade que o espera quando alcançar a liberdade. Nesse sentido, Arroyo afirma:

> Contar de si, da indagação sobre o viver, passam de um viver sem sentido para os sentidos do viver humano construídos em coletivo na escola. A escola não se limita a transmitir saber acumulado, mas reconhece que na escola, nas salas de aula há autores, que continuam esses processos de partir de experiências sociais de resistência [...] é preciso que se entendam na ordem-desordem social, pois trata-se do exercício de interrogar-se, da produção de conhecimentos sobre si mesmos e sobre a sociedade. [...] nessas narrativas de saber de si aparecem lutas por viver, sobreviver por dignidade, de solidariedades que vão dando sentido às perdas.[290]

---

[289] ALEXANDRIA, Paulo de Tasso Moura de. A importância da educação em ambiente de aprisionamento: uma reflexão acerca das políticas públicas e seus processos ressocializadores. *Revista Humanidades & Inovação*, [s. l.], v. 7, n. 4, 2020.

[290] ARROYO, Miguel Gonzalez. O saber de si como direito ao conhecimento. *In*: ARROYO, Miguel Gonzalez (org.). *Currículo, território em disputa*. Petrópolis: Vozes, 2011. p. 282.

Ao considerar as limitações do discurso da ressocialização, uma mudança na visão da educação prisional como meio de libertação humana leva à reavaliação dos objetivos da punição. Apenas assistir às aulas, enquanto encarcerado, não garante a aquisição do conhecimento necessário para realizar mudanças transformadoras e superar sentimentos de exclusão social. Em vez disso, o sistema educacional deve esforçar-se para cultivar a consciência política e encorajar a análise crítica das estruturas de poder hegemônicas. É imperativo afastar-se do estreito foco da ressocialização, oportunidade para desafiar as influências penetrantes do capitalismo no âmbito da educação.

Portanto, a educação prisional deve primordialmente buscar humanizar e valorizar os indivíduos como sujeito de diretos e deveres; e mais, como construtores de seus conhecimentos e consciência crítica. Nesse sentido, preceituam Falcade e Asinelli-Luz:

> Há a necessidade emergente de oferecer uma educação sem os ranços e discriminações culturais, virar a página, educar pessoas com sentimentos e emoções, com inteligência e senso de justiça respeitando as diferenças individuais, superar a educação massificadora, ficticiamente igualitária. [291]

Diante desse quadro, busca-se traçar o perfil da função social da escola na prisão, de modo que se almeje um processo emancipador que transcenda a ressocialização do preso. Em outros termos, busca-se educar para transformar, reduzindo os danos causados por um sistema prisional que não ressocializa.

Este é o desafio da escola: promover a emancipação como forma de autonomia humana, na medida em que a potencialidade crítica desenvolvida no âmbito escolar possui o condão de contribuir no processo de formação do indivíduo social. Adorno conclui que a educação deve traduzir-se na emancipação, sob pena de incorrer na inocuidade educacional:

> Mesmo correndo o risco de ser taxado de filósofo, o que, afinal, sou, diria que a figura em que a emancipação se concretiza hoje em dia, e que não pode ser pressuposta sem mais nem menos, uma vez que ainda precisa ser ela-

---

[291] FALCADE, Ires Aparecida; ASINELLI-LUZ, Araci. Discriminações de gênero no sistema penitenciário: implicações vividas. In: FALCADE, Ires Aparecida *Mulheres invisíveis*: por entre muros e grades. Curitiba: JM Editora e Livraria Jurídica, 2016. p. 31.

borada em todos, mas realmente em todos os planos de nossa vida, e que, portanto, a única concretização efetiva da emancipação consiste em que aquelas poucas pessoas interessadas nesta direção orientem toda a sua energia para que a educação seja uma educação para a contradição e para a resistência.[292]

A escola no âmbito penitenciário revela-se ainda mais importante na vida da pessoa privada da liberdade, na medida em que aparece como oportunidade de se reconstruir como pessoa emancipada, na tentativa de superar a condição estrutural existente. Dessa forma, observa-se a relação particular entre a educação e a sociedade nas palavras de Mészáros:

> Poucos negariam hoje que os processos educacionais e os processos sociais mais abrangentes de reprodução estão intimamente ligados. Consequentemente, uma reformulação significativa da educação é inconcebível sem a correspondente transformação do quadro social no qual as práticas educacionais da sociedade devem cumprir as suas vitais e historicamente importantes funções de mudanças.[293]

Por esse motivo, Mészáros[294] preceitua que o papel da educação é soberano, capaz de transcender as condições de reprodução estabelecidas e consolidar uma ordem social metabólica radicalmente diferente. Ou seja, a educação exerce o papel de emancipação humana, capaz de reconstruir a dignidade que foi perdida no momento da inserção no cárcere.

O autor ainda defende a "educação plena" para toda a vida, pois sem ela o cidadão deixa de desenvolver completamente a personalidade, sendo, portanto, a maneira de se conscientizar sobre as dimensões do mundo e de transformar a realidade em benefício da coletividade. Sob esse viés, entende que a própria educação está atrelada à transformação social, ou seja, o pressuposto do trabalho é a verdadeira igualdade, pautada em uma ordem social qualitativamente diferente. A ideia é romper com a lógica do capital e elaborar propostas de educação que possam transpor este substrato.

Os temas da inclusão e exclusão dentro dos muros das prisões requerem atenção, uma vez que, ao longo da história, atividades como o

---

[292] ADORNO, Theodor. W. *Educação e emancipação*. São Paulo, Paz e Terra, 1995. p. 182-183.
[293] MÉSZÁROS, István. *A educação para além do capital*. São Paulo: Boitempo, 2005. p. 25.
[294] *Ibidem*.

trabalho e a educação têm sido frequentemente confundidas com punição. Para que ocorra a verdadeira emancipação do indivíduo encarcerado, as práticas de integração devem servir como meio de reconstrução dos controles sociais e de reconhecimento do trabalho como produto do sujeito histórico.

Nesse aspecto, como no Brasil há grande desigualdade de classes, é importante que o Estado exerça o dever que lhe foi dado pela democracia, sem "clientelismos" ou "favoritismos políticos" no que tange aos programas sociais voltados ao sistema prisional. O que se espera é um planejamento que atenda, de maneira satisfatória, os presos que buscam a ressocialização e a inserção no mercado de trabalho. Somente assim pode-se mudar o atual panorama violento.

Por essa razão, é imperioso ter a consciência de que a educação sozinha não vai transformar o indivíduo encarcerado, sendo, inclusive, um fardo muito pesado para esse ramo. A proposta é ir além: assegurar o processo educativo que conduza o custodiado à autonomia intelectual, muitas vezes perdida no percurso da vida. Atrelado a esse viés, estabelecer políticas efetivas ao egresso do sistema prisional, fazendo com que tenha instrumentos capazes de realmente se ressocializar, evitando, por consequência, a reincidência e a perpetuação do "ciclo de violência".

O processo educacional sério no âmbito das penitenciárias, atrelado às políticas públicas eficientes, constitui forças colaboradoras para incutir na mente do recluso a análise crítica da sociedade, visto que a educação transcende a simples reprodução de conteúdo, pois se revela como instrumento valioso no combate à "cegueira intelectual".

4.4 A FORÇA DE TRABALHO COMO INSTRUMENTO DE REINTEGRAÇÃO SOCIAL

O conceito de trabalho já esteve ligado à tortura e ao sofrimento de indivíduos que não eram livres, na medida em que a etimologia da palavra trabalho remonta ao latim *tripalium*, traduzida como tortura ou sofrimento. Feliciano explica a terminologia: "[...] trabalho, do latim *tripalium*: instrumento de tortura contra escravos; derivação de *tri* (três) e *palus* (estacas), locais nos quais condenados eram deixados à morte"[295].

---

[295] FELICIANO, Guilherme Guimarães. *Curso crítico de Direito do Trabalho*: teoria geral do Direito do Trabalho. São Paulo: Saraiva, 2013. p. 24.

Martins[296] explica que contemporaneamente a finalidade do trabalho prisional não é mais punitiva ou penosa, mas sim voltada à ressocialização e à reinserção social dos presos. Sobre a etimologia do termo trabalho, complementa Coutinho:

> [...] demonstra à sociedade a alteração do conteúdo valorativo através dos tempos, projetando-se do depreciativo ao construtivo, embora ainda polissêmico, porquanto determinado pela própria concepção social e econômica da sociedade.[297]

O instituto da remição pelo trabalho transcende a dimensão aflitiva como em outrora, pois é visto como instrumento de ressocialização. Conforme Coelho e Silveira:

> O fim do instituto, pela leitura do item 132 da Mensagem n.º 242, de 1983, é abreviar o tempo do cumprimento das penas privativas de liberdade através do trabalho. Entretanto, uma análise mais acurada, vai demonstrar que o alcance do instituto, bem como seu objetivo maior, ultrapassa os lindes sinteticamente ali traçados pelo legislador. Em verdade, colima a remição formar e/ou aperfeiçoar profissionalmente o sentenciado, com vistas à sua futura reinserção social. O trabalho, outrora visto como um mero prolongamento aflitivo da pena, ganhou nova dimensão e significado com a criação do instituto. Constitui-se assim a remição num poderoso instrumento penal de ressocialização do condenado pelo trabalho. Ao Estado, pelos órgãos responsáveis pela execução da pena, cabe a responsabilidade de lhe dar essa plena aplicação.[298]

Durante a Idade Média, Carmo explica que o trabalho era visto como meio eficaz à salvação da alma: "O trabalho não era tido como algo nobre, ou como fonte de satisfação, já que infindável e tedioso. Era valorizado apenas na medida em que contribuía para a resignação cristã e a restauração da pureza da mente"[299].

---

[296] MARTINS, Sergio Pinto. *Direito do Trabalho*. 30. ed. São Paulo: Atlas, 2014.
[297] COUTINHO, Aldacy Rachid. Trabalho e pena. *Revista da Faculdade de Direito da UFPR*, Curitiba, v. 32, 1999. p. 8.
[298] COELHO, Sergio Neves; SILVEIRA, Daniel Prado da. Execução penal: breves considerações sobre a remição da pena. *Justitia*, São Paulo, 1985, p. 132.
[299] CARMO, Paulo Sérgio do. *A ideologia do trabalho*. São Paulo: Moderna, 2005. p. 33.

De acordo com a doutrina de Carmo[300], a Reforma Protestante revolucionou o conceito de trabalho com uma nova interpretação religiosa. O trabalho tornou-se essencial e sinônimo de dignidade: quem trabalha e rejeita os lucros que obtém, seja poupando ou reinvestindo, está seguindo a vontade divina. Os monges nos mosteiros são moralmente obrigados a trabalhar, mesmo que não seja necessário, devido à estrita disciplina da vida religiosa e à crença de que a ociosidade é prejudicial à alma e à mente. Contudo, é no interior da própria Igreja que essa obrigação de trabalhar se estabelece.

Várias mudanças significativas ocorreram durante a época que merecem ser mencionadas, como a expansão do comércio, os avanços na manufatura, o surgimento de centros urbanos, os padrões de migração e as alterações na organização do trabalho. Para estabelecer uma economia capitalista, o recrutamento de força de trabalho para o crescimento econômico foi um passo crucial.

O século XVIII trouxe a consolidação do capitalismo e o declínio do feudalismo, incidindo definitivamente no conceito de trabalho, que passou a ser considerado fonte de riqueza e subsistência, e não mais a natureza ou a terra, conforme Coutinho:

> Quando o trabalho passa a ter um conceito abstrato, projetado como distinto do próprio sujeito e, assim, passível de ser objeto numa negociação entre quem necessita da força de trabalho e a compra e quem a possui e vende em troca de uma remuneração que garantirá a subsistência.[301]

Era imperativo alterar a percepção social do trabalho, uma vez que os antigos camponeses estavam apenas habituados à agricultura de subsistência e precisavam ser absorvidos pelo trabalho manufaturado. Essa transição não foi imediata e encontrou oposição significativa, levando à dificuldade de oferta de força de trabalho. Aqueles que não tinham outras opções, incluindo camponeses e artesãos empobrecidos e expulsos das suas casas, acabaram coagidos a trabalhar. Como resultado, foram promulgadas leis para penalizar aqueles que não trabalhavam, categorizados como vadios.

---

[300] *Ibidem.*
[301] COUTINHO, 1999, p. 9.

O objetivo original do trabalho no âmbito do sistema prisional era regenerar o preso, mantendo-o afastado dos pecados. Porém, com o passar do tempo, o trabalho passou a ser utilizado como forma de punição. Se um prisioneiro cometesse um crime, era obrigado a pagar pelas suas ações por meio de trabalhos forçados, que eram muitas vezes desumanos e humilhantes. Atualmente, o foco do trabalho assenta-se na ressocialização e no desenvolvimento pessoal.

No ordenamento jurídico brasileiro, o artigo 1º, IV da Constituição Federal de 1988[302] aponta o trabalho como um dos fundamentos da república, considerado a base do Estado e o valor primordial do ordenamento jurídico brasileiro. No mesmo diploma, o artigo 5º, XLVII[303] veda a pena de trabalhos forçados, entendidos como a extração do trabalho por meio da coação, violência ou intimidação.

O código penal regulamenta o trabalho prisional de maneira geral, exigindo que os presos trabalhem durante o dia e sejam isolados à noite em caso de cumprimento de pena em regime fechado ou semiaberto. Por outro lado, em regime aberto, são obrigados a participar de alguma forma de atividade, que pode ser o trabalho ou os cursos educacionais, sem qualquer supervisão estatal. O artigo 38 do mesmo diploma[304] estabelece a preservação de todos os direitos que não foram atingidos pela privação da liberdade, sendo o trabalho entendido como uma das formas do preso alcançar a ressocialização e a reintegração social.

A lei de execução penal preocupa-se com as regras que regem o trabalho realizado por indivíduos que estão privados da liberdade. A lei enfatiza a importância do trabalho como obrigação social e meio de preservação da dignidade humana, tratando-o sobretudo como forma de remição da pena, a exemplo do artigo 28[305], que aponta suas funções educativa e produtiva, isso porque a sociedade exige que o condenado alcance condições de conviver socialmente, abstendo-se da prática criminal.

---

[302] Art. 1º, IV da CF: a República Federativa do Brasil, formada pela união indissolúvel dos Estados e Municípios e do Distrito Federal, constitui-se em Estado Democrático de Direito e tem como fundamentos: IV - os valores sociais do trabalho e da livre iniciativa.

[303] Art. 5º, XLVII, "c" da CF: todos são iguais perante a lei, sem distinção de qualquer natureza, garantindo-se aos brasileiros e aos estrangeiros residentes no País a inviolabilidade do direito à vida, à liberdade, à igualdade, à segurança e à propriedade, nos termos seguintes: XLVII - não haverá penas: c) de trabalhos forçados.

[304] Art. 38 do CP: o preso conserva todos os direitos não atingidos pela perda da liberdade, impondo-se a todas as autoridades o respeito à sua integridade física e moral.

[305] Art. 28 da LEP: o trabalho do condenado, como dever social e condição de dignidade humana, terá finalidade educativa e produtiva.

De maneira complementar aos documentos legais citados, o Conselho Nacional de Política Criminal e Penitenciária, órgão da execução penal, possui o escopo de emitir resoluções normativas e desenvolver o Plano Nacional de Política Criminal, responsável por apontar diretrizes e medidas de política penitenciária, atualizado a cada quatro anos. Por fim, a título exemplificativo, pois há inúmeros outros documentos normativos que versam sobre o tema "trabalho", o Decreto n.º 9.450/2018, que versa sobre a Política Nacional do Trabalho no Sistema Prisional, estabelece como política nacional o auxílio das pessoas privadas de liberdade e egressas no mercado de trabalho. Dessa forma, há certa uniformização no ordenamento jurídico brasileiro no que concerne ao trabalho no âmbito prisional, sendo pacífico o entendimento acerca do viés ressocializatório a ele intrínseco.

Sob a perspectiva ideológica, é crucial compreender o contexto em que a noção de trabalho como o único meio de alcançar a dignidade tornou-se enraizada no discurso dominante. Historicamente, o trabalho era visto como uma forma de punição e aflição, no entanto, na contemporaneidade, sua natureza mudou significativamente, embora existam colocações profissionais que não podem ser consideradas como uma fonte de dignidade em nenhum sentido. Contudo, o discurso do "enobrecimento" continua vigente, ecoando nas próprias legislações que preceituam a ressocialização pelo labor.

Portanto, o trabalho oferecido deve servir como fonte geradora de perspectivas ao crescimento pessoal; é inútil fornecê-lo isolado da realidade ou fora de contato com o mundo exterior. Torna-se imperativo considerar ocupações que sejam relevantes e procuradas no mercado profissional atual.

Pautando-se estritamente na legislação que preconizou o instituto, Alvim defende que o procedimento de remição seja atrelado apenas à diminuição da pena, rechaçando a idealização do trabalho como forma de ressocialização, pois esse viés não encontra previsão legal:

> O objetivo da remição é exclusivamente aquele que se propõe na letra da lei, e em sua vontade, espelhada na Exposição de Motivos: reduzir, pelo trabalho, a pena privativa de liberdade. Um discernimento crítico há de reparar que a defesa da remição da pena com o objetivo de formar e/ou aperfeiçoar profissionalmente o sentenciado, com vista

> à sua futura reinserção social denota fatal incoerência: pretender que a ressocialização pelo trabalho se paute ligada a um fator extrínseco ao trabalho em si mesmo - a um prêmio, a remição - é simplesmente canonizá-la em mito, à medida que rejeita o trabalho como instrumento de ressocialização. O preso não está a executar um trabalho porque se supõe em vias de um processo ressocializante; mas, isto sim, realiza-o em virtude de, agora, com a remição, tal atividade diminuir-lhe o aprisionamento.[306]

Em sentido oposto, sob o argumento de que o trabalho transcende a função de apenas diminuir a pena, preceitua Fagundes:

> Negar a função ressocializante do trabalho é negar o óbvio: há muito tempo estudos sociológicos comprovam que a criminalidade está intimamente ligada à falta de oportunidade, de escolaridade e à marginalidade. Assim, ao se oferecer um meio - a profissão, ou até mesmo o estudo, como se verá mais adiante - é impossível não se verificar um modo de reinserção social do detento, dando-lhe opções para quando retomar à vida livre, que não a criminalidade. É de se destacar, ainda, que a remição não tem por finalidade exclusiva a redução da pena, vez que outros institutos existentes já possuem essa finalidade: o indulto coletivo ou individual e a unificação de penas.[307]

De maneira a consolidar as duas posições, Rodrigues estabelece diversas funções inerentes à remição:

> É sobremodo importante ressaltar os objetivos precípuos do trabalho carcerário, quais sejam: um fim social reparatório, onde o preso trabalha para si e para sociedade; um fim social caritativo, onde o condenado continua a manter sua família com o seu salário; um fim corretivo, com o condão de dignificar e recuperar o condenado; um fim moral, com eliminação dos vícios endêmicos da ociosidade do cárcere; um fim preventivo, reduzindo a reincidência, pois o condenado aprende um ofício e se afasta da estrada do crime. É uma oportunidade consentida ao apenado de, com seus próprios esforços, ver reduzida sua pena. O direito remi-

---

[306] ALVIM, Rui Carlos Machado. *O trabalho penitenciário e os direitos sociais*. São Paulo: Atlas, 1991. p. 286.
[307] FAGUNDES, Juliana. *A remição da pena*. In: Universidade Federal do Paraná. 2003. Monografia (Bacharel em Direito) – Universidade Federal do Paraná, Curitiba, 2003. p. 26.

cional constitui-se de mais um instrumento jurídico de abreviação e individualização da pena, ao lado do indulto e da graça. Nesse sentido, pode-se dizer que a remição é medida de descarcerização, ou seja, uma providência legal tendente a excluir ou reduzir a incidência das penas privativas de liberdade.[308]

Para facilitar a reintegração bem-sucedida na sociedade, uma revisão completa do sistema de trabalho prisional deve ser associada a oportunidades de crescimento profissional. O ordenamento jurídico brasileiro estabeleceu no trabalho a manifestação da própria dignidade humana, sendo um direito social por excelência. Nas palavras de Fonseca: "A exigência do direito a trabalhar, além do simples objetivo da sobrevivência física, vincula-se à ideia de dignidade da pessoa humana e, consequentemente, à valoração do trabalho como forma de realização pessoal"[309].

Sempre que o Estado restringe a liberdade de um indivíduo, torna-se responsável por criar as circunstâncias adequadas que permitam a esse indivíduo exercer seu direito social ao trabalho, porque a relação do indivíduo com o Estado passa a ser de subordinação. Portanto, pode-se dizer que o trabalho prisional possui três fundamentos: o teórico, responsável pela ressocialização e reintegração do preso à sociedade, dotado de mecanismos que proporcionem ao encarcerado a possibilidade de desenvolver certa atividade visando à ressocialização. Sob o fundamento prático, também funciona como instrumento para a atenuação do sofrimento ocasionado pela reclusão e valorização de sua dignidade enquanto sujeito detentor de direitos. Nesse sentido, preceitua Bitencourt: "[...] o trabalho prisional é a melhor forma de ocupar o tempo ocioso do condenado e diminuir os efeitos criminógenos da prisão"[310]. Por fim, o labor também se perfaz sob o aspecto ideológico, de maneira a incutir na mente da sociedade de que a prisão é instrumento útil e eficaz aos seus fins.

Dessa forma, considerando a função de reintegração do indivíduo, Jinkings[311] compreende que o trabalho prisional consegue agradar a todos os setores da sociedade organizada: à ala conservadora como instrumento

---

[308] RODRIGUES, Francisco Erivaldo. *A polêmica utilização do instituto da remição da pena através do estudo.* Universidade Estadual do Ceará – UECE. 2007, p. 39.
[309] FONSECA, Maria Hemília. *Direito ao Trabalho*: um direito fundamental. São Paulo: LTr, 2009. p. 98.
[310] BITENCOURT, 2001, p. 471.
[311] JINKINGS, 2013.

de punição individual, ao setor humanitário como função de ressocialização e à população como forma ideológica de instrumento útil e eficiente.

Consoante a doutrina de Wolff, o trabalho tem duplo sentido no interior das unidades prisionais, servindo ao próprio desenvolvimento pessoal e no combate do ócio:

> O estímulo às atividades produtivas é apontado como fator de combate ao ócio nas prisões, evitando problemas de disciplina, abrindo a possibilidade de aprendizado de uma profissão e, assim, estimulando que o preso se integre de maneira positiva na sociedade[312].

Em semelhantes termos, Greco cita o trabalho como maneira de combater a ociosidade do recluso e a consequente tentativa de fuga:

> A experiência demostra que nas penitenciárias onde os presos não exercem qualquer atividade laborativa o índice de tentativa de fuga é muito superior ao daquelas em que os detentos atuam de forma produtiva, aprendendo e trabalhando em determinado ofício.[313]

No sentido de combate a ociosidade e reintegração do indivíduo ao final da execução da pena, arremata Lima (*apud* Avena):

> De acordo com o artigo 28, caput, da LEP, o trabalho do condenado, como dever social e condição da dignidade humana, terá 2 (duas) finalidades: a) educativa: a ideia nesse caso é manter em atividade o preso que já trabalhava, ou criar o hábito de trabalhar naquele que não exercia qualquer atividade lícita antes de ser preso, o que, pelo menos em tese, permitirá que aprenda um ofício ao qual poderá dar continuidade quando for posto em liberdade; b) produtiva: sem embargo das limitadas possibilidades do trabalho penitenciário, a aquisição de um ofício ou de uma profissão, fator decisivo à reincorporação social do preso, certamente contribuirá para facilitar-lhe a estabilidade econômica assim que retomar sua liberdade.[314]

---

[312] WOLFF, Maria Palma. *Antologia de vidas e histórias na prisão*: emergência e injunção de controle social. Rio de Janeiro: Lumen Júris, 2005. p. 132.

[313] GRECO, Rogério. *Curso de direito penal*. 14. ed. Rio de Janeiro: Impetus, 2013, p. 508.

[314] LIMA, Renato Brasileiro de. *Manual de Execução Penal*. São Paulo: Editora JusPodivm, 2022. p. 84.

De acordo com Lima[315], o trabalho acaba por se tornar um fator importante na manutenção do equilíbrio psicológico e fisiológico do recluso. Para aqueles que estão privados da liberdade, o labor pode ajudar a neutralizar os efeitos corruptores da ociosidade e auxiliar no processo de reintegração social, preparando-os para uma profissão quando recuperarem a liberdade.

Diante de todas as assertivas apresentadas, nota-se a importância no avanço de mecanismos que garantam a remição pelo efetivo exercício laboral, não se confundindo com as condutas exploratórias vivenciadas ao longo da história prisional. Em outros termos, a remição pelo trabalho deve se desprender da alienação oriunda das práticas do capital e alimentar sua própria humanização.

---

[315] *Ibidem.*

5.

CONTRADIÇÕES DO CÁRCERE

5.1 A SUPERLOTAÇÃO DAS UNIDADES PRISIONAIS COMO OBSTÁCULO À RESSOCIALIZAÇÃO

A superlotação no sistema penitenciário não é apenas um problema isolado, mas a manifestação de uma série de disfunções subjacentes, o que conduz ao desenvolvimento de inúmeras outras questões e deve ser o foco principal de qualquer proposta destinada a melhorar o estado desordenado das unidades prisionais. Dessa forma, a superlotação acaba por ser a raiz do problema que impede o sucesso da ressocialização dos presos, que se manifesta sobretudo na escassez de espaço no interior das celas.

O artigo 85 da lei de execução penal[316] estabelece o limite de ocupação dos estabelecimentos prisionais, cabendo ao conselho nacional de política criminal e penitenciária a regulamentação pormenorizada. A resolução n.º 09/2011 do referido conselho preceitua diretrizes básicas concernentes à arquitetura dos estabelecimentos penais, descrevendo que cada bloco ou pavilhão não deve exceder ao limite de 200 pessoas, compreendido como sendo o conjunto de celas individuais ou coletivas dispostas em corredores, que normalmente possuem uma única entrada assistida por agentes de segurança. A cela coletiva não deve ultrapassar o número de oito custodiados em seu interior.

Por sua vez, a Resolução n.º 05/2016 estabelece indicadores para a fixação da lotação máxima nas unidades prisionais, considerando o fato de que a superlotação é incompatível com o processo de ressocialização do preso, implicando inclusive os índices de reincidência criminal. Assim, considerando esses pressupostos legislativos, o Brasil adotou o precedente estabelecido na Corte Americana do ano de 2011, que fixou o parâmetro máximo em 137,5%

---

[316] Art. 85 da LEP: o estabelecimento penal deverá ter lotação compatível com a sua estrutura e finalidade. Parágrafo único. O Conselho Nacional de Política Criminal e Penitenciária determinará o limite máximo de capacidade do estabelecimento, atendendo a sua natureza e peculiaridades.

do número de vagas, sendo recepcionado pelo Supremo Tribunal Federal por meio do recurso extraordinário n.º 641.320 em sede de repercussão geral[317].

Fragoso aponta que, após o período de redemocratização do país, o aumento do número de leis penais revelou a tendência à chamada "criminalização primária":

> A análise da quantidade de leis penais mostra que a média anual de leis penais no período de 26 anos entre 1985 e 2011 (cerca de 4,27 leis por ano) é mais do que o dobro da média anual de leis penais editadas no período de 44 anos entre 1941 e 1985 (2,07 leis por ano), o que indica que, nas últimas décadas, houve uma aceleração da tendência à expansão da criminalização primária[318] [319].

Com tantas leis penais vigentes, é notório que o fracasso do sistema penitenciário brasileiro tem raízes profundas na prática de aprisionamento em massa, sobretudo quanto aos presos provisórios. Consequentemente, a ampla implementação das prisões provisórias é um fator-chave que contribui para o colapso do sistema penitenciário no Brasil e tem efeitos prejudiciais na educação daqueles em reabilitação, explicado por Rangel:

> Isto tem implicações em relação à educação: o fato de não ter ocorrido um julgamento e não haver nenhuma condenação formal estabelecida não ajuda a estimular o interesse no estudo ou a definição de um projeto no médio e longo prazo por parte dos detentos que se encontram em compasso de espera. Vamos adicionar a esta situação a indefinição [de sentença ou julgamento], que causa sofrimento e, muitas vezes, tem dificuldade para organizar o seu dia-a-dia, realizar um plano de vida, seja qual for o estatuto penal e legal.[320]

No mesmo sentido, Greco entende que a superlotação carcerária está intrinsecamente relacionada ao alto número de presos que aguardam julgamento:

---

[317] Traduz-se na manifestação jurisdicional que ultrapassa os interesses subjetivos do processo e gera efeitos multiplicados a processos análogos.
[318] FRAGOSO, Christiano Falk. *Autoritarismo e sistema penal*. Rio de Janeiro: Lumen Juris, 2015. p. 309.
[319] A criminalização primária materializa-se na elaboração das normas jurídicas pelo Estado, responsável por definir os bens jurídicos que devem ser tutelados pela lei. Portanto, a criminalização primária vai criar a lei penal e introduzi-la no ordenamento jurídico como forma de punição a determinadas condutas.
[320] RANGEL, Hugo (coord.). *Mapa Regional latino-americano sobre educación en prisiones*. Notas para el análisis de la situación y la problemática regional. Centre International d'études pédagogiques (CIEP). Eurosocial. Paris: [s. n.], 2009. p. 36.

> Da mesma forma, o uso indiscriminado de privação cautelar da liberdade, ou seja, de pessoas que aguardam presas os seus julgamentos, tem uma contribuição decisiva para a situação atual de superlotação do sistema carcerário. Muitas vezes, essas pessoas, que aguardam presas o seu julgamento, foram absolvidas, ou seja, foram privadas ilegalmente do seu direito de liberdade.[321]

Nessa ótica, Lopes Júnior apresenta a prisão cautelar como mecanismo de "falsa sensação de segurança" à população:

> Infelizmente as prisões cautelares acabaram sendo inseridas na dinâmica da urgência, desempenhado um relevantíssimo efeito sedante da opinião pública pela ilusão de justiça instantânea. A dimensão simbólica de uma prisão imediata – que a cautelar proporciona – acaba sendo utilizada para construir uma (falsa) noção de "eficiência" do aparelho repressor estatal e da própria justiça. Com isso, o que foi concebido para ser "excepcional" torna-se um instrumento de uso comum e ordinário, desnaturando-o completamente. Nessa teratológica alquimia, sepulta-se a legitimidade das prisões cautelares.[322]

Dessa forma, a "inflação legislativa penal", combinada com o excesso de prisões cautelares, deságua na superlotação carcerária, apresentando à população em geral a falsa realidade de eficiência do Estado. Em outras palavras, o poder simbólico da prisão acaba por renegar ao cárcere aqueles que já foram negados pela própria sociedade que os excluiu.

O artigo 4º, §1º, da resolução n.º 05/2016 do conselho nacional de política criminal e penitenciária[323] estabelece como obrigatório um plano de redução da superlotação que alie filtros no ingresso no estabelecimento

---

[321] GRECO, 2015, p. 240.
[322] LOPES JÚNIOR, 2021, p. 259.
[323] Art. 4º, §1º da resolução n.º 05/2016: o indicador de 137,5%, como linha de corte para controle da superlotação de unidades penais masculinas exige obrigatoriamente um plano de redução da superlotação, com metas a serem fixadas e atingidas pelas autoridades competentes diante do excesso ou desvio de execução, impondo equilíbrio através do filtro de controle da porta de entrada (audiência de custódia e controle da duração razoável do processo até a sentença) e organização da fila da porta de saída com critérios objetivos sistematizados (saída antecipada de sentenciado no regime com falta de vagas; liberdade eletronicamente monitorada ao sentenciado que sai antecipadamente ou é posto em prisão domiciliar por falta de vagas; o cumprimento de penas restritivas de direito e/ou estudo ao sentenciado que progride ao regime aberto), sendo que, até que sejam estruturadas as medidas alternativas propostas, poderá ser autorizada a prisão domiciliar do sentenciado, conforme determinado pelo Supremo Tribunal Federal no RE 641.320 e Súmula Vinculante 56.

penal, como a audiência de custódia, o controle da duração razoável do processo e a saída da unidade prisional, a exemplo da liberdade antecipada pela falta de vagas, da prisão domiciliar, das penas restritivas de direito, não permitindo que o preso permaneça em regime prisional mais gravoso por ausência de estabelecimento penal adequado, conforme estabelecido na súmula vinculante n.º 56 do Supremo Tribunal Federal[324]. Esse mecanismo legal tem por escopo alcançar o limite máximo de 137,5% da capacidade de lotação das unidades, havendo verdadeira política de desencarceramento como resposta à superlotação, na medida em que o aumento da população prisional não acompanhou a reserva de vagas nos presídios.

Para combater a questão da superlotação nas prisões, vários mecanismos legais têm sido implementados e propostos em todo o mundo para evitar o ingresso no cárcere. O Brasil, por exemplo, identificou diversas medidas que provaram ser alternativas eficazes no descongestionamento das prisões, incluindo a audiência de custódia e a remição de pena; outros, como o alargamento das penas restritivas de direitos e o estabelecimento de critérios objetivos para o tráfico de drogas ainda estão na fase de estudos e discussões com a sociedade organizada, sendo de fundamental importância a produção e divulgação de estatísticas e estudos científicos para o embasamento de políticas sociais voltadas ao combate da superlotação carcerária, assunto tão complexo que deve ser estudado de maneira interdisciplinar.

Em fevereiro de 2015, o Conselho Nacional de Justiça, o tribunal de justiça do estado de São Paulo e o Ministério da Justiça lançaram o "Projeto Audiência de Custódia", criado para alinhar o Brasil aos tratados internacionais aos quais estava vinculado. Posteriormente, em dezembro de 2015, o Conselho Nacional de Justiça editou a resolução n.º 213, exigindo que toda pessoa presa fosse apresentada à autoridade judiciária no prazo de 24 horas. Por fim, em dezembro de 2019, foi publicada a lei n.º 13.964, que alterou os artigos 287 e 310 do código de processo penal[325] e incorporou explicitamente a audiência de custódia na legislação ordinária.

---

[324] Súmula Vinculante 56 do STF: A falta de estabelecimento penal adequado não autoriza a manutenção do condenado em regime prisional mais gravoso, devendo-se observar, nessa hipótese, os parâmetros fixados no RE 641.320/RS.

[325] Art. 287 do CPP: se a infração for inafiançável, a falta de exibição do mandado não obstará a prisão, e o preso, em tal caso, será imediatamente apresentado ao juiz que tiver expedido o mandado, para a realização de audiência de custódia. Art. 310 do CPP: após receber o auto de prisão em flagrante, no prazo máximo de até 24 (vinte e quatro) horas após a realização da prisão, o juiz deverá promover audiência de custódia com a presença do acusado, seu advogado constituído ou membro da Defensoria Pública e o membro do Ministério Público, e, nessa audiência, o juiz deverá, fundamentalmente: I - relaxar a prisão ilegal; ou II - converter a prisão em flagrante em preventiva, quando presentes os requisitos constantes do art. 312 deste Código, e se revelarem inadequadas ou insuficientes as medidas cautelares diversas da prisão; ou III - conceder liberdade provisória, com ou sem fiança.

Em linhas gerais, os mencionados artigos trazem a sistematização da audiência de custódia no âmbito judicial, cujo objetivo primordial se assenta na redução drástica do número de indivíduos temporariamente presos, oportunidade em que o juiz analisa a prisão com base na legalidade e regularidade, bem como na necessidade e suficiência do prolongamento da prisão. O magistrado também avalia a hipótese de aplicação de medidas cautelares ou a concessão da liberdade do indivíduo, com ou sem medidas cautelares adicionais. Em semelhantes termos, seria uma espécie de "filtro" às prisões realizadas, cabendo à autoridade judicial verificar se a privação da liberdade temporária revela-se eficiente no caso concreto, como instrumento eficaz no combate ao aprisionamento em massa de pessoas que poderiam responder ao processo em liberdade.

Tabela 2 – relação entre a quantidade de presos provisórios e a implementação das audiências de custódia[326]

Ano	Quantidade de presos provisórios	Percentual em relação ao total de pessoas cumprindo pena	Total de audiências de custódia realizadas	Liberdade concedida nas audiências
2016	231.316	33,24%	62.227	26.051
2017	237.015	34,01%	137.127	54.737
2018	241.549	33,83%	171.660	67.593
2019	220.975	30,24%	219.058	88.084
2020	215.255	32,24%	66.385	28.104
2021	193.962	28,95%	108.247	41.576
2022	180.346	28,06%	254.289	101.510
2023	175.279	27,28%	370.864	145.167

Fonte: elaboração do autor com base no banco de dados do Sistema de Informações do Departamento Penitenciário Nacional (SISDEPEN) e Conselho Nacional de Justiça (CNJ)

Como se percebe, os números relacionados ao quantitativo de liberdade concedida nas audiências de custódia aumentou mais de 500%

---

[326] Presos em celas físicas da justiça estadual.

em relação ao ano de 2016, marco temporal de sua criação. Outro fator que chama atenção é o número de 219.058 audiências realizadas no ano em que o instituto foi incorporado explicitamente ao ordenamento jurídico, havendo larga aplicação por parte dos magistrados naquela ocasião. Entretanto, diante do período da pandemia, observa-se que, entre os anos de 2020 e 2021, houve o decréscimo tanto nas audiências realizadas quanto na concessão da liberdade em decorrência delas, em virtude da preconização do distanciamento social estabelecido pelos órgãos de saúde à época. Contudo, no ano de 2023, diante da superação da pandemia da Covid-19, a audiência de custódia atingiu o auge no somatório das audiências realizadas e no decreto de liberdade concedidos. A tendência para os próximos anos é a queda no número de presos provisórios, na medida em que haja o incremento das audiências de custódia e a concessão da liberdade.

Outro mecanismo que pode se revelar eficaz na diminuição dos presos provisórios seria o incremento das penas restritivas de direitos, justamente porque a percepção da privação da liberdade como regra do sistema jurídico-penal precisa ser reavaliada, pois só deve ser utilizada como último recurso para delitos graves. Uma solução potencial para resolver a questão da superlotação seria utilizar formas alternativas de punição em substituição ao encarceramento, de maneira a impedir que criminosos menores se misturem com membros de organizações criminosas no interior dos estabelecimentos prisionais.

Atualmente, essas penas restritivas de direitos estão disciplinadas nos artigos 43 e 44 do código penal[327], sendo aplicáveis para crimes que não excedam quatro e que não haja violência ou grave ameaça à pessoa. Inclusive, há defensores da exasperação desse mínimo para oito anos, de maneira a abarcar um número maior de crimes em que não haja violência ou grave ameaça, sendo mais uma medida apresentada ao combate da superlotação carcerária. Para ampliar as opções disponíveis, o Conselho

---

[327] Art. 43 do CP: as penas restritivas de direitos são: I - prestação pecuniária; II - perda de bens e valores; III - limitação de fim de semana; IV - prestação de serviço à comunidade ou a entidades públicas; V - interdição temporária de direitos; VI - limitação de fim de semana. Art. 44 do CP: As penas restritivas de direitos são autônomas e substituem as privativas de liberdade, quando: I – aplicada pena privativa de liberdade não superior a quatro anos e o crime não for cometido com violência ou grave ameaça à pessoa ou, qualquer que seja a pena aplicada, se o crime for culposo; II – o réu não for reincidente em crime doloso; III – a culpabilidade, os antecedentes, a conduta social e a personalidade do condenado, bem como os motivos e as circunstâncias indicarem que essa substituição seja suficiente.

Nacional de Justiça aprovou a resolução n.º 288/2019[328] que endossa o uso de métodos de justiça restaurativa para questões criminais, em detrimento da pena privativa de liberdade.

Além dos mecanismos já citados, talvez a promoção de ajustes na lei n.º 11.343/2006 (Lei de Drogas)[329] pode auxiliar na diminuição da superlotação carcerária, já que os delitos esculpidos nessa legislação são responsáveis por grande parte da população enclausurada nas unidades prisionais. Dessa forma, certa vertente doutrinária defende a redefinição (ou definição) legislativa do termo "tráfico", especialmente no que diz respeito à quantidade de drogas necessária para classificar um ato como tal. Atualmente, o artigo 33 da referida lei[330] traz 18 verbos caracterizadores da traficância, sem apresentar parâmetros objetivos para essa classificação, levando à imposição de punições mais severas a pequenos traficantes de drogas, frequentemente consumidores de drogas que sequer representam uma ameaça significativa para a sociedade.

---

[328] Art. 3º da Resolução 288/2019: a promoção da aplicação de alternativas penais terá por finalidade: I – a redução da taxa de encarceramento mediante o emprego restrito da privação de liberdade, na forma da lei; II – a subsidiariedade da intervenção penal; III – a presunção de inocência e a valorização da liberdade; IV – a proporcionalidade e a idoneidade das medidas penais; V – a dignidade, a autonomia e a liberdade das partes envolvidas nos conflitos; VI – a responsabilização da pessoa submetida à medida e a manutenção do seu vínculo com a comunidade; VII – o fomento a mecanismos horizontalizados e autocompositivos, a partir de soluções participativas e ajustadas às realidades das partes; VIII – a restauração das relações sociais, a reparação dos danos e a promoção da cultura da paz; IX – a proteção social das pessoas em cumprimento de alternativas penais e sua inclusão em serviços e políticas públicas; X – o respeito à equidade e às diversidades; XI – a articulação entre os órgãos responsáveis pela execução, aplicação e acompanhamento das alternativas penais; XII – a consolidação das audiências de custódia e o fomento a outras práticas voltadas à garantia de direitos e à promoção da liberdade.

[329] No dia 26 de junho de 2024, o Supremo Tribunal Federal estabeleceu o parâmetro de 40 gramas ou 6 plantas fêmeas como critério que possa diferenciar o usuário do traficante de maconha. Entretanto, esta determinação da Corte Superior é temporária, já que aguarda a regulamentação por parte do Congresso Nacional. Para maiores informações sobre o tema: <https://www.conjur.com.br/2024-jun-26/stf-estabelece-40-gramas-para-diferenciar-uso-e-trafico-e-fixa-tese-sobre-maconha/>.

[330] Art. 33 da lei n.º 11343/2006: importar, exportar, remeter, preparar, produzir, fabricar, adquirir, vender, expor à venda, oferecer, ter em depósito, transportar, trazer consigo, guardar, prescrever, ministrar, entregar a consumo ou fornecer drogas, ainda que gratuitamente, sem autorização ou em desacordo com determinação legal ou regulamentar: Pena - reclusão de 5 (cinco) a 15 (quinze) anos e pagamento de 500 (quinhentos) a 1.500 (mil e quinhentos) dias-multa.

Tabela 3 – incidência da lei de drogas no encarceramento[331]

Ano	Total de presos	Quantidade de presos pela lei de drogas (11.343/2006)	Quantidade de presos pelo crime de tráfico de drogas (artigo 33)
2016	695.847	158.588	133.221
2017	696.719	185.013	158.921
2018	713.926	208.822	177.637
2019	730.515	197.769	166.773
2020	667.541	207.794	169.686
2021	669.916	203.625	165.961
2022	642.638	182.958	153.521
2023	642.491	199.100	167.591

Fonte: elaboração do autor com base no banco de dados do Sistema de Informações do Departamento Penitenciário Nacional (SISDEPEN)

Os dados demonstram que os crimes relacionados à lei de drogas são responsáveis por aproximadamente 30% do encarceramento no Brasil, mantendo o patamar acima de 150 mil presos desde o ano de 2016. Ademais, percebe-se que atualmente não há outro crime que encarcere mais do que o tráfico de drogas, muito em razão das 18 condutas estabelecidas no tipo penal, havendo larga margem para a aplicação punitiva no caso concreto. No ano de 2023, por exemplo, chegou-se à conclusão de que ao menos 450 pessoas foram diariamente recolhidas ao cárcere em decorrência do crime de tráfico de drogas.

Dessa forma, sugestiona-se a potencialização das opções de trabalho e estudo no âmbito prisional, na medida em que a ausência de políticas sociais organizadas e direcionadas nessas áreas põe em perigo a capacidade dos indivíduos encarcerados de se reintegrarem à sociedade. Para corrigir essa questão, deve-se estabelecer uma política bem estruturada que dê prioridade à educação e ao emprego no sistema prisional como forma de remição (diminuição da pena) e integração social (ressocialização) ao recluso.

O desafio da atualidade traduz-se em realizar a eficiente gestão das unidades prisionais, aliada às medidas alternativas que possam de alguma

---

[331] Presos em celas físicas da justiça estadual.

forma combater a superlotação. Para auxiliar na resolução desse problema histórico, muitos juristas e estudiosos tentam encontrar soluções para a mitigação da superlotação carcerária. Entretanto, apesar dos esforços, o sistema prisional brasileiro permanece em estado de crise, pois ainda não há medidas contundentes que diminua efetivamente a população carcerária.

Inclusive, Fair e Walmsley[332] pontuam que, em recente pesquisa realizada pela organização não governamental "Institute for Crime and Justice Policy Research", o Brasil aparece na 3ª colocação no ranking das maiores populações carcerárias do mundo, com aproximadamente 811 mil presos, atrás apenas dos Estados Unidos e China.

Tabela 4 – Informações dos cinco países com maior população prisional em 2021

Classificação	País	População prisional	Taxa de aprisionamento (por 100 mil habitantes)
1º	EUA	2.000.000	629
2º	China	1.690.000	119
3º	Brasil	811.000	381
4º	Índia	478.000	35
5º	Rússia	309.000	326

Fonte: Elaboração própria, com dados do World Prison Brief, Institute for Criminal Policy Research (ICPR)

Analisando o ano de referência da pesquisa internacional, o sistema de informações do departamento penitenciário nacional totalizou o quantitativo de 823.546 pessoas, incluindo os reclusos em celas físicas da justiça estadual e federal, além daqueles alocados em prisão domiciliar. A discrepância estabelecida com o "Institute for Crime and Justice Policy Research" pode ser em decorrência de alguma variável utilizada na pesquisa, contudo há de se chegar à conclusão de que os números absolutos de encarceramento são demasiadamente altos, permanecendo o Brasil com a nada honrosa posição de 3º lugar no ranking mundial de encarceramento.

---

[332] FAIR, Helen; WALMSLEY, Roy. *World Prison Population List*. [S. l.]: Institute for Crime and Justice Policy Research, 2021.

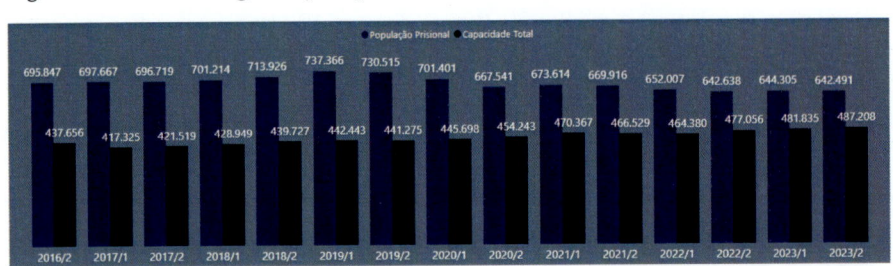

Figura 1 – Déficit de vagas na justiça estadual em números absolutos

Fonte: Sistema de informações do departamento penitenciário nacional (SISDEPEN)

Ao final do ano de 2023, o Brasil contabilizou 642.491 presos em privação da liberdade, considerando os incluídos no sistema prisional por meio de celas físicas, e o número de vagas disponíveis se resume em 487.208, um déficit de 155.283 vagas, o que representa aproximadamente 32% de defasagem de vagas. Desde o ano de 2016, o Brasil convive com a insuficiência de vagas disponíveis para a alocação dos reclusos, sempre acima do patamar de 150 mil de carência.

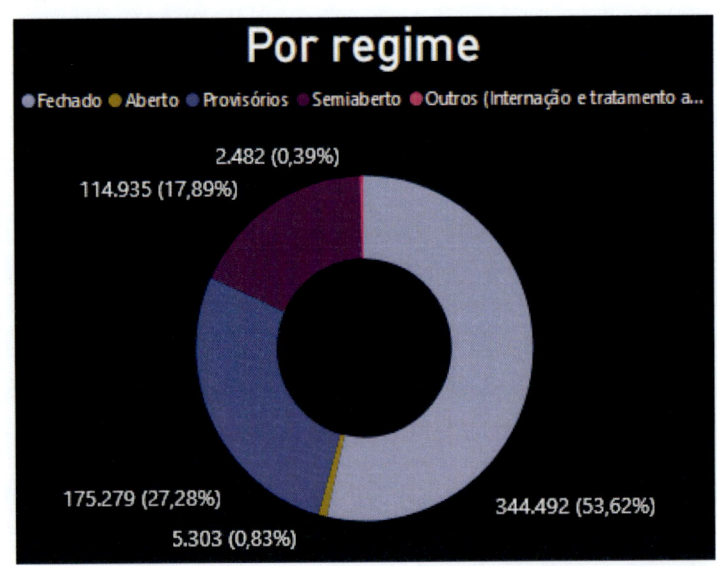

Figura 2 – Presos separados por regime no ano de 2023[333]

Fonte: Sistema de informações do departamento penitenciário nacional (SISDEPEN)

---

[333] Celas físicas da justiça estadual.

Se forem considerados os 642.491 presos em regime fechado incluídos no sistema da justiça estadual, o órgão oficial penitenciário apresenta cerca de 175.279 presos provisórios aguardando julgamento, o que retrata 27,28% daqueles privados da liberdade. Em outras palavras, a estatística reproduz que o encarceramento provisório é quase a metade se comparado ao regime fechado (53,62%), sendo fator decisivo na superlotação carcerária. Percebe-se que mais de 25% dos presos em regime fechado ainda não possuem uma sentença transitada em julgado sendo, portanto, presumidamente inocentes segundo a Constituição Federal de 1988. A alta rotatividade dos reclusos no período de referência dificulta sobremaneira qualquer implementação de política social vinculada à ressocialização, sobretudo quanto à continuidade das práticas educacionais, que dependem de tempo e dedicação na absorção do conteúdo.

A solução eficaz e duradoura para enfrentar a atual crise penitenciária reside na implementação de políticas sociais que garantam a proteção dos direitos fundamentais, como o acesso à educação, à saúde, ao lazer e à distribuição mais equitativa da riqueza, fatores que podem impedir o cometimento do crime, na medida em que o "tratamento" penal após o ingresso no cárcere é visto como um dos grandes desafios da atualidade em termos de gestão eficiente.

5.2 O DISCURSO IDEOLÓGICO DA RESSOCIALIZAÇÃO A QUEM NUNCA FOI SOCIALIZADO ("SOCIALIZAÇÃO ÀS AVESSAS")

Na visão de Thompson[334], a prisão não pode ser compreendida como a versão em "miniatura" da sociedade livre. Pelo contrário, é uma entidade distinta e separada com as próprias regras, restrições e um modo de vida particular, em que sua característica definidora é o poder, o que lhe confere o status de sistema de poder. Infelizmente, os presos muitas vezes saem com uma cultura prisional específica que se torna parte da sua identidade, adquirida durante o período de confinamento e persiste por muito tempo após a libertação.

A vulnerabilidade que os levou ao encarceramento será a mesma encontrada quando saírem do sistema, mesmo que não cometam mais crimes. Em outras palavras, o indivíduo "ressocializado" encontrará uma inclusão precária e servil, a mesma que o levou ao sistema penitenciário. O

---

[334] THOMPSON, Augusto F. G. *A questão penitenciária*. Rio de Janeiro: Forense, 1993.

cenário somente afirma a contradição prisional: a perpetuação do círculo vicioso da exclusão.

O termo ressocialização tem sido desafiado por diversos grupos que mantêm a crença de que é impossível ressocializar um indivíduo que nunca foi exposto à socialização, a quem fora negado o acesso aos direitos sociais que deveriam ser garantidos por uma sociedade democrática. Em essência, a ressocialização significaria tentar ressocializar aquele que, para começar, nunca foi social.

A prisão revela a exasperação do viés punitivo do Estado, conforme preceitua Oliveira "O encarceramento serve apenas para punir, socializando o preso para o mundo do crime, ficando em segundo plano o atendimento à saúde física e mental, à higiene, à vida espiritual, ao trabalho, à escolaridade e ao lazer"[335]. A privação da liberdade possui a dupla finalidade de retribuição pelo crime cometido, além de preparar o recluso à inserção na sociedade após o cumprimento da pena, conjugação que não se amolda à realidade de segregação, a qual segundo Pimentel: "Ressocializar um criminoso é socializá-lo de novo, isto é, condicioná-lo para viver no meio social do qual fora banido, uma vez tornado apto para aceitar os padrões de valores vigentes na sociedade"[336].

De acordo com Faleiros[337], a divulgação de pequenas experiências com êxito mascara as próprias falhas do sistema, direcionando a responsabilidade ao próprio indivíduo, sob o discurso falacioso de que lhes são disponibilizadas ferramentas de ressocialização. Essa narrativa valida o discurso da "bondade do sistema" e do "fracasso individual", incutindo na mentalidade dos cidadãos a ideia de que as políticas sociais apresentadas pelo Estado se revelam como forma eficiente de atenuar o sofrimento causado pelo fracasso na vida. Consequentemente, o Estado e as estruturas políticas e econômicas se tornam isentos de qualquer responsabilidade no "ciclo de marginalização", o que só serve para intensificar as vulnerabilidades daqueles que estão na base da sociedade.

Na compreensão de Julião[338], o conceito de ressocialização deve ser discutido, sugerindo a adesão da nomenclatura "socialização" para descrever a situação em questão. A maioria da população prisional, rele-

---

[335] OLIVEIRA. Odete Maria de. *Prisão*: um paradoxo social. 3. ed. revisada. Florianópolis: UFSC, 2013. p. 235.
[336] PIMENTEL. *O drama da pena de prisão*. São Paulo: Revista dos Tribunais, v. 613, 1986. p. 277.
[337] FALEIROS, Vicente de Paula. *O que é política social*. 5. ed. São Paulo: Brasiliense, 1991.
[338] JULIÃO, 2012.

gada social e economicamente, provém dos estratos sociais mais baixos da sociedade, o que destaca a verdadeira vulnerabilidade daqueles que já eram vistos como "sem direitos" antes de ingressarem no sistema prisional. Uma vez dentro desse novo ambiente, o estereótipo de membro invisível é perpetuado.

Destarte, após o cumprimento da pena privativa de liberdade, Assis[339] assevera que o cidadão que cumpriu a pena luta para se reintegrar à sociedade. Impedidos pela escassez de opções e oportunidades de emprego, são recebidos com rejeição e indiferença tanto por parte da sociedade como do Estado. A estigmatização e a negligência dos ex-presidiários por parte das autoridades resultam na marginalização, o que acaba por levá-los novamente ao "universo do crime". A liberdade não equivale à plena reintegração na sociedade, pois carregam o "rótulo" estigmatizado de ex-presidiários, o que resulta na exclusão de diversas oportunidades. O mercado de trabalho, que já é limitado e árduo ao trabalhador livre, torna-se inalcançável ao egresso, agravando ainda mais a própria situação de sobrevivência.

A remição pelo trabalho, por exemplo, é inoperante pelo simples motivo de que existem crimes que são praticados por trabalhadores. Dessa forma, se o trabalho em liberdade não foi capaz de impedir o crime, o encarceramento não tornará esse contexto diferente. O termo ressocializar significa preparar o indivíduo para o retorno à sociedade, mas, se a precarização do trabalho é a regra no modelo de sociedade atual, a ressocialização seria a preparação para o ingresso em uma sociedade que só existe na lei.

A conclusão paradoxal que se pode chegar é que o sistema penal mantém a ideologia de que existe uma oposição inerente entre o crime e o trabalho, porque o trabalho é visto como uma ferramenta de ressocialização, enquanto o crime se traduz na ruptura da ordem social. No entanto, essa crença pode ser facilmente rechaçada considerando duas possibilidades: e se o indivíduo que cometeu o crime já estivesse inserido no mercado de trabalho formal, exercendo todas suas funções necessárias? Uma pessoa desempregada que cometeu crime não o teria feito se estivesse empregado? Esses questionamentos descortinam a ineficácia atual da ressocialização dos reclusos, traduzido como discurso ideológico aceito pelas alas da sociedade.

---

[339] ASSIS, 2007.

Em outros termos, pode-se supor que o cumprimento da pena privativa de liberdade não atinge o objetivo de ressocialização ou socialização do apenado. Paradoxalmente, a prisão cria uma forma de socialização que condiciona o indivíduo a sobreviver no ambiente social prisional, mas não numa sociedade livre, o que resulta em uma "socialização às avessas".

5.3 A INEFICIÊNCIA DO ESTADO EM DISPONIBILIZAR A REMIÇÃO PELO TRABALHO E/OU ESTUDO

O artigo 1º da lei de execução penal[340] destaca os objetivos da execução, que incluem a implementação do disposto na sentença judicial e a criação de condições para a integração social dos condenados, restando evidente o propósito primordial de facilitar a reintegração do preso à sociedade, complementado pelo artigo 3º do mesmo documento normativo[341], que garante aos custodiados todos os direitos que não tenham sido afetados pela sentença ou lei. Além disso, o artigo 6º da Constituição Federal de 1988[342] reconhece o trabalho e a educação como direitos sociais que sofreram limitações em virtude da sentença penal condenatória, havendo a responsabilidade do Estado em promovê-los durante a privação da liberdade.

O arcabouço normativo pátrio reconhece e defende a garantia dos direitos relacionados aos reclusos, considerando que há direitos que não foram afetados pela privação da liberdade. Consequentemente, os indivíduos que se envolvem em atividades educacionais ou profissionais têm direito a uma redução proporcional em sua sentença, pois o objetivo é encurtar o tempo de encarceramento durante esse período. No entanto, a implementação desse ideal é desafiadora, pois necessita da cooperação do Estado no oferecimento de oportunidades de atuação educacional e laboral, o que melhora a qualificação e torna mais viável o retorno à comunidade.

A contradição ocorre na medida em que o Estado revela-se incapaz de implementar com proficiência as disposições legais. Atualmente, as

---

[340] Art. 1º da LEP: a execução penal tem por objetivo efetivar as disposições de sentença ou decisão criminal e proporcionar condições para a harmônica integração social do condenado e do internado.

[341] Art. 3º da LEP: ao condenado e ao internado serão assegurados todos os direitos não atingidos pela sentença ou pela lei.

[342] Art. 6º da CF: são direitos sociais a educação, a saúde, a alimentação, o trabalho, a moradia, o transporte, o lazer, a segurança, a previdência social, a proteção à maternidade e à infância, a assistência aos desamparados, na forma desta Constituição.

penitenciárias brasileiras sofrem com a escassez de vagas disponíveis nas salas de aula e uma significativa falta de oportunidades de emprego dentro e fora das instalações prisionais.

Há uma crença crescente de que a população carcerária é excessivamente alta e que medidas devem ser tomadas para diminuí-la. A premissa subjacente é que, ao estabelecer infraestrutura adequada para fornecer o suporte educacional, os presos podem não apenas buscar a ressocialização, mas também desenvolver a capacidade intelectual, adquirir qualificações para o emprego e, finalmente, reduzir a probabilidade de reincidência.

A simples alegação da ineficiência estatal em promover a remição aos custodiados não resolverá faticamente o problema, pois ações imediatas apenas encobrem as condições reais em que se encontra. Compreende-se que seja necessária a criação de políticas sociais efetivas para dar sentido à problemática exposta. Se houver um cenário em que alguns internos não tenham acesso ao trabalho e/ou educação dentro da unidade prisional, surge uma questão importante: a omissão ou a incapacidade do Estado em proporcionar estrutura para trabalhar e/ou estudar deve ser computada no tempo de remição do preso?

Tabela 5 – a relação dos presos com o trabalho e/ou estudo nas unidades prisionais[343]

Ano	Total de presos	Trabalho	Capacidade dos módulos	Educação		Capacidade dos módulos	Trabalho e educação
2016	695.847	127.040	39.878	Escolar	65.702	68.357	18.189
				Não escolar	20.010		
2017	696.719	133.310	44.223	Escolar	66.716	70.579	32.239
				Não escolar	27.191		
2018	713.926	136.016	45.045	Escolar	66.756	83.803	17.720
				Não escolar	30.681		
2019	730.515	142.832	45.348	Escolar	75.130	80.264	18.112
				Não escolar	47.290		

---

[343] Presos em celas físicas da justiça estadual. Entende-se por "educação escolar" aquela em que são disponibilizadas a alfabetização, os cursos técnicos com mais de 800 horas, o ensino fundamental, o ensino médio e o ensino superior. Por sua vez, a chamada "educação não escolar" compreende as atividades complementares, a capacitação profissional com mais de 160 horas, a remição pela leitura e a remição pelo esporte.

Ano	Total de presos	Trabalho	Capacidade dos módulos	Educação		Capacidade dos módulos	Trabalho e educação
2020	667.541	105.140	31.527	Escolar	61.205	82.201	10.618
				Não escolar	103.922		
2021	669.916	129.133	33.934	Escolar	81.787	80.076	16.082
				Não escolar	247.412		
2022	642.638	149.012	39.396	Escolar	103.954	94.879	23.269
				Não escolar	743.974		
2023	642.491	159.319	47.284	Escolar	137.316	101.229	29.546
				Não escolar	1.177.021		

Fonte: Sistema de Informações do Departamento Penitenciário Nacional (SISDEPEN)

A tabela apresenta a disponibilização dos institutos vinculados à remição pelo trabalho e/ou educação, sendo notório o baixo número de custodiados que trabalham e estudam, aproximadamente 4% do total no ano de 2023. Em linhas gerais, pode-se extrair que ainda há muita margem para a atuação estatal no quesito disponibilização, implementação, incentivo e execução dos institutos de remição/ressocialização dos custodiados.

Ademais, verifica-se que a capacidade dos módulos relacionados ao trabalho e à educação são demasiadamente escassos em comparação ao quantitativo de reclusos nas unidades prisionais. Inclusive, a partir do ano de 2020, há uma tendência dos presos na adesão da chamada "educação não escolar", talvez em virtude da escassez de vagas nos módulos estudantis.

O quadro evidencia a insuficiência na disponibilização de mecanismos de remição pelo trabalho e pela educação escolar no âmbito prisional. Os números apresentam que a porcentagem ainda é bastante baixa, considerando o número de pessoas privadas da liberdade em celas físicas da justiça estadual. A título de exemplo, no ano de 2023, apenas 24% da população carcerária tiveram a oportunidade de trabalhar, enquanto 21%, a possibilidade de estudar. Em semelhantes termos, os números apontam que o Estado até o momento se mostra deficitário na disponibilização dos mecanismos de remição de pena àqueles que estão privados da liberdade.

Nesse contexto, a chamada "remição virtual" visa contornar a deficiência estrutural do Estado em garantir a remição aos presos, hipótese em que haveria a diminuição da pena se comprovada a ineficiência estatal. Em sentido favorável, posiciona-se Greco:

> Caso o Estado, por intermédio de sua administração carcerária, não viabilize para que sejam cumpridas as determinações contidas na lei de execução penal, poderá o juiz da execução, diante da inércia ou da incapacidade do Estado de administrar a coisa pública, conceder a remição aos condenados que não puderam trabalhar.[344]

Sob a mesma vertente, preceitua Mirabete:

> Há, assim, uma relação de direitos e deveres entre o Estado e o condenado em virtude da qual a Administração está obrigada a possibilitar o trabalho ao preso e a este compete desempenhar a atividade laborativa. Afirma-se, por isso, que, não se desincumbindo o Estado de seu dever de atribuir trabalho ao condenado, poderá este beneficiar-se com a remição mesmo sem o desempenho da atividade. Não cabendo ao sentenciado a responsabilidade por estar ocioso, não pode ser privado do benefício por falha da administração. Comprovando o preso em regime fechado ou semiaberto que estava disposto ao trabalho, mas que não foi atendido pela Administração, por falta de condições materiais ou por desídia do responsável pela omissão, não há como negar o direito à remição pelos dias em que o condenado deveria ter desempenhado seu labor.[345]

A posição contrária à "remição virtual" é preconizada por Marcão:

> Não existe juridicamente a figura da remição virtual, assim considerada aquela concedida sem que o condenado tenha de fato e comprovadamente trabalhado, conforme a carga horária exigida, fundamentada na ausência de oferecimento de condições para o trabalho por parte do Estado.[346]

Na mesma toada, Bitencourt explica que o direito à educação e ao trabalho são estabelecidas sob a forma de normas programáticas, que se consubstanciam em programas ou diretrizes traçados pelo Estado para o

---

[344] GRECO, 2022, p. 659.
[345] MIRABETE, 2014, p. 41.
[346] MARCÃO, 2016, p. 213.

atingimento de objetivos, não havendo que se falar em força cogente ou coercitiva da lei na implementação de tais direitos:

> Quando a lei fala que o trabalho é direito do condenado está apenas estabelecendo princípios programáticos, como faz a Constituição quando declara que todos têm direito ao trabalho, educação e saúde. No entanto, temos milhões de desempregados, de analfabetos, de enfermos e de cidadãos vivendo de forma indigna.[347]

Embora haja construções jurídicas em favor da implementação da "remição ficta" no ordenamento jurídico, a maioria da doutrina e jurisprudência corrobora o entendimento pela não aplicabilidade do instituto, sendo os fundamentos baseados essencialmente na falta de previsão legal e na violação do princípio da isonomia, já que alguns presos exerceriam a prática laboral e estudantil e outros não, mas seriam contemplados com os benefícios concernentes à remição.

Refletindo sobre o tema, Nucci busca uma análise mais ponderada sobre o tema, rechaçando o cômputo automático da diminuição da pena frente à inércia do Estado, mas considerando plausível a adoção da "remição ficta" caso se comprove judicialmente a efetiva omissão:

> Em aberto, permanece a antiga questão: no presídio onde inexistir oportunidade de trabalho ou estudo, o que se faz? Pensamos não se possa computar, automaticamente, remição sobre algo inexistente. A deficiência é do Estado, podendo-se instaurar incidente de desvio de execução. Finalizado o incidente, proclamada pelo magistrado a efetiva ocorrência de desvio, intima-se o órgão governamental competente a suprir a falta de trabalho ou estudo em determinado prazo. Se nenhuma medida for tomada, parece-nos correto que o preso, permanecendo à disposição para trabalhar ou estudar, deva ter os dias computados para fins de remição.[348]

A utilização da analogia pode auxiliar no melhor entendimento dessa questão, aplicando ao caso fático uma lei já existente, considerando tratar-se de hipóteses semelhantes. Devido a uma lacuna legislativa, o aplicador da

---

[347] BITENCOURT, 2008, p. 472.
[348] NUCCI, 2014, p. 1042.

lei lança mão da analogia na execução do direito ao caso concreto. Dessa forma, o artigo 126, §4º da lei de execução penal[349] preconiza que, diante da impossibilidade de remição em decorrência de acidente, os presos gozarão da remição da pena. Essa semelhança existe porque, em ambos os cenários, há um evento incontrolável e imprevisível que impede o preso de trabalhar ou estudar. Tal circunstância justificaria a concessão do benefício da remição da pena dada a inércia ou a incapacidade do Estado em fornecer os recursos necessários para o cumprimento das diretrizes da lei de execução penal, bem como o manifesto interesse dos presos em estudar e/ou trabalhar.

Não haveria justificativa para os juízes negarem o benefício aos reclusos, justamente porque há semelhanças visíveis entre o citado artigo da lei e a "remição ficta", já que, em ambas as hipóteses, os presos não deram causa à impossibilidade de trabalhar e/ou estudar: no primeiro caso, em decorrência de acidente não provocado; na segunda hipótese, por ineficiência exclusiva do Estado.

Portanto, não parece lógico, na dimensão fática nem legal, a supressão de direitos em face da omissão exclusiva do Estado, cabendo aos juízes no caso concreto em aplicar a "remição ficta" com base em todos os argumentos colacionados. O paradoxo traduz-se no direito subjetivo do preso em remir a pena por meio do trabalho e educação, contrastando com a ineficiência do Estado na promoção dessas garantias que, aliás, estão preceituadas nos citados diplomas normativos, incluindo a própria Constituição Federal de 1988.

5.4 A INCOMPATIBILIDADE DO SISTEMA DE ENSINO TRADICIONAL À REALIDADE DA PRISÃO

O preso não escolhe estudar, mas o faz em virtude da liberdade antecipada pelos critérios de remição pelo estudo e leitura. Sob essa conjectura é que se deve analisar os aspectos educacionais no âmbito prisional, ou seja, o projeto inicial de remição não partiu dos destinatários do serviço, mas do próprio Estado. Nessa perspectiva, desenvolvem-se todas as discussões acerca do tema dentro das unidades prisionais.

O processo de remição por meio da educação é compreendido como um dos meios de se alcançar a liberdade mais rapidamente, na medida

---

[349] Art. 126, §4º da LEP: o preso impossibilitado, por acidente, de prosseguir no trabalho ou nos estudos continuará a beneficiar-se com a remição.

em que há a diminuição da pena aplicada quando atendidos os requisitos educacionais[350]. Não há registro histórico de qualquer tipo de rebelião ou motim dos presos buscando melhores condições educacionais no interior dos estabelecimentos prisionais, justamente porque a demanda estudantil não partiu dos encarcerados, trata-se de uma opção legislativa para o alcance da liberdade antecipada. Em outros termos, o pressuposto lógico reside no fato de o serviço educacional não estar ancorado em seu público-alvo, ao contrário, satisfaz-se por meio de políticas sociais governamentais.

Acerca da função da educação no âmbito prisional, Onofre defende sua importância como meio eficaz na transformação do sujeito:

> Restringir a função da educação na prisão à redução da ociosidade do tempo de pena é subestimar a potencialidade do trabalho educativo como intervenção positiva na vida das pessoas em situação de privação de liberdade[351].

Em sentido diverso, Silva explica que a realidade se traduz em instrumento para combate ao ócio: "A escola encarcerada atua muito mais como um instrumento de passatempo dos presos, evidenciando um descompromisso com a libertação dos sujeitos que a frequentam do que qualquer possibilidade de natureza educativa"[352].

Na visão de Gadotti[353], o desafio eminente consiste em saber trabalhar com elementos objetivos e subjetivos que tratam das frustrações do preso, sobretudo aliando o ensinamento educacional no auxílio ao reingresso à sociedade que o excluiu. Essas contradições são visíveis na prática prisional, pois caberá ao professor essa função de intermédio entre a reclusão e a liberdade a ser alcançada, mas não como a de outrora, embora o ambiente seja caracterizado permanentemente por conflitos e riscos aflorados. Portanto, preliminarmente, defende-se a prática ampliativa do ensino, elevando-o ao conceito de "conhecimento crítico-emancipador",

---

[350] Na remição pelo estudo, a cada 12 horas de prática estudantil, é possível diminuir um dia de pena. Na remição pela leitura, é possível diminuir quatro dias de pena a cada obra literária lida e avaliada, critério limitado a 12 obras literárias por ano, somando-se 48 dias de remição.

[351] ONOFRE, Elenice Maria Cammarosano. Educação, escolarização e trabalho em prisões: apontamentos teóricos e reflexões do cotidiano. *Cadernos CEDES*, [s. l.], 2016, p. 51.

[352] SILVA, Rodrigo Barbosa. *A escola pública encarcerada*: como o Estado educa seus presos. Tese de Mestrado. Departamento de Educação e Currículo, Pontifícia Universidade Católica de São Paulo, São Paulo, 2004. p. 168.

[353] GADOTTI, Moacir. *Organização do trabalho na escola*: alguns pressupostos. São Paulo: Editora Ática, 1993.

identificando os interesses e as necessidades de aprendizagem da população prisional, bem como as condicionantes da sua situação.

O processo educacional no interior dos estabelecimentos prisionais não deve focar apenas a distribuição de livros didáticos, mas também a compreensão de cada indivíduo ingressante naquele ambiente. A educação como instrumento de controle utilitário deve ceder lugar ao processo de busca pelo conhecimento de si próprio. Maeyer[354] explica que o desejável seria aprofundar no desenvolvimento de encontros, debates e leituras, de modo a proporcionar o processo de autoconhecimento e autonomia interna, com o escopo último de promover o desenvolvimento humano e não apenas o estudo formal. Nesse sentido, Ireland explica o contexto da população prisional:

> Ao perder a sua liberdade, a pessoa presa não perde o seu direito à educação e a outros direitos humanos básicos. Como componente fundamental do processo de ressocialização, a oferta de educação para a população carcerária – em geral, jovens com baixa escolaridade e precária qualificação profissional – não pode se restringir à escolarização e precisa ser articulada com outras ações formativas e assistenciais.[355]

A educação tem o potencial de ocupar a mente daqueles que possuem "tempo de sobra", pode ter efeitos terapêuticos ao amenizar conflitos e tensões dentro do presídio, modificar comportamentos e contribuir para o processo de ressocialização, de maneira a prepará-los para a reintegração produtiva à sociedade, reduzindo, por fim, as taxas de reincidência criminal que acarreta elevados custos sociais e financeiros à sociedade.

Entretanto, no sistema penal brasileiro, ainda prevalecem modelos tradicionais de educação para indivíduos encarcerados, que normalmente envolvem o transporte de estruturas educacionais tradicionais aplicadas no âmbito prisional. Consequentemente, impõe-se um sistema educacional padronizado que desconsidera aspectos singulares dos indivíduos; experiências pedagógicas não são adaptadas à realidade do sistema prisional e, por isso, muitas vezes estão desconectadas das necessidades do preso. Essencialmente, são escolas na prisão, e não da prisão, esvaziadas das complexidades que envolvem o sistema penitenciário.

---

[354] MAEYER, 2006a.
[355] IRELAND. Timothy Denis. Educação em prisões no Brasil: direito, contradições e desafios. *Em Aberto*, Brasília, v. 24, n. 86, 2011. p. 19.

Nesse sentido, a organização internacional de direitos humanos Human Rights Watch[356] aponta que o sistema penitenciário no Brasil não é uniforme, mas composto por várias instituições prisionais distintas. Esses estabelecimentos penais são geridos pelos governos estaduais, ou seja, cada ente possui sua própria estrutura organizacional, e cabe a eles a implementação de políticas de execução penal. Com isso, a realidade das prisões brasileiras é extremamente diversa, variando de região para região, de estado para estado e, muitas vezes, de uma unidade penal para outra. Essa autonomia desfrutada por estados no estabelecimento de políticas penais repercute em vários aspectos, incluindo nos níveis de superlotação, despesas mensais por preso e salários de servidores do estado.

Nesse contexto, Alexandria[357] entende que a educação prisional no Brasil sofre com a ausência de incentivos e financiamentos tanto do governo federal quanto do estadual, resultando em processos de ensino e aprendizagem comprometidos. O Ministério da Educação não fornece diretrizes definitivas, e as práticas aplicadas por cada estado são baseadas no próprio entendimento e inclinação política, inclusive sofrem flutuações associadas a reorganizações administrativas e financeiras de cada ente federativo. Esse descaso com a educação prisional pode levar à desvalorização de um grupo sem acesso aos seus direitos básicos, prejudicando ainda mais o próprio desenvolvimento.

Embora não seja o objetivo sugerir uma educação voltada exclusivamente para as prisões, também não é viável oferecer a mesma educação que antes marginalizou esses indivíduos. Uma abordagem pedagógica centrada em eixos temáticos, geradores de temas e projetos compartilhados com atividades individuais e em grupo, respeitando o ritmo e os níveis de aprendizagem de cada aluno, poderia ser proposta por meio da organização curricular flexível, incentivando os alunos ao rompimento das "amarras" da prisão para avançar na aprendizagem[358]. Ensina Arroyo:

> Os currículos e as didáticas podem se propor como dever do ofício da docência, que ao aprender a ler aprendam a se ler, que ao aprender ciências aprendam explicações científicas sobre seu viver, que ao aprender história aprendam histórias

---

[356] Para mais informações: https://www.hrw.org/legacy/portuguese/reports/presos/resumo.htm.
[357] ALEXANDRIA, 2020.
[358] Ainda não existe um modelo de aprendizagem aplicado ao cárcere. Dessa forma, este pesquisador procurou unir conceitos e definições como sugestão viável de aplicabilidade às pessoas privadas da liberdade.

e memórias, sua história na História, que ao aprender geografia aprendam os sem-sentido dos espaços precarizados, que aprendam os sentidos históricos de suas lutas.[359]

A proposta consiste na criação de uma estrutura curricular flexível que valorize o ritmo e o nível de aprendizagem pessoal de cada aluno, pois é inaceitável continuar com o mesmo sistema educacional que anteriormente os excluiu. É fundamental inspirar esses indivíduos a encarar a educação como uma oportunidade de libertação, apesar das peculiaridades inerentes ao cárcere. Nesse contexto, Frigotto defende que os currículos das diversas disciplinas e atividades devem ser concebidos em conjunto entre si, como sugerem perspectivas pedagógicas:

> A interdisciplinaridade precisa ser compreendida dentro do contexto em que é pensada e produzida: a não atenção ao tecido histórico dentro do qual se produz o conhecimento e as práticas pedagógicas, tem nos levados a tratar a questão da interdisciplinaridade dentro de uma ótica fenomênica, abstrata e arbitrária. Aparece como sendo um recurso didático capaz de integrar, reunir as dimensões particulares dos diferentes campos científicos ou dos diferentes saberes numa totalidade harmônica.[360]

Os espaços prisionais funcionam como verdadeiro "sistema de paradoxos", consistindo em ambiente de confronto e diálogo, resistência e luta, em que se torna necessária a criação de uma educação emancipatória[361] que atinja a todos os reclusos indistintamente. Portanto, não é viável acolher a mera transferência do ensino convencional, currículos, materiais e metodologias para o sistema prisional; a escola precisa ser um local de educação e desenvolvimento de potencialidades para coexistir dentro da prisão e, eventualmente, na sociedade dos chamados "homens livres".

O cárcere deve proporcionar um momento para propor alterações, abordar conflitos e buscar soluções por meio da negociação. É crucial enfatizar que a abordagem linear tradicional dos currículos é desafiada pelas

---

[359] ARROYO, 2011, p. 284.
[360] FRIGOTTO, Gaudêncio. A interdisciplinaridade como necessidade e como problema nas ciências sociais. In: JANTSCH, A. P.; BIANCHETTI, L. (org.). *Interdisciplinaridade para além da filosofia do sujeito*. Petrópolis: Vozes, 2008. p. 52-53.
[361] Compreendida como forma de apresentar ao discente o pensamento crítico e autônomo, em que o sujeito não é visto em sua singularidade, mas reconhecido como parte integrante da pluralidade dos modos de ser, o que contribui para a conquista da autonomia social e instrução do exercício da própria cidadania.

propostas curriculares modernas, intrinsecamente ligadas aos contextos sociais, culturais e políticos em que existem. Sobre a liberdade do método de ensino e aprendizagem na educação não formal, Gohn preceitua:

> A educação não-formal não tem o caráter formal dos processos escolares, normatizados por instituições superiores oficiais e certificadores de titularidades. Difere da educação formal porque essa última possui uma legislação nacional que normatiza critérios e procedimentos específicos. A educação não-formal lida com outra lógica nas categorias espaço e tempo, dada pelo fato de não ter um curriculum definido a priori, quer quanto aos conteúdos, temas ou habilidades a serem trabalhadas.[362]

A educação não formal é um instrumento valioso na formação e desenvolvimento da cidadania, bem como na promoção da aquisição de conhecimentos científicos estruturados em todos os níveis da sociedade e da educação, pois consegue atender com maior naturalidade às necessidades individuais, desenvolvendo laços de pertencimento, necessários ao ambiente carcerário. É particularmente significativo no contexto da educação de jovens e adultos pela sua flexibilidade e caráter interativo, fato que o torna mais suscetível de captar a atenção e a imaginação dos alunos. A oportunidade de participar de atividades de educação não formal pode ajudar a superar a potencial resistência do aluno, principalmente em relação a um assunto específico, pois fornece uma porta de entrada para temas científicos cotidianos apresentados de maneiras novas e envolventes.

A influência das ações educativas deve sempre objetivar a edificação do recluso, criando um ambiente que lhe permita moldar a identidade pessoal ao longo da vida, de maneira a compreender e se reconhecer como indivíduo social. Nos limites de uma prisão, tanto a educação escolar quanto a profissional são componentes necessários da política de execução penal. É crucial implementar uma proposta político-pedagógica voltada para a socioeducação, com o objetivo final de preparar os internos ao retorno social bem-sucedido.

Dessa forma, defende-se a política educacional que priorize o projeto institucional no âmbito da unidade prisional, para que a proposta pedagógica vá ao encontro de uma educação da prisão, e não na prisão. A defesa está calcada na escola que se atente às características e peculiaridades do

---

[362] GOHN, 2014, p. 47.

espaço privativo da liberdade do preso, que se proponha a desenvolver atividades pedagógicas que respeite essa especificidade.

Sob essa vertente, a chamada educação social vai ao encontro da prática não formal, redimensionando o campo teórico e transpondo a escolaridade tradicional ao atendimento das necessidades completas dos indivíduos encarcerados. A ideia defende a abordagem dinâmica que promova um ambiente transformador, permitindo que os indivíduos enfrentem os problemas únicos que surgem no encarceramento.

A atuação reconhece que a luta nesse ambiente necessita de um meio libertador que alcance a autonomia dos indivíduos, em que o sistema educacional não esteja limitado ao espaço físico das escolas tradicionais, mas à totalidade do ambiente prisional. Essa ação exigiria uma reavaliação do próprio conceito de pena de prisão, analisando as implicações e ponderando as vantagens e desvantagens.

Nesse sentido, a educação social almeja que as mudanças ocorram na vida e para a vida de cada indivíduo, fazendo-o refletir sobre a própria existência e apresentando-o mecanismos de emancipação como sujeito autônomo de direitos. Em semelhantes termos, esse processo deve apresentar ao indivíduo encarcerado a oportunidade de interpretar sua própria realidade, cultivar a compreensão da consciência coletiva e reconhecer a relevância de suas ações no contexto social, na medida em que a redução dos malefícios ocasionados pelo encarceramento consolida-se como pilar importante na mudança da realidade e na garantia da dignidade do recluso.

A educação apoia o desenvolvimento de estratégias para gerir a tensão que surge no ambiente prisional e a criação de planos para a vida fora da prisão. Como tal, a atua como um componente vital na redução do impacto negativo do encarceramento e, se abordada pelas lentes da educação social, pode tornar-se uma força central enquanto um campo de possibilidade ao recluso para rever e redirecionar seu "projeto" futuro de vida.

Segundo Julião[363], o espaço de privação de liberdade deve ser encarado como local em que os indivíduos possam socializar e interagir com o conhecimento, componente crucial para a formação e preparo ao retorno social. Para isso, deve-se abandonar a visão convencional e reducionista da educação, que se concentra apenas em informações práticas, muitas vezes desconectadas do mundo contemporâneo. O que se requer é uma filosofia educacional que

---

[363] JULIÃO, 2012.

estimule e amplie as potencialidades e habilidades, a fim de capacitá-los para superar os obstáculos que possam surgir em situações sociais.

De acordo com o entendimento de Onofre[364], o modelo educacional deve compatibilizar as complexidades inerentes ao sistema penitenciário, em que as discussões acerca das relações humanas sejam apresentadas aos reclusos, justamente para que haja a autoanálise de seus comportamentos. Existe uma contradição inerente em mandar as pessoas para a cadeia como forma de punição e esperar que elas recebam uma educação que provavelmente não lhe fora ofertada durante toda sua vida.

No entanto, a existência de escolas prisionais apresenta uma oportunidade de acesso a conhecimentos que antes não estavam disponíveis. Isso poderia potencialmente mudar o paradigma e proporcionar aos presos a chance de exercerem o direito à educação mesmo privados da liberdade. Nesse sentido, almeja-se adesão à educação em que as especificidades do ambiente serão consideradas no projeto pedagógico, buscando o reingresso social conforme estabelece Onofre:

> No contexto prisional, a educação é uma ferramenta adequada para o processo formativo no sentido de produzir mudanças de atitudes e contribuir para a integração social. Ao educador cabe papel relevante nessa tarefa, pois enfrentar os problemas quando em liberdade significa administrar conflitos, analisar contradições, conduzir tensões e dilemas da vida diária.[365]

De maneira a romper definitivamente com o ensino tradicional, Lukács defende uma educação que prepare o indivíduo para as exigências da sociedade:

> [...] consiste em capacitá-los a reagir adequadamente aos acontecimentos e às situações novas e imprevisíveis que vierem a ocorrer depois em sua vida. Isso significa duas coisas: em primeiro lugar, que a educação do homem – concebida no sentido mais amplo possível – nunca estará realmente concluída. Sua vida, dependendo das circunstâncias, pode terminar numa sociedade de tipo bem diferente e que lhe coloca exigências totalmente distintas daquelas, para as quais a sua educação – no sentido estrito – o preparou.[366]

---

[364] ONOFRE, 2016.
[365] *Ibidem*, p. 70.
[366] LUKÁCS, György. *Para uma ontologia do ser social, II*. Tradução de Nélio Schneider, Ivo Tonet e Ronaldo Vielmi Fortes. São Paulo: Boitempo, 2013. p. 130.

Apenas proporcionar aos presos a oportunidade de aprender a ler e a escrever enquanto estão encarcerados não é suficiente para garantir a reintegração bem-sucedida à sociedade. Em comparação aos indivíduos livres, com ampla educação e experiência profissional, os presos que adquirem habilidades de alfabetização na prisão estão em desvantagem significativa. A alfabetização por si só não os motiva a buscarem o aprofundamento dos processos de aprendizagem após o encarceramento, pois priorizam a procura de emprego. Devido aos antecedentes criminais, à falta de qualificação profissional e à alfabetização limitada, suas perspectivas de trabalho são muitas vezes cerceadas, em que o desemprego ou empregos de baixa remuneração acabam se apresentando como a dura realidade.

Por isso, compreende-se que a educação no interior dos estabelecimentos prisionais seja estabelecida por meio da educação social e não formal, ou seja, que tenha bases sólidas na valorização do ser social e flexibilidade da matriz curricular, considerando o aspecto excepcional que os reclusos estão imersos. A educação no âmbito prisional precisa desenvolver muito mais do que a aprendizagem por meio dos livros didáticos, deve transcender o ensino formal em busca da aprendizagem crítica e emancipadora, subterfúgios valiosos para que o preso possa, ao menos minimamente, compreender a sociedade que o excluiu e que brevemente a encontrará novamente.

5.5 A ARQUITETURA REPRESSIVA COMO CARACTERÍSTICA INERENTE AO SISTEMA

A função educativa e o papel da segurança são aspectos importantes que requerem atenção distinta e uma não deve substituir a outra. A educação não deve ser tratada como inferior ou de segunda categoria, traduz-se em um direito básico a ser defendido em todos os ambientes. Julião[367] expõe a necessidade de se abordar cada dimensão individualmente para garantir que seus respectivos significados e propósitos não sejam comprometidos.

A educação e a segurança, no âmbito prisional, são categorias que se apresentam de maneira antagônica no Brasil, na medida em que o espaço do cárcere preconiza a segurança como principal política implementada; enquanto outros aspectos, a exemplo da educação, possuem

---

[367] JULIÃO, 2012.

natureza secundária. Dessa maneira, Foucault[368] (2000) entende que a educação, no interior da unidade prisional, com sua arquitetura única e salas designadas, cria um espaço alternativo dentro do espaço-tempo do encarceramento, o que pode ser considerado uma heterotopia, um lugar real, mas temporário, tal como a própria prisão.

Os representantes escolares incluídos nos estabelecimentos prisionais exercem o controle limitado sobre suas operações, devido à dependência da gestão prisional, justamente em decorrência da infraestrutura predial arquitetada para fins penais e não estudantis, conforme Onofre:

> A arquitetura dos presídios é agressiva e violenta: muralhas altas, fios dentados de arame farpado, muitos portões de ferro com cadeados, grades nas janelas, vigias, guardas, metralhadoras. Tais dispositivos dizem por si mesmos a que se destinam: estabelecer e manter limites, separar, segregar. Esse cenário é a reprodução do imaginário desumano e repressor ou do mito que a sociedade em geral cria sobre o mundo dos "condenados".[369]

No mesmo sentido, Abreu explica que a tarefa educacional não é simples, muito em virtude do espaço propriamente dito e da falta de profissionais capacitados:

> O cárcere é um 'espaço geograficamente repleto de contradições'. É um lugar em que vivem pessoas de diferentes idades, classes sociais e que estão pagando a pena por ter cometido os mais variados "crimes", desde pequenos furtos até homicídios ou estupros. Ao mesmo tempo em que possui homens e mulheres que praticaram atos definidos como "erros" ou delitos e estão privadas de liberdade, há também os que cometeram e continuam praticando crimes dentro e fora da prisão, seja contra um cidadão extramuros, um servidor prisional ou outro detento. Além disso a oferta de educação escolar, não se constitui tarefa simples, como não o é fora das prisões; um dos aspectos são os espaços destinados para a escolarização e também pela escassez de profissionais capacitados e interessados em trabalhar em um presídio.[370]

---

[368] FOUCAULT, 2000.

[369] ONOFRE, Elenice Maria Cammarosano. *Educação escolar na prisão*: o olhar de alunos e professores. Jundiaí: Paco Editorial, 2014, p. 35.

[370] ABREU, Janisley Gomes de. *Os desafios da educação na prisão*. Territorial. Caderno Eletrônico de Textos, Goiânia: Profissionais Instituições de Ensino, v. 6, n.º 8, 2016, s/p.

O próprio espaço físico carrega em si a contradição: local que simultaneamente exclui para reinserir, utilizando artifícios duvidosos de reinserção, nesse caso, o trabalho e a educação. Como promover a ressocialização e a consequente mudança de paradigma do preso, se os instrumentos utilizados se mostram ineficazes? A educação crítica e autônoma são utopias distantes de se concretizar, já que o espaço carrega a exclusão como característica intrínseca de sua estrutura.

Na visão de Onofre[371], existem duas ideologias conflitantes em torno do conceito de ressocialização no espaço prisional: a primeira fundamenta-se no princípio da educação, que encara o tempo de prisão como uma oportunidade de crescimento e transformação pessoal. A segunda ideologia, representada pela cultura da prisão, é caracterizada pela repressão, ordem e disciplina, e busca adaptar o indivíduo à vida atrás das grades, resultando em uma resposta mecânica às ações individuais. Essa situação paradoxal exige uma reconciliação entre a lógica da segurança e a da educação, convergindo para o objetivo singular de conduzir o indivíduo encarcerado à reintegração na sociedade. Sobre esses dois vieses, Vidolin:

> [...] a escola pode cumprir dois importantes papéis, dependendo da forma como é encarada: pode servir como um claro mecanismo de adequação dos indivíduos, introjetando neles valores e regras sugeridos pela instituição prisional ou, até mesmo, levar em consideração as visões sociais a respeito de como deve ser um condenado; ou pode, por meio de uma concepção educacional libertadora, viabilizar que a pessoa privada de liberdade liberte-se das amarras que a prendem a uma condição de exclusão social.[372]

Dessa forma, a prisão não pode simplesmente se transformar em escola, porque há objetivos distintos afetos ao mesmo espaço. A finalidade da educação consiste em auxiliar os indivíduos no reconhecimento da necessidade de superar as condições desumanizantes e de isolamento que são produzidas pela e na prisão, além de desenvolver um projeto para a vida em liberdade. Assim, fica evidente que a educação pode desempenhar o papel na redução do impacto negativo do encarceramento decorrente da exclusão dos direitos sociais extramuros e das consequências do encarceramento.

---

[371] ONOFRE, Elenice Maria Cammarosano. *Educação escolar na prisão: o olhar de alunos e professores*. Jundiaí: Paco Editorial, 2014.

[372] VIDOLIN, Lucimara Aparecida de Moura. *Educação no sistema prisional: desafios, expectativas e perspectivas*. Dissertação (Mestrado em Educação) - UTP, Curitiba, 2017, p. 101.

No tocante à contrariedade intrínseca do sistema, pontua Paixão: "Os sistemas penitenciários brasileiros, antes de enfrentarem os paradoxos de recuperação, fracassam nos requisitos mínimos da custódia – garantir a existência do prisioneiro e a satisfação de suas necessidades básicas"[373]. Essa dinâmica muitas vezes dificulta a implementação dos planos pedagógicos das escolas. A relação entre os representantes é tênue, e muitas vezes tensa, sendo as interações restritas ao espaço escolar, porque na prática as instituições se revelam como contraditórias: a escola possui a função precípua de formar sujeitos autônomos e críticos; enquanto a prisão revela seu caráter segregador e repressivo na função punitiva.

5.6 A POSSIBILIDADE DE REMUNERAÇÃO ABAIXO DO SALÁRIO-MÍNIMO

O legislador brasileiro decidiu não conceder direitos celetistas aos presos em razão da ausência de liberdade no ato da celebração do contrato, pois entendeu que a sentença condenatória impossibilitaria a celebração de contrato, uma vez que o trabalho prisional possui a característica da obrigatoriedade. O direito trabalhista clássico trata apenas do trabalho de indivíduos que possuem a liberdade de escolher seu empregador e seu emprego; como o trabalho prisional não se enquadra nesta categoria, não é considerado uma questão significativa no direito do trabalho, o que levou à criação do artigo 28 da lei de execução de penal, inspirado no item 57 da exposição de motivos n.º 213[374] de 1983.

O citado artigo[375] estabelece que o trabalho do custodiado não se sujeita ao regime jurídico da consolidação das leis do trabalho, preceituando o pagamento de salário aquém do mínimo legal, podendo alcançar o patamar de ¾ do salário-mínimo; outros direitos não são previstos aos trabalhadores privados da liberdade, como férias, 13º salário, fundo de garantia por tempo de serviço, adicionais etc., além da prerrogativa de celebrar o contrato de trabalho.

---

[373] PAIXÃO, Luiz Antônio. *Recuperar ou Punir?* Como o Estado trata o criminoso. São Paulo: Ed. Autores Associados, 1987. p. 24.

[374] Exposição de motivos n.º 57: procurando, também nesse passo, reduzir as diferenças entre a vida nas prisões e a vida em liberdade, os textos propostos aplicam ao trabalho, tanto interno como externo, a organização, métodos e precauções relativas à segurança e à higiene, embora não esteja submetida essa forma de atividade à Consolidação das Leis do Trabalho, dada a inexistência de condição fundamental, de que o preso foi despojado pela sentença condenatória: a liberdade para a formação do contrato.

[375] Art. 28 da LEP: o trabalho do condenado, como dever social e condição de dignidade humana, terá finalidade educativa e produtiva. § 2º O trabalho do preso não está sujeito ao regime da Consolidação das Leis do Trabalho.

Tabela 6 – população prisional por remuneração[376]

Ano	Total de presos	Atividades laborais	Universo da pesquisa[377]	Apenas remição (A)	Menos que ¾ do salário (B)	Sem remuneração até menos que ¾ do salário (A + B)
2016	695.847	127.040	41.330	46,38%	13,39%	59,77%
2017	696.719	133.310	46.371	47,80%	11,31%	59,11%
2018	713.916	136.016	54.912	39,57%	23,36%	62,93%
2019	730.515	142.832	96.487	42,85%	25,48%	68,33%
2020	667.541	105.140	77.612	44,70%	23,69%	68,39%
2021	669.916	129.133	96.272	46,33%	27,56%	73,89%
2022	642.638	149.012	122.905	48,16 %	22,13%	70,29%
2023	642.491	159.319	140.500	49,10%	18,73%	67,83%

Fonte: elaboração do autor com base no banco de dados do Sistema de Informações do Departamento Penitenciário Nacional (SISDEPEN)

Observa-se que, desde o ano de 2016, o percentual de reclusos que exerce apenas a remição, sem nenhum tipo de contraprestação salarial, chega a quase 50% do total, ou seja, a garantia remuneratória estabelecida na lei não atinge a dimensão prática. Quando ocorre, percebe-se que a remuneração não alcança o patamar de um salário-mínimo. No ano de 2023, por exemplo, a prática da remição sem compensação financeira ou realizada em valor inferior a ¾ do salário-mínimo alcançou o índice de 67% do universo da pesquisa. Nota-se que a prática laboral não é garantia absoluta àqueles que estão privados da liberdade, assim como não é o trabalho remunerado, estando o Estado em severo déficit daquilo que está preconizado na legislação de execução penal.

Nesse contexto, Carvalho estabelece uma crítica quanto à retirada de direitos dos reclusos: "[...] sobrepondo disciplina aos direitos, acaba-se por relegar o condenado à condição de objeto desprovido de direitos

---

[376] Presos em celas físicas da justiça estadual.
[377] Pessoas com informação sobre remuneração em relação a pessoas em atividades laborais.

(apátrida)"[378]. Dessa forma, faz-se necessário reconhecer a existência de vínculo empregatício no contexto prisional, pois o princípio da priorização da realidade deve ser empregado nos casos em que todos os componentes que definem uma relação de trabalho estejam presentes, independentemente de qualquer oposição legal.

Em semelhantes termos, Coutinho explica que a restrição à liberdade não retira do indivíduo a capacidade para o exercício dos atos da vida civil:

> Ora, não há trabalho como pena, na forma forçada. [...] há na aplicação da pena uma restrição na liberdade de locomoção do preso, no ir e vir, restando confinado no estabelecimento penitenciário durante o tempo previsto na sentença condenatória; sempre com a possibilidade de progressão do regime fechado ao aberto ou, ao contrário, regressão. Não perde, porém, a liberdade jurídica geral, a autonomia privada ou a capacidade civil ou laboral.[379]

O artigo 7º da Constituição Federal de 1988[380] estabelece que o salário-mínimo deve atender às necessidades precípuas do indivíduo, como alimentação, educação, saúde, lazer, vestuário, higiene, transporte e previdência social. Algumas vozes se levantam para dizer que o recluso não necessita da integralidade do salário-mínimo porque o Estado lhe oferta (ao menos em tese) alguns direitos mínimos estabelecidos no citado artigo. Esse raciocínio fundamenta-se em "tratar os desiguais de forma diferente", já que não seria plausível ao trabalhador livre receber a mesma quantia do recluso.

O pressuposto do tratamento diferenciado se perfaz na liberdade de celebração contratual: o trabalhador livre tem a liberdade de pensar e decidir acerca das condições do contrato de trabalho, contudo aquele em privação da liberdade não possui a prerrogativa de se manifestar livremente, justamente pela obrigação de executar as atividades que lhes são impostas, sob pena da incidência de sanções disciplinares em caso de descumprimento. A ressalva fica por conta do preso condenado que se

---

[378] CARVALHO, Salo de. *Penas e garantias*. Rio de Janeiro: Lumen Juris, 2008. p. 176.
[379] COUTINHO, 1999, p. 18.
[380] Art. 7º da CF: são direitos dos trabalhadores urbanos e rurais, além de outros que visem à melhoria de sua condição social: IV - salário-mínimo, fixado em lei, nacionalmente unificado, capaz de atender a suas necessidades vitais básicas e às de sua família com moradia, alimentação, educação, saúde, lazer, vestuário, higiene, transporte e previdência social, com reajustes periódicos que lhe preservem o poder aquisitivo, sendo vedada sua vinculação para qualquer fim.

encontra em regime aberto, ocasião em que o eventual contrato celebrado deve se sujeitar aos ditames da consolidação das leis do trabalho.

Não obstante os argumentos em sentido contrário, a corrente majoritária entende que a ausência da liberdade na manifestação da vontade retira do preso as garantias da legislação trabalhista, nos moldes da exposição de motivos n.º 213 mencionada anteriormente. Portanto, não é reconhecido o vínculo empregatício ao preso que presta serviços com a finalidade de reintegração social, o que afronta sobremaneira o artigo 38 do código penal[381] no que tange aos direitos não atingidos pela privação da liberdade, sendo o trabalho uma garantia constitucional.

Mirabete[382] explica que a doutrina entende que o trabalho prisional não deve se sujeitar ao regime da consolidação das leis do trabalho por ser um dever que decorre da falta de liberdade oriunda da condenação criminal, considerado uma obrigação integrante da pena. Consequentemente, o requisito essencial do trabalho voluntário — nomeadamente, a liberdade de celebrar um contrato de trabalho — é removido daqueles que foram condenados, na medida em que a pena privativa de liberdade acarreta certas limitações que não existem para os trabalhadores livres. Como tal, os condenados à privação da liberdade não gozam dos direitos a férias, 13º salário e outros benefícios que normalmente são concedidos aos cidadãos em liberdade.

Nessa mesma toada acerca da restrição de direitos dos reclusos, o artigo 29 da lei de execução penal[383] preceitua que a remuneração não poderá ser inferior a ¾ do salário-mínimo vigente no país, constituindo fonte de renda importante em relação à indenização dos danos causados pelo delito e assistência à família. A doutrina divide-se quanto ao assunto:

A primeira corrente entende que a Constituição Federal de 1988 não estabeleceu distinção entre os trabalhadores quanto ao recebimento do salário-mínimo, conforme preceitua o artigo 7ª, IV da Carta Superior[384].

---

[381] Art. 38 do CP: o preso conserva todos os direitos não atingidos pela perda da liberdade, impondo-se a todas as autoridades o respeito à sua integridade física e moral.

[382] MIRABETE, 2014.

[383] Art. 29 da LEP: o trabalho do preso será remunerado, mediante prévia tabela, não podendo ser inferior a 3/4 (três quartos) do salário-mínimo.

[384] Art. 7º, IV da CF: são direitos dos trabalhadores urbanos e rurais, além de outros que visem à melhoria de sua condição social: IV - salário-mínimo, fixado em lei, nacionalmente unificado, capaz de atender a suas necessidades vitais básicas e às de sua família com moradia, alimentação, educação, saúde, lazer, vestuário, higiene, transporte e previdência social, com reajustes periódicos que lhe preservem o poder aquisitivo, sendo vedada sua vinculação para qualquer fim.

Dessa forma, parte da doutrina sustenta a inconstitucionalidade do artigo 29 da lei de execução penal, pois o preso exerce uma atividade produtiva nos moldes preconizados em lei, não havendo espaço para a distinção entre trabalhadores livres e privados de liberdade, muito bem explicado por Alvim:

> A Lei de Execuções Penais estabelece que, apesar de trabalhar, o preso não estará sujeito ao regime da Consolidação das Leis do Trabalho e, portanto, dos direitos que dela se extraem. Há, ainda, previsão expressa da possibilidade de redução do salário para aquém do mínimo constitucional, podendo ser de até três quartos daquele estabelecido. Ainda que não dispostos expressamente, outros direitos sociais fundamentais garantidos a todo trabalhador em regime celetista são alijados com a exceção, tais como férias, medidas de proteção, décimo terceiro salário, Fundo de Garantia por Tempo de Serviço, igualdade no tratamento, licenças, adicionais, dentre tantos outros. Mais do que isso, o preso se vê desprovido da própria liberdade para a formação do contrato, isto é, de sua capacidade civil.[385]

Na mesma perspectiva, Freire arremata:

> Havendo as características de habitualidade, subordinação e salário que qualificam o vínculo de emprego, estabelecidas pela legislação trabalhista, excetuar a situação de algum trabalhador é privá-lo de direitos sociais constitucionalmente estabelecidos. Fere-se, ainda, o princípio constitucional da isonomia, uma vez que confere tratamento diferenciado a uma categoria de pessoas pela única razão de terem sido condenadas criminalmente à pena privativa de liberdade – e a nenhum outro direito, frise-se, que não a liberdade.[386]

A segunda corrente entende que o recluso não está sujeito à consolidação das leis do trabalho devido aos propósitos educacionais e produtivos inerentes ao processo de ressocialização por meio da remição, não se comparando aos trabalhadores livres. O salário-mínimo tem por objetivo atender às necessidades básicas, como moradia, alimentação, educação, saúde, lazer etc. Dessa feita, a vertente advoga no sentido de que o Estado já disponibiliza uma série de garantias básicas que o salário-

---

[385] ALVIM, 1991, p. 39.
[386] FREIRE, Christiane Russomano. *A violência do sistema penitenciário brasileiro contemporâneo*: o caso RDD. São Paulo: IBCCRIM, 2005, p. 101.

-mínimo almeja satisfazer, como o alojamento, a alimentação, a educação, o vestuário etc., além de receber benefício de remir a pena à proporção de um dia de pena a cada três dias de trabalho. Essa diretriz foi adotada pelo Supremo Tribunal Federal:

> O patamar mínimo diferenciado de remuneração aos presos previsto no artigo 29, caput, da Lei n.º 7.210/1984 (lei de execução penal) não representa violação aos princípios da dignidade humana e da isonomia, sendo inaplicável à hipótese a garantia de salário-mínimo prevista no artigo 7º, IV, da Constituição Federal.[387]

Sob a ressalva das posições majoritárias sobre os direitos dos reclusos, do ponto de vista jurídico, a regulamentação do trabalho prisional revela-se inconstitucional, pois retira dos reclusos os direitos sociais fundamentais. A incongruência traduz-se exatamente no processo de reabilitação do preso: se o escopo do trabalho prisional é a ressocialização, a percepção de remuneração aquém do salário-mínimo perde o seu propósito, porque os presos receberiam menos do que qualquer outro trabalhador livre, exclusivamente pela condição de estarem privados da liberdade

Portanto, é imperativo exigir a regularização das normas aplicáveis ao trabalho prisional, o que não significa que a forma como o trabalho é incluído na execução penal seja aceitável, situação ainda mais precarizada em comparação à classe trabalhadora extramuros. No atual estágio do capitalismo, não ser incluído nas relações trabalhistas ou sê-lo de maneira completamente marginalizada em relação aos direitos e garantias conduz a condições ainda mais degradantes e instáveis do que as experimentadas pelos cidadãos livres. Essa discriminação ilógica proporciona a exploração do trabalho do preso em prejuízo da intenção do trabalho prisional: a reintegração social.

5.7 A EXPLORAÇÃO DO TRABALHO PRISIONAL POR MEIO DE CONVÊNIO COM EMPRESAS PARTICULARES

Internamente, a atividade laboral no âmbito dos estabelecimentos prisionais deve obedecer à individualidade de cada preso, ou seja, cabe à direção do estabelecimento ofertar cenários que abarquem a habilidade e a condição pessoal com a oferta de trabalho, para auxiliar no processo

---

[387] BRASIL. Supremo Tribunal Federal. *Ação de descumprimento de preceito fundamental n.º 45*-MC-DF, Rel. Min. Celso de Mello, noticiada no Informativo 345, 2021.

de reintegração social. Assim, por exemplo, caso haja um pedreiro em pena privativa de liberdade, a unidade prisional deverá se esforçar para promover o mesmo tipo de trabalho ou algo similar, para que haja o aproveitamento das habilidades do recluso.

Os trabalhos de natureza industrial, agrícola ou manual são permitidos nos estabelecimentos prisionais; a exceção fica por conta do artesanato, conforme estabelece o artigo 32, §1º da lei de execução penal[388], em razão da dificuldade de reinserção no mercado de trabalho. A lei estabelece a permissão para a função artesanal em regiões turísticas, desde que haja expressão econômica no trabalho, ou em estabelecimentos prisionais que não ofereçam outros trabalhos de qualificação profissional. Segundo Prado *et al.*: "[...] na falta de atividade adequada ao escopo da lei, não se poderá cercear esta atividade, podendo também aquele que desenvolve a atividade artesanal ser beneficiado com o instituto da remição da pena"[389]. Dessa forma, o preso será contemplado com a remição pelo trabalho, mesmo que artesanal.

Sobre a sistematização do trabalho, Lima explica que geralmente a força de trabalho é utilizada na própria unidade penal:

> O trabalho interno pode ser conceituado como aquele realizado no interior do estabelecimento prisional, e subordinado à própria administração penitenciária ou a terceiros, sob gerência de fundação ou empresa pública ou mediante convênio com empresa privada. Geralmente consiste no aproveitamento da mão de obra dos condenados na construção, reforma, conservação e melhoramento dos próprios estabelecimentos prisionais, assim como em serviços auxiliares, a exemplo de enfermarias, cozinhas e lavanderias.[390]

Embora seja um direito subjetivo individual em face do poder público, o que se observa é a ausência de recursos materiais e humanos para disponibilizar o trabalho a todos os encarcerados. A omissão estatal acaba impacta negativamente o processo de remição do preso, já que a lei estabelece o desconto de um dia de pena para três dias trabalhados, sendo instrumento importante no processo de reaproximação social.

---

[388] Art. 32, §1º da LEP: na atribuição do trabalho deverão ser levadas em conta a habilitação, a condição pessoal e as necessidades futuras do preso, bem como as oportunidades oferecidas pelo mercado. § 1º Deverá ser limitado, tanto quanto possível, o artesanato sem expressão econômica, salvo nas regiões de turismo.
[389] PRADO, 2013, p. 84.
[390] LIMA, 2022, p. 90.

Com a atual crise do sistema penitenciário, observa-se a utilização do trabalho prisional como forma de cortar gastos com a contratação de funcionários qualificados, a exemplo dos serviços de cozinha e limpeza no interior dos estabelecimentos prisionais. De acordo com Mirabete: "[...] é um modo não só de ocupá-los na forma determinada pela lei, como também um dos meios para a redução de gasto público"[391].

O trabalho prisional acaba sendo uma fonte de economia para o Estado, que muitas vezes justifica a ausência de condições para a individualização do trabalho dos presos, argumentando, entre outros fatores, a escassez de servidores para procederem à vigilância, alocando-os em funções simples como reforma, pintura, cozinha e limpeza sob o discurso de que o processo de remição foi colocado à disposição, mesmo que distante das habilidades do detento. Apesar de ser permitido ao Estado aproveitar a força de trabalho dos sentenciados, é preciso ponderar se isso não descaracterizaria as finalidades do trabalho penitenciário. Talvez seja a contradição com maior incidência nas unidades prisionais: a precarização do trabalho como justificativa pela indisponibilidade em oferecer a individualização do trabalho ao recluso.

Externamente, o trabalho tem por objetivo construir progressivamente o reingresso do condenado à sociedade. Dessa feita, o artigo 36 da lei de execução penal[392] prescreve que o preso em regime fechado poderá trabalhar em serviços ou obras da administração pública e entidades privadas, sendo necessária a cautela em relação a eventual possibilidade fuga, ou seja, há a necessidade de escolta policial para tal finalidade. O trabalho externo é admissível aos presos integrantes do regime semiaberto, previsto no artigo 35, §2º do código penal[393], sendo permitido em obras ou serviços privados e públicos, sem qualquer restrição neste sentido, nem mesmo a vigilância por meio de escolta policial. Segundo o artigo 36, §1º do código penal[394], os presos do regime aberto poderão trabalhar, frequentar cursos ou outras atividades sem a escolta policial, sendo o vínculo laboral regido pela consolidação das leis trabalhistas, sem a contabilização do tempo para fins

---

[391] MIRABETE, 2014, p. 94.
[392] Art. 36 da LEP: o trabalho externo será admissível para os presos em regime fechado somente em serviço ou obras públicas realizadas por órgãos da Administração Direta ou Indireta, ou entidades privadas, desde que tomadas as cautelas contra a fuga e em favor da disciplina.
[393] Art. 35, § 2º do CP: o trabalho externo é admissível, bem como a frequência a cursos supletivos profissionalizantes, de instrução de segundo grau ou superior.
[394] Art. 36, § 1º do CP: o condenado deverá, fora do estabelecimento e sem vigilância, trabalhar, frequentar curso ou exercer outra atividade autorizada, permanecendo recolhido durante o período noturno e nos dias de folga.

de remição de pena, já que a permanência em regime aberto está atrelada ao próprio trabalho, nos moldes do artigo 114, I da lei de execução penal[395].

O Superior Tribunal de Justiça já se pronunciou acerca da dificuldade de alocação de presos em regime fechado em obras externas: "Sobressai a impossibilidade prática de concessão da medida, se evidenciado que não há como se designar um policial, diariamente, para acompanhar e vigiar o preso durante a realização dos serviços extramuros"[396].

Situações envolvendo a deficiência de instalações voltadas ao trabalhado e suas consequências foram lembradas por Nucci:

> Temos, lamentavelmente, em algumas localidades, por todo o Brasil, situações incompatíveis com o preceituado nesta Lei. Por ausência de instalações apropriadas no estabelecimento fechado, mas também não tendo condições de providenciar escolta, alguns magistrados têm autorizado o trabalho externo do preso, sem nenhuma vigilância. É a consagração da falência do sistema carcerário, pois tal método de cumprimento da pena equivale ao regime aberto, ou seja, o presídio, para o regime fechado, torna-se autêntica Casa do Albergado, na prática. O prejuízo, nesse caso, quem experimentará será a sociedade, pois se a pessoa deve estar recolhida em regime fechado, não pode circular livremente pelas ruas, como se nenhuma punição houvesse. As consequências são imponderáveis e totalmente imprevisíveis.[397]

Para que o preso tenha seu pedido deferido ao trabalho externo, é preciso que satisfaça os requisitos subjetivos e objetivos. Aquele se refere à aptidão, disciplina e responsabilidade do custodiado, para se evitar problemas relacionados à fuga durante a execução do trabalho extramuros, sendo comprovado pela ausência de punições disciplinares ou atestado de boa conduta carcerária. Objetivamente, o artigo 37 da lei de execução penal[398] estabelece o cumprimento mínimo de 1/6 da pena aplicada, passível de

---

[395] Art. 114, I da LEP: somente poderá ingressar no regime aberto o condenado que: I - estiver trabalhando ou comprovar a possibilidade de fazê-lo imediatamente.

[396] BRASIL. Superior Tribunal de Justiça, 5ª turma. *Recurso Especial n.º 585.727/DF*. Rel. Min.º Gilson Dipp, 2004, s/p.

[397] NUCCI, Guilherme de Souza. *Curso de execução penal*. 1. ed. Rio de Janeiro: Forense, 2018, p. 59.

[398] Art. 37 da LEP: a prestação de trabalho externo, a ser autorizada pela direção do estabelecimento, dependerá de aptidão, disciplina e responsabilidade, além do cumprimento mínimo de 1/6 (um sexto) da pena. Parágrafo único. Revogar-se-á a autorização de trabalho externo ao preso que vier a praticar fato definido como crime, for punido por falta grave, ou tiver comportamento contrário aos requisitos estabelecidos neste artigo.

revogação a prática de fato definido como crime, a punição por falta grave e o comportamento contrário ao estabelecido no artigo da lei, ou seja, o apenado deve agir com responsabilidade e disciplina em sua atividade laborativa.

De acordo com o artigo 34 da lei de execução penal[399], o trabalho poderá ser gerenciado por empresa pública ou fundação com autonomia administrativa, tendo por finalidade a formação profissional do custodiado. Embora não seja autorizada a coordenação por entidades privadas, que possuem a finalidade precípua de acumular capitais, o artigo 34, §2º da lei de execução penal[400] autoriza a celebração de convênios para a implantação de oficinas de trabalho no interior das unidades. A responsabilidade pela gestão do trabalho prisional permanece com o Estado, que pode celebrar convênio com a iniciativa privada e arrecadar valores destinados aos cofres públicos.

A força de trabalho é disputada[401] pelas empresas privadas, que visam à redução de seus custos de produção por meio da contratação da força de trabalho barata e disciplinada. Nesse contexto, há duas situações perigosas, embora legais: a incidência na livre concorrência pela contratação do trabalho prisional barato, além do enriquecimento realizado por meio da exploração legalizada do trabalhador prisional. Sobre a remuneração do preso e a possibilidade de lucro por empresas privadas, explica Nucci:

> Trabalho de condenado não pode gerar lucro para empresas privadas, pois é uma distorção do processo de execução da pena. O preso receberia, por exemplo, 3/4 do salário-mínimo e produziria bens e produtos de alto valor, em oficinas montadas e administradas pela iniciativa privada, que os venderia e ficaria com o lucro, sem nem mesmo conferir ao condenado os benefícios da CLT (lembremos da vedação estabelecida pelo artigo 28, § 2.º, desta Lei). Tal situação seria ilegal e absurda. O cumprimento da pena e o exercício do trabalho pelo preso não têm por fim dar lucro. É um ônus estatal a ser suportado. Se, porventura, houver lucro na organização e administração da atividade laborativa do condenado, a este e ao Estado devem ser repartidos os ganhos. Por ora, é a previsão legal.[402]

---

[399] Art. 34 da LEP: o trabalho poderá ser gerenciado por fundação, ou empresa pública, com autonomia administrativa, e terá por objetivo a formação profissional do condenado.

[400] Art. 34, § 2º da LEP: Os governos federal, estadual e municipal poderão celebrar convênio com a iniciativa privada, para implantação de oficinas de trabalho referentes a setores de apoio dos presídios.

[401] No modo de produção capitalista, a concorrência em se apropriar da força de trabalho com custo residual é uma fonte necessária para que alguns ramos da produção possam ampliar a expropriação da força de trabalho e conquistar lucros expressivos.

[402] NUCCI, 2018, p. 58.

Havendo a implantação de empresas dentro das unidades prisionais, públicas ou privadas, caberá a elas promoverem e supervisionar a produção, valendo-se de métodos e critérios empresariais, além da comercialização, bem como de suportar as despesas.

O artigo 35 da lei de execução penal[403] autoriza a administração pública comprar os bens produzidos pelos presos, sempre que não for possível a venda ao setor privado. Dessa maneira, entende-se que os bens devem ser vendidos aos particulares; caso não seja possível, a administração direta ou indireta pode realizar a aquisição com dispensa de licitação, sendo o valor arrecadado revertido em favor da fundação ou empresa pública responsável pela gerência do trabalho ou, na sua falta, em favor do estabelecimento prisional.

Importante lembrar a ausência de vínculo empregatício na execução do trabalho, excepcionado apenas por aqueles que se encontram em regime aberto de execução de pena, garantido a eles a liberdade para a celebração de contratos privados. De acordo com o artigo 36, §1º da lei de execução penal[404], o número máximo de presos será de até 10% da obra pública, em virtude da dificuldade de fiscalização e vigilância dos custodiados pelo Estado. O Decreto n.º 9.450/2018 regulamentou o artigo 40, §5º da Lei n.º 8.666/93 (lei de licitações)[405] no âmbito da contratação de serviços, sendo lícito à administração pública a exigência de contratação de percentual mínimo de preso ou egresso no contrato com ente privado, em conformidade com o artigo 5º do referido decreto[406]. A não observância pode ocasionar a rescisão do contrato e sanções previstas na lei de licitações.

De acordo com Matos, o trabalho prisional passou a ser entendido como marco gerador de lucro para as empresas privadas por meio de convênios com o Estado: "Os trabalhos parcamente oferecidos em geral

---

[403] Art. 35 da LEP: os órgãos da Administração Direta ou Indireta da União, Estados, Territórios, Distrito Federal e dos Municípios adquirirão, com dispensa de concorrência pública, os bens ou produtos do trabalho prisional, sempre que não for possível ou recomendável realizar-se a venda a particulares. Parágrafo único. Todas as importâncias arrecadadas com as vendas reverterão em favor da fundação ou empresa pública a que alude o artigo anterior ou, na sua falta, do estabelecimento penal.

[404] Art. 36, §1º da LEP: o limite máximo do número de presos será de 10% (dez por cento) do total de empregados na obra.

[405] Art. 40, § 5º da lei n.º 8666/93: a Administração Pública poderá, nos editais de licitação para a contratação de serviços, exigir da contratada que um percentual mínimo de sua mão de obra seja oriundo ou egresso do sistema prisional, com a finalidade de ressocialização do reeducando, na forma estabelecida em regulamento.

[406] Art. 5º do decreto n.º 9.450/2018: na contratação de serviços, inclusive os de engenharia, com valor anual acima de R$ 330.000,00 (trezentos e trinta mil reais), os órgãos e entidades da administração pública federal direta, autárquica e fundacional deverão exigir da contratada o emprego de mão de obra formada por pessoas presas ou egressos do sistema prisional, nos termos do disposto no §5º do art. 4º da Lei n.º 8.666, de 21 de junho de 1993.

não contribuem para a qualificação do trabalhador, são norteados pela subalternização e atraso dos instrumentos se comparados aos utilizados no mundo do trabalho livre"[407]. Em similares termos, as atividades oferecidas no interior dos presídios pelas empresas privadas não possuem o viés de aprimoramento profissional necessário ao reingresso social do recluso, mas nítida expressão da exploração do trabalho barato, uma vez que recebem a remuneração abaixo do mínimo legal e ausente dos direitos trabalhistas.

A exploração laboral choca-se com o objetivo de ressocialização dos presos, pois se transformam em fonte de força de trabalho altamente lucrativa para as empresas, abundante e barata. Portanto, a lógica subjacente ao envolvimento de entidades privadas no sistema prisional é principalmente exploratória, em que empregos normalmente disponibilizados são de natureza rudimentar, envolvendo trabalho manual ou tarefas mecânicas que exigem pouca ou nenhuma experiência e raramente exigem que os reclusos utilizem suas capacidades cognitivas.

Não há incidência da legislação trabalhista sobre os presos, motivo pelo qual o valor do produto final acaba sofrendo significativa incidência, além de não haver a preocupação com greves, paralisações, licenças e faltas, pois a estrutura prisional acaba por inviabilizar qualquer ato de insubordinação individual ou coletiva no interior de suas dependências. A precarização do trabalhador enclausurado impacta a regulação da mão de obra ofertada externamente, pois não haveria motivo, visto do ponto de vista econômico, para a contratação de um trabalhador livre se há a possibilidade de usufruir do serviço prestado pelo trabalho prisional.

A contratação dos detentos para trabalhos simples e precários revela-se extremamente vantajosa aos empresários, pois, no contrato celebrado com o Estado, não haverá o pagamento de salários e meios de produção, gerando um vínculo rentável sob a ótica da acumulação de capital. Em síntese: o trabalho acaba por se estabelecer como ferramenta de lucro para as empresas privadas que, em parceria com o Estado, disponibilizam a matéria-prima utilizada pelos trabalhadores prisionais, remunerados em ¾ do salário-mínimo vigente e sem direitos estatuídos na legislação trabalhista. Há, portanto, notória discrepância salarial entre aqueles que exercem o mesmo serviço, sendo criticado com veemência por Nucci:

---

[407] MATOS, Lucas Vianna. Entre o discurso e a prisão: elementos para uma análise do trabalho prisional no Brasil contemporâneo. *Revista Eletrônica Direito e Sociedade*, [s. l.], v. 4, 2016, p. 129.

> Segundo nos parece, colocado em trabalho externo, o preso deve perceber o mesmo montante que outro trabalhador, desempenhando exatamente as mesmas tarefas, recebe, respeitadas, logicamente, as situações peculiares, como, por exemplo, verbas e gratificações de ordem pessoal que o empregado pode ter e o preso não possuirá. Situação injusta e inadmissível seria pagar ao preso 3/4 do salário-mínimo (artigo 29, caput, desta Lei), quando o outro empregado recebe dois salários mínimos, por exemplo. Representaria pura exploração do trabalho de quem está cumprindo pena.[408]

Sobre a simplicidade dos trabalhos desenvolvidos pelos presos aponta Barros e Lhuilier: "[...] são atividades, no geral, repetitivas, pouco qualificadas, não qualificantes, mal remuneradas, intermitentes e desarticuladas dos dispositivos de formação profissional, quando eles existem"[409]. No mesmo sentido, Varella cita as atividades desempenhadas: "[...] algumas empresas utilizam a mão de obra prisional para costurar bolas de couro e chinelos, colocar espiral em cadernos, varetas em guarda-chuvas, parafusos em dobradiças e outros trabalhos assemelhados"[410].

Os presos são utilizados como força de trabalho barata e suas funções caracterizadas por movimentos repetitivos e pouco úteis no fornecimento de habilidades que poderão ser aproveitadas no mercado formal de trabalho fora da prisão. Contudo, mesmo diante de todo o contexto negativo, o trabalho reserva algo da existência humana além dos muros prisionais, restabelecendo, embora precariamente, a identidade com o mundo extramuros.

Por outro lado, Barros e Lhuilier[411] explicam que as empresas possuem o escopo de aumentarem os lucros por intermédio da precarização do trabalho prisional, sem nenhum tipo de preocupação com o processo de ressocialização ou os impactos gerados por meio da exploração da força de trabalho, fonte inesgotável ao acúmulo do capital. O trabalhador prisional produzirá muito mais do que o livre, pois não há lamentação ou questionamento, apenas a execução do trabalho que lhe fora incumbido de realizar, sob o temor de perder a função em caso de morosidade.

---

[408] NUCCI, 2018, p. 60.
[409] BARROS, Vanessa Andrade de; LHUILIER, Dominique. Marginalidade e reintegração social: o trabalho nas prisões. *In*: BORGES, L. O.; MOURÃO, L. (org.). *O trabalho e as organizações*: atuações a partir da psicologia. Porto Alegre: Artmed, 2013. p. 678.
[410] VARELLA, Drauzio. *Estação Carandiru*. São Paulo: Companhia das Letras, 1999. p. 142.
[411] *Ibidem*.

Sobre o manejo legislativo na contratação e na exploração do trabalhador prisional, Nucci arremata:

> Somente para ilustrar, poder-se-ia chegar ao absurdo de "emprestar" trabalhadores presos a empresas privadas, que se encarregariam de contratar segurança privada para escoltar os condenados, desde que pudessem pagar salários ínfimos aos mesmos. O Estado não desembolsaria nada, as empresas teriam lucro certo e o preso perderia, pois desempenharia uma atividade sem a remuneração condigna. Lembremos que não há trabalho forçado no Brasil, equivalente ao desenvolvimento de tarefas em geral sem qualquer remuneração e de maneira compulsória, sob pena de punição.[412]

A realização do trabalho do recluso se estabelece por meio da intervenção obrigatória do Estado, uma vez que o quadro jurídico que rege esse tipo de trabalho é o direito público, e não a consolidação das leis do trabalho. Diversas vantagens advêm para as empresas que se envolvem nesta parceria, incluindo a isenção de determinados encargos trabalhistas, o acesso a espaço livre sem necessidade de pagar aluguel, luz e água etc.

A relação entre o trabalho prisional e o setor privado possui um binômio indissociável: ao empresário, a busca pela redução dos custos por meio do trabalho prisional; ao preso, a aspiração por um posto de trabalho no interior do presídio, considerando a baixa oferta. Talvez a conclusão mais obscura conduza ao entendimento de que o trabalhador preso pode produzir mais do que o trabalhador livre, mesmo destituído de direitos básicos, pois não reclama, não questiona e não atrasa, apenas executa.

A contradição do sistema de remição de pena pelo trabalho está na forma alienante em que ocorre o trabalho no interior das unidades prisionais, incapaz de desenvolver habilidades que sejam úteis ao reingresso social. Portanto, se extramuros o trabalho ofertado assume a forma precária e alienada, no interior do cárcere também o será, em que há pouca oferta aos interessados e aquelas oferecidas são majoritariamente manuais. O preso aceitará o trabalho mesmo que seja precário e com baixo salário, considerando o alto número de interessados e a escassa oferta de vagas proporcionadas pelo Estado.

---

[412] *Ibidem*, p. 60.

O mercado não consegue absorver formalmente os trabalhadores livres, que se sujeitam às condições precárias e informais. Não por outro motivo, espera-se que os egressos do sistema prisional tenham o mesmo destino. Aí se chega à contradição: não é possível reintegrar o egresso, se o livre não é integrado ao mercado formal de trabalho[413].

5.8 O DIREITO FUNDAMENTAL À VEDAÇÃO DO TRABALHO FORÇADO NO ÂMBITO PRISIONAL

A Constituição Federal de 1988 consagrou a categoria trabalho no rol dos direitos sociais, em que a liberdade de trabalhar constitui garantia fundamental e o direito ao trabalho integra o núcleo intangível da Lei Maior. De acordo com a doutrina de Dos Anjos[414], não há qualquer exceção que permita a utilização do trabalho forçado para aqueles que foram condenados pelo Poder Judiciário, sendo lógico concluir que a exigência prevista na lei de execução penal está em contradição com a própria Constituição.

Nesse contexto paradoxal, a Constituição Federal de 1988 possui como um de seus fundamentos[415] o valor social do trabalho, que pode ser interpretado como espécie de responsabilidade social dos presos se as atividades laborais forem realizadas em condições de dignidade e respeito às habilidades e capacidades. Por sua vez, o artigo 31 da lei de execução penal[416] estabelece a obrigatoriedade do trabalho prestado àqueles que foram condenados irrecorrivelmente à pena privativa de liberdade, exceção feita aos presos provisórios, já que ainda incide sobre eles a presunção de inocência. Dessa forma, em caso de descumprimento desse dever legal, o preso incorrerá em falta grave prevista no artigo 50, VI da lei de execução penal[417], perdendo o direito a alguns benefícios penais, por exemplo, a

---

[413] Segundo dados do IBGE, o primeiro semestre de 2024 registrou o número de 8,6 milhões de desempregados no Brasil, ou seja, pessoas acima de 14 anos que estão tentando uma oportunidade de trabalho, mas ainda não conseguiram. Para maiores informações: https://www.ibge.gov.br/explica/desemprego.php.

[414] DOS ANJOS, Fernando Vernice. *Análise crítica da finalidade da pena na execução penal*: ressocialização e o direito penal brasileiro. Dissertação (Mestrado em Direito Penal) – Universidade de São Paulo, São Paulo, 2009.

[415] Art. 1º, IV da CF: a República Federativa do Brasil, formada pela união indissolúvel dos Estados e Municípios e do Distrito Federal, constitui-se em Estado Democrático de Direito e tem como fundamentos: IV - os valores sociais do trabalho e da livre iniciativa.

[416] Art. 31, §único da LEP: o condenado à pena privativa de liberdade está obrigado ao trabalho na medida de suas aptidões e capacidade. Parágrafo único. Para o preso provisório, o trabalho não é obrigatório e só poderá ser executado no interior do estabelecimento.

[417] Art. 50, VI da LEP: comete falta grave o condenado à pena privativa de liberdade que: VI - inobservar os deveres previstos nos incisos II e V, do artigo 39, desta Lei. (Art. 39. Constituem deveres do condenado - execução do trabalho, das tarefas e das ordens recebidas).

progressão de regime, o livramento condicional, o indulto, os dias remidos pelo trabalho etc.

O que se discute é a contradição existente entre o direito fundamental ao trabalho[418] e a vedação dos trabalhos forçados[419], ambos preconizados na Constituição Federal de 1988, bem como a punição pela recusa ao trabalho, estabelecido na Lei de execução penal. O trabalho forçado traz consigo a ideia de martírio, segundo Rios:

> Existiu em um período histórico em que o trabalho era considerado uma espécie punitiva ou parte da pena, cujo objetivo era trazer sofrimento e aflição ao condenado. Nesse último caso, o trabalho consistia em um agravamento da pena privativa de liberdade. Quando o apenado se recusava a cumprir a atividade laboral que lhe havia sido imposta, era ele coagido, inclusive sob o uso de tortura e outros castigos físicos, a executá-lo.[420]

A primeira corrente doutrinária entende ser inconstitucional o trabalho obrigatório no âmbito prisional, vertente compartilhada por Anjos Filho: "[...] pois além de incidir em tratamento desumano, importa em trabalho escravo"[421]. Na visão do autor, cabe ao Estado o oferecimento de vagas ao trabalho, estando na esfera da liberdade individual do preso aceitá-la ou não. Pensamento similar ao de Roig, pois: "[...] feriria a autonomia da vontade individual, além de constituir (em sentido material) trabalho de cunho forçado"[422]. Dessa forma, a privação da liberdade não está atrelada à pena de trabalhos forçados, sendo institutos incompatíveis conforme a doutrina de Chies:

> Não sendo a pena privativa de liberdade uma pena de trabalhos forçados (em Constituição em seu artigo 5º, XLVII, "c"), como se pode imputar ao apenado a obrigatoriedade da atividade laboral? Sem que se entre aqui de forma mais aprofundada nesse debate, não obstante sua importância, nossa opinião é no sentido de que a obrigatoriedade do

---

[418] Art. 5º, XIII da CF: é livre o exercício de qualquer trabalho, ofício ou profissão, atendidas as qualificações profissionais que a lei estabelecer.
[419] Art. 5º, XLVII, "c" da CF: não haverá penas: [...] c) de trabalhos forçados.
[420] RIOS, Sâmara Eller. *Trabalho penitenciário*: uma análise sob a perspectiva justrabalhista. Dissertação (Mestrado em Direito Trabalhista) - Universidade Federal de Minas Gerais, Belo Horizonte, 2009. p. 44.
[421] ANJOS FILHO, Robério Nunes. *Direito ao desenvolvimento*. São Paulo: Saraiva, 2013. p. 75.
[422] ROIG, Rodrigo Duque Estrada. *Execução Penal*: teoria crítica. 4. ed. São Paulo: Saraiva Educação, 2018. p. 169.

trabalho ao preso é incompatível com a moderna concepção do trabalho como um direito social além de individual. Entretanto, no vigente Direito de Execução Penal brasileiro a questão é também controversa.[423]

Comungando do mesmo entendimento, Alvim (1991, p. 38) preceitua que a finalidade terapêutica do trabalho e seu viés de reintegração social o tornam incompatível com a dita obrigatoriedade:

> [...] o trabalho destaca-se, na moderna política penitenciária, como um dos momentos marcantes do tratamento e este não pode ser obrigatório [...]. Fina-se aí, e mais ali, a tal obrigatoriedade: primeiro, pelo fato de que a realização do tratamento deve imprescindivelmente contar com a adesão consciente do "tratado"; e segundo, porque a constituição brasileira desautoriza que, no cumprimento da pena, ofenda-se a integridade moral do presidiário (artigo 5, XLIX). Impor-lhe, portanto, contra a sua vontade, o trabalho, como meio terapêutico ou como via de ressocialização, extrapola o âmbito da pena – que é unicamente o cerceamento da liberdade – e o campo do direito penal mesmo, carecendo de legitimidade, porque este não pode obrigar todos a uma conduta uniforme; sua função cessa na exigência de "mera conformidade exterior à lei". Esta é a única alternância para uma sociedade que se apregoa democrática e pluralista.[424]

Conforme preceitua Dos Anjos[425], a vigente Constituição Federal proíbe explicitamente a imposição de trabalho forçado a qualquer indivíduo, sem quaisquer exceções à proibição de tais práticas. Portanto, a imposição prevista na lei de execução penal não foi recepcionada pela Constituição. Nesse contexto, o princípio constitucional da igualdade é violado quando os presos condenados recebem tratamento diferenciado baseado unicamente na privação da liberdade. A Constituição proíbe explicitamente a diferenciação entre os cidadãos no que diz respeito ao cumprimento dos direitos e garantias assegurados.

---

[423] CHIES, Luiz Antônio Bogo. Prisão: tempo, trabalho e remição: reflexões motivadas pela inconstitucionalidade do artigo 127 da LEP e outros tópicos revisados. *In*: CARVALHO, Salo. *Crítica a execução penal*. 2. ed. Rio de Janeiro: Lumen juris, 2007. p. 535.
[424] ALVIM, Rui Carlos Machado. *O trabalho penitenciário e os direitos sociais*. São Paulo: Atlas, 1991, p. 38.
[425] DOS ANJOS, 2009.

Com um viés mais extremo, Amaral entende que a legislação: "[..] assegura, a quem desejar, viver em ócio, sem que isso represente um ilícito de qualquer natureza. Pode caracterizar um ato imoral. Todavia, não é ilícito de qualquer ordem"[426]. Na visão de Salvador Netto[427], o Estado não pode exigir que o trabalho seja realizado, mas sim proporcionar oportunidade aos indivíduos encarcerados que desejam trabalhar, reconhecendo-o como um direito fundamental a qualquer cidadão. O preso que opte por não trabalhar não deve ser obrigado a fazê-lo, nem deve enfrentar medidas punitivas. É claro que, ao recusarem-se a trabalhar, não serão contemplados pelos benefícios da remição.

A segunda corrente doutrinária defende a constitucionalidade do preceito legal, justificando o caráter disciplinar do trabalho, sendo parte do projeto de ressocialização do indivíduo. Nesse sentido, Nucci explica que o trabalho: "[...] funciona primordialmente como fator de recuperação, disciplina e aprendizado para a futura vida em liberdade", de forma que "[...] não se cuida de trabalho forçado, o que é constitucionalmente vedado, mas de trabalho obrigatório"[428]. Nessa linha, Junqueira e Fuller[429] apontam que o fato de não haver coação física ao trabalho afasta sua caracterização como forçado, sobressaindo o caráter integrativo do trabalho no âmbito da execução penal.

Na mesma toada, Moraes explica que a finalidade do trabalho revela-se como educativa e produtiva, que visa à reintegração do recluso à sociedade:

> As penas de trabalho forçado não se confundem com a previsão de trabalho remunerado durante a execução penal, previsto nos arts. 28 ss. da Lei 7.210/84 (Lei de Execuções Penais). O trabalho do condenado, conforme previsão legal, como dever social e condição da dignidade humana, terá sempre finalidade educativa e produtiva, sendo igualmente remunerado, mediante tabela prévia, não podendo ser inferior a três quartos do salário mínimo (artigo 29 da citada lei). A própria lei prevê que o sentenciado deve realizar trabalhos na medida de duas aptidões e capacidade. Essa

---

[426] AMARAL, Cláudio do Prado. Trabalho e Cárcere. *Trabalho & Educação*, [s. l.], v. 26, n. 1, 2017. p. 164.
[427] SALVADOR NETTO, Alamiro Velludo. *Curso de execução penal*. São Paulo: Revista dos Tribunais, 2019.
[428] NUCCI, 2018, p. 964.
[429] JUNQUEIRA, Gustavo Octaviano Diniz; FULLER, Paulo Henrique Aranda. *Legislação penal especial*. São Paulo: Saraiva, 2010.

previsão é plenamente compatível com a Constituição Federal, respeito à dignidade humana e visando à reeducação do sentenciado.[430]

A justificativa moral no que tange à obrigatoriedade do trabalho do preso é lembrada por Araújo: "[...] o dever de trabalhar do preso significa mais que uma obrigação. Além de manter a dignidade da pessoa humana dentro de ambientes fechados e sem contato com o mundo exterior, os dias trabalhados podem ser remidos da pena total do indivíduo"[431].

A melhor doutrina deve ponderar a obrigatoriedade do trabalho estabelecido em lei e a possibilidade do recluso em recusar a oferta. Conforme estabelece Leal: "O preso, mesmo tolhido em sua liberdade física de locomoção, tem a liberdade de se autodeterminar para o trabalho e decidir se quer ou não exercer uma atividade laboral no interior de um estabelecimento penal"[432].

Contudo, a realidade legislativa demonstra que a recusa em trabalhar no interior do estabelecimento prisional acarreta obstáculos no procedimento de remição e a progressão para o regime aberto. O Estado não coage fisicamente o indivíduo a trabalhar, mas cerceia sua liberdade de autodeterminação ao retirar-lhe prerrogativas legais, sendo, pois, meio de coação indireta.

Dessa forma, a doutrina majoritária firmou o entendimento de que o trabalho obrigatório não viola os preceitos da Constituição Federal de 1988, por mais que haja o debate acerca do fenômeno da não-recepção[433] do artigo 31 da lei de execução penal que determina a obrigatoriedade do trabalho, violando a própria Carta Republicana que proíbe o trabalho forçado como forma de punição. Como resultado, esse conflito de normas sugere que o trabalho prisional obrigatório seja declarado inconstitucional, uma vez que se qualifica como um tipo de trabalho forçado, proibido pela Carta Constitucional de 1988. Consequentemente, o dispositivo da lei de execução penal que precedeu a Constituição não deveria ser tratado como recepcionado pelo ordenamento jurídico vigente.

---

[430] MORAES, Alexandre de. *Constituição do Brasil interpretada e legislação constitucional*. São Paulo: Atlas, 2006. p. 337.

[431] ARAÚJO, Marina Pinhão Coelho. Das penas. *In*: REALE JÚNIOR, Miguel (coord.). Código penal comentado. São Paulo: Saraiva, 2017. p. 162.

[432] LEAL, João José. Obrigatoriedade do trabalho prisional, regime semiaberto e trabalho externo em face da inexistência de colônia penal. *Revista Brasileira de Ciências Criminais*, [s. l.], n. 46, 2004. p. 61.

[433] Entende-se que a norma infraconstitucional anterior não guarda compatibilidade material com a nova Constituição Federal, motivo pelo qual deve ser automaticamente revogada.

A natureza contraditória da legislação é evidente em sua aceitação simultânea do valor terapêutico da atividade laboral, ao mesmo tempo que obriga os indivíduos a participarem dele. O trabalho visa à reintegração dos condenados na sociedade e, para atingir esse objetivo, é necessário garantir que os direitos tanto dos cidadãos livres como dos condenados sejam tratados de maneira igualitária, dentro dos limites da condenação e das circunstâncias específicas que a rodeiam. Tornar o trabalho obrigatório com base da condição de recluso acaba por reduzir o indivíduo à condição de "subcidadão". Aliás, a Constituição é inequívoca em sua declaração de que todos os cidadãos têm direito a igual proteção perante a lei, o que inclui a garantia de que nenhuma discriminação será feita a qualquer indivíduo no cumprimento dos seus direitos e privilégios constitucionalmente consagrados.

6.
CONSIDERAÇÕES FINAIS

O intento ressocializatório almeja, novamente, socializar o preso, condicionando-o para viver no meio social que o extirpou, fazendo-o aceitar os padrões vigentes na sociedade. Ademais, a prisão não se caracteriza por ser uma espécie de miniatura da sociedade livre, mas um sistema dotado de regras próprias que o recluso se submete, em maior ou menor grau, vindo a adotar a linguagem, o modo de pensar, os costumes e os hábitos da cultura penitenciária. A dita socialização ocorre para viver no ambiente penitenciário, e não fora dele, até porque parece contraditório ensinar a viver em liberdade alguém em situação de reclusão. Ao término do cumprimento da pena privativa de liberdade o preso retorna à sociedade, que o aguarda com toda a ignorância, desprovida do conhecimento necessário que envolve o espaço prisional, vendo-o com temor e preconceito. Provavelmente sairá angustiado porque perdeu o modo de vida da sociedade livre e o modo de vida da prisão, precisamente quando foi "socializado" quanto à realidade da prisão. O egresso, entregue à sua própria sorte, carente de qualquer auxílio institucional, não lhe resta, frequentemente, assumir outro caminho que não seja o retorno à prática criminal e a inclusão no cárcere.

A superlotação das prisões brasileiras representa um desafio: ao final do ano de 2023, as estatísticas oficiais demonstraram que apenas o crime de tráfico de drogas foi responsável por aproximadamente 26% dos encarceramentos, o que reflete o alto índice de privação de liberdade direcionado à apenas um delito. O Supremo Tribunal Federal, por meio do recurso extraordinário n.º 635659[434], proferiu a decisão no sentido de presumir o consumo pessoal até o limite de 40 gramas de *cannabis sativa* (popularmente conhecida como maconha). Entretanto, a decisão da Suprema Corte limitou-se a um tipo de droga em específico, não se pronunciando acerca das demais (cocaína e crack, por exemplo), direcionando a incumbência ao Congresso Nacional por meio de sua atividade legislativa.

---

[434] Íntegra da decisão: https://portal.stf.jus.br/processos/detalhe.asp?incidente=4034145.

Portanto, com base nesses dados estatísticos apresentados, percebe-se que o objetivo velado da decisão é diminuir a população carcerária até que o Congresso Nacional regulamente definitivamente o tema.

Quando o preso ingressa no ambiente carcerário superlotado, o Estado lhe oferece a oportunidade de estudar para diminuir a pena aplicada na sentença condenatória. Não é escolha pessoal, mas oferta do Estado, que elevou a educação ao nível de remição segundo seus próprios critérios. Dessa forma, ainda que haja o direito à liberdade preconizado na Constituição Federal de 1988, observa-se a mitigação dessa garantia no que tange ao processo de remição, justamente porque não é um ato voluntário do preso. Não importa qual educação seja disponibilizada no interior do sistema prisional; se o indivíduo quiser remir parte de sua pena, deverá aderir ao programa, hoje em funcionamento, com práticas dissociadas da formação educacional fundamentada em conteúdo teórico-prático emancipador. Ou seja, distante do processo educacional fundamentado na superação do ambiente prisional e na projeção de planos quando posto em liberdade.

Nessa condição de superlotação das unidades prisionais, o preso é obrigado a trabalhar, atingindo o somatório de aproximadamente 50% apenas executantes de atividades laborais sem nenhum tipo de remuneração, apenas inseridos no programa de remição da pena. Entretanto, caso haja remuneração, não será aplicada a consolidação das leis do trabalho a estas pessoas, porque o Estado entende que não há liberdade contratual para o recluso celebrar contratos. Dessa forma, no interior do cárcere, há aqueles que nada recebem e aqueles que recebem certa remuneração, mas destituídos de direitos estabelecidos na legislação trabalhista. Portanto, a reintegração social fica em segundo plano, pois a exploração da força de trabalho na contemporaneidade revela-se consentâneo ao capitalismo, renegando aos reclusos apenas a condição de remir a pena. Ciente da situação extrema de negação humana e, considerando que o trabalho executado pelo preso é obrigatório, que 50% dos privados da liberdade exercem apenas a remição pelo trabalho sem remuneração e que aqueles que recebem algum tipo de remuneração não incide as leis trabalhistas, pode-se considerar legítima a designação de "subcidadão" aos reclusos. E mais: aceitar o trabalho e comportar-se na condição de "subcidadão" expressa, filosoficamente em seu cotidiano, o nada.

Diante do contexto de superlotação das unidades prisionais e ineficiência dos programas de remição pela educação e pelo trabalho, é fundamental não desistir do ideal de ressocialização, e sim reconstruí-lo; não por meio de ações, projetos ou programas, mas implementando mediante políticas sociais eficazes vinculadas às estratégias de gestão penitenciária que priorizem a proteção de direitos e a prestação de assistência, conforme previsto na lei de execução penal e tratados internacionais de direitos humanos que o Brasil ratificou. Ao considerar o conceito de ressocialização dentro dos limites de uma prisão, deve-se contemplar o potencial de crescimento e transformação pessoal que pode ocorrer apesar das circunstâncias do encarceramento. É imperativo proporcionar aos indivíduos que foram privados da liberdade caminhos para a mudança, que se manifestam principalmente por meio da garantia dos direitos básicos, que, por sua vez, criam oportunidades para o desenvolvimento e a reintegração do recluso na sociedade, reduzindo em última análise a probabilidade de reincidência.

Para que os Estados logrem êxito na contenção a violência, ações de desenvolvimento social são de expressiva importância. Nesse sentido, estudos científicos são eficazes para demonstrar que a violência é evitável, por isso a normatização e os programas sociais podem e/ou devem ser baseados nesse instrumento de conhecimento. A importância de dados confiáveis que retratem o estado de violência serve como ferramenta crucial na formulação de políticas sociais eficazes destinadas a reduzir o crime e a manter a ordem pública. É imperativo que o Estado garanta a máxima confiabilidade no processo de recolhimento de dados e sistematizações das estatísticas, pois munidos desse tipo de informação, as medidas de prevenção criminal podem ser implementadas não apenas esporadicamente, mas de forma abrangente e eficiente.

A polícia que examina minuciosamente o comportamento criminoso e consegue evitar medidas extremas pode alcançar resultados favoráveis em seus intentos, particularmente quando lida com crimes que envolvem baixa complexidade. A implementação do policiamento comunitário[435] é promissor no combate ao crime, uma vez que promove ligações fortes com as comunidades, o que aumenta a confiança nos esforços da polícia e, consequentemente, conduz à resolução dos crimes. É imperativo que no

---

[435] Busca a integração entre a polícia e a comunidade na resolução dos problemas por meio da relação de mútua confiança, com o objetivo precípuo de melhorar a qualidade de vida na região.

Brasil as autoridades públicas e os governos reconheçam a assistência da população em geral na resolução de crimes. Esse preceito não só produz resultados positivos, como também auxilia a criar confiança e a eliminar o descrédito, reduzindo, em última análise, o medo e a insegurança nas zonas urbanas.

Ao longo da pesquisa, constatou-se que é preciso avançar em direção ao aprimoramento da base de dados, na medida em que não há, por exemplo, estatística criminal relacionada aos vícios, em destaque o álcool e as drogas, a pobreza e a própria descrença na lei, sobretudo na população mais jovem. Na prática faltam dados oficiais e comparativos sobre o real impacto do sistema de remição de pena na redução da reincidência de condutas criminosas. É importante reconhecer que, embora esses direitos sejam preconizados em lei, muitos estados ainda não as implementaram por falta de recursos, estrutura e, em alguns estados, de vontade política.

No entanto, as contradições são partes constitutivas do pensar/fazer cotidiano que envolve os diferentes meios carcerários. É um espaço repleto de complexidades. A partir do cenário apresentado das unidades penitenciárias no Brasil, faz-se necessário ao menos estabelecer algumas propostas como forma de integrar o ambiente acadêmico à consecução de políticas sociais que permitam alcançar à ressocialização e a diminuição do "ciclo de violência". É imprescindível que se avance em assuntos, conceitos e discussões até agora pouco explorados, de maneira a verticalizar ações que busquem minorar a intrincada situação dos presídios. Dessa forma, como maneira de subsidiar os estudos apresentados acerca da realidade do sistema prisional no Brasil contemporâneo, busca-se trazer contribuições não exaustivas para a discussão na sociedade organizada e eventual implementação por meio de ações, programas e/ou projetos vinculados às políticas sociais que possam transformar as condições carcerárias apresentadas atualmente:

a) elaborar e efetivar o estabelecimento de um plano nacional de combate à superlotação carcerária e o eficiente processo de ressocialização passa pela união de esforços entre os entes da federação, citando os ministérios federais e os departamentos a níveis estadual e municipal. Entende-se que este é um dos importantes desafios no país territorial como o Brasil, o estabelecimento de medidas verticais e homogêneas que se apliquem de acordo com as peculiaridades de cada local por meio da união de esforços do macro (federal) ao micro (municípios);

b) implementar políticas sociais ao desenvolvimento educacional e profissional em ambientes carcerários que possam transpor as dificuldades inerentes à escassez de recursos e infraestruturas adequadas. Embora existam disposições legais para tais iniciativas, a realidade atual reflete uma abordagem fragmentada, fortemente dependente da generosidade de voluntários e de instalações improvisadas. O sistema prisional brasileiro precisa adotar uma política educacional abrangente e nacional que supere os projetos isolados. Portanto, para além da união de vontades entre os entes federativos, faz-se necessário fortalecer as conexões entre os estabelecimentos prisionais, as universidades e as organizações da sociedade civil, justamente para que as boas ações isoladas não se tornam uma espécie de "regra" nos presídios;

c) proporcionar a formação contínua, o treinamento especializado e os incentivos remuneratórios aos profissionais da área da execução penal, incluindo diretores, agentes, enfermeiros, médicos, assistentes sociais, advogados e colaboradores em geral, por meio de uma política nacional unificada é fundamental. Isso decorre exatamente do ambiente inóspito em que todos os trabalhadores estão inseridos, dificultando sobremaneira o mister profissional. Dessa feita, o aprimoramento da gestão prisional, inevitavelmente, atrela-se à política de incentivo aos próprios profissionais que ali estão;

d) ofertar a "remição virtual" àqueles que expressem o desejo genuíno de trabalhar ou estudar, mas não o fazem em decorrência da negligência do sistema, que atualmente se encontra em situação de superlotação, o que acarreta a escassez de oportunidades de trabalho e educação. Defende-se, portanto, a valorização da educação atrelada ao trabalho, na medida em que políticas insuficientes em matéria de acesso ao trabalho e à educação nas prisões prejudicam o desenvolvimento intelectual e profissional dos reclusos, limitando as oportunidades de reintegração ao mercado de trabalho após o alcance da liberdade;

e) apoiar o egresso por intermédio das políticas sociais direcionadas à inclusão no mercado de trabalho e na continuidade dos estudos, além do adequado amparo e atendimento às famílias. Do ponto de vista externo, quando analisado sob a perspectiva social, o foco na reintegração do preso é mínimo ou inexistente, pois no Brasil prevalece a crença de que os indivíduos encarcerados deveriam ser destituídos de seus direitos, como se a perda da liberdade equivalesse à ausência de todos os outros direitos. O egresso sofre o peso do estigma social associado à condenação, o que dificulta a reintegração na sociedade. O aumento do preconceito em torno dos egressos na comunidade desempenha inquestionavelmente um papel significativo no aumento das taxas de reincidência, por meio do "ciclo de violência";

f) aperfeiçoar o desenvolvimento dos bancos de dados governamentais, de modo a traçar a estatística penitenciária relacionada à remição, pois qualquer tipo de plano de ação e canalização de recursos públicos dependem efetivamente de dados confiáveis ao fim pretendido, focado no combate à superlotação e no incentivo à ressocialização. Lamentavelmente, faltam informações oficiais e comparativas sobre o impacto tangível da instituição de remição de penas na diminuição das taxas de reincidência. É importante reconhecer que, embora essas medidas sejam legalmente obrigatórias ao abrigo da lei de execução penal, não foram colocadas em prática em vários estados devido ao financiamento limitado e às infraestruturas inadequadas. Não há estudos estatísticos que comparem a eficiência de tais ações, dificultando o direcionamento de eventuais políticas sociais.

g) criar o "presídio de primeira entrância", local em que seriam direcionados os presos definitivos que receberam a primeira condenação, justamente como forma de separá-los daqueles que já sofreram mais de uma condenação, medida que pode ser útil no processo de reintegração à sociedade. Embora alguns doutrinadores defendam a separação por periculosidade ou por crime cometido, entende-se que, nas instâncias teórico-prática, tal engendramento se mostraria inviável, especialmente pela escassez de recursos públicos para realizar essa espécie de adequação ou construção de novos presídios de acordo com cada peculiaridade criminal. Talvez a melhor forma de se minorar o problema seria separando os presos provisórios, os condenados pela primeira vez e os reincidentes. Todos em unidades prisionais distintas.

O panorama atual, conforme demonstrado ao longo deste trabalho não exauriente, revela a insuficiência do Estado em proporcionar ações, projetos e programas sociais efetivos aos enclausurados, o que acarreta desdobramentos sociais graves ao longo dos anos. O que as lentes registram nada mais é do que o Estado tentando (sem sucesso) reparar sua própria deficiência histórica na garantia de direitos, encarcerando sobretudo pessoas pretas e pardas com baixa escolaridade, muitas delas já vulneráveis e "participantes ativas" do processo de descaso estatal. A política social no atual projeto societário deve exercer preponderância na efetivação do processo de remição.

    O termo "direito à prisão" nunca foi tão atual: o tripé — vulnerabilidade social, ineficácia de programas sociais e cometimento do crime — é elemento quase decisivo quando se analisa o ingresso no cárcere, sobretudo quanto aos crimes relacionados ao patrimônio e ao tráfico de drogas. As estatísticas demonstram que o Estado encarcera muito, ou seja, a contradição consubstancia-se no próprio ente federativo tentar, ineficientemente, reparar a própria falha, encarcerando pessoas que sequer tiveram acesso a algum tipo de medida socializadora. O Estado erra e ainda não encontrou maneira eficiente que repare o próprio erro. Cabe à sociedade civil e política, na condição de entidades, organizações e instituições, apresentar um novo projeto societário que coloque em primeiro cenário o ser social encarcerado, em sua totalidade de sujeito e não de objeto.

REFERÊNCIAS

ABREU, Janisley Gomes de. Os desafios da educação na prisão. Territorial. *Caderno Eletrônico de Textos*, Goiânia, v. 6, n. 8, 2016.

ADORNO, Sérgio. *Sistema penitenciário no Brasil*: problemas e desafios. São Paulo: Revista USP, 1991.

ADORNO, Theodor W. *Educação e emancipação*. São Paulo: Paz e Terra, 1995.

ALEXANDRIA, Paulo de Tasso Moura de. A importância da educação em ambiente de aprisionamento: uma reflexão acerca das políticas públicas e seus processos ressocializadores. *Revista Humanidades & Inovação*, [s. l.], v. 7, n. 4, 2020.

ALVIM, Rui Carlos Machado. *O trabalho penitenciário e os direitos sociais*. São Paulo: Atlas, 1991.

AMARAL, Cláudio do Prado. *Políticas Públicas no Sistema Prisional*. Belo Horizonte: CAED-UFMG, 2014.

AMARAL, Cláudio do Prado. Trabalho e Cárcere. *Trabalho & Educação*, [s. l.], v. 26, n. 1, 2017.

AMORIM, Carlos. *Comando Vermelho*: a História do Crime Organizado. 1. ed. Rio de Janeiro: Editora Bestbolso, 2011.

ANITUA, Gabriel Ignácio. *Histórias dos pensamentos criminológicos*. Tradução de Sérgio Lamarão. Rio de Janeiro: Revan, 2008.

ANJOS FILHO, Robério Nunes. *Direito ao desenvolvimento*. São Paulo: Saraiva, 2013.

ARAÚJO, Marina Pinhão Coelho. Das penas. *In*: REALE JÚNIOR, Miguel (coord.). *Código penal comentado*. São Paulo: Saraiva, 2017.

ARENDT. Hannah. *Sobre a revolução*. Tradução de D. Bottmann. São Paulo: Companhia das Letras, 2011.

ARROYO, Miguel Gonzalez. O saber de si como direito ao conhecimento. *In*: ARROYO, Miguel Gonzalez (org.). *Currículo, território em disputa*. Petrópolis: Vozes, 2011.

ASSIS, Rafael Damasceno de. A realidade atual do sistema penitenciário brasileiro. *Revista CEJ*, [s. l.], v. 11, 2007.

AVENA, Norberto Cláudio Pâncaro. *Execução penal*: esquematizado. 4. ed. revisado, atualizado e ampliado. Rio de Janeiro: Forense; São Paulo: Método, 2017.

BARATTA, Alessandro. *Criminologia crítica e crítica ao direito penal*: introdução à sociologia do direito penal. 3. ed. Rio de Janeiro: Editora Revan: Instituto Carioca de Criminologia, 2002.

BARCELLOS, Ana Paula de. *A eficácia jurídica dos princípios constitucionais*: o princípio da dignidade da pessoa humana. 2. ed. Ampliada, revisada e atualizada. Rio de Janeiro: Renovar, 2008.

BARRETTO, Vicente de Paulo. Reflexões sobre os direitos sociais. *In*: SARLET, Ingo Wolfgang (org.) *Direitos Fundamentais Sociais*: Estudos de Direito Constitucional, Internacional e Comparado. Rio de Janeiro: Renovar, 2003.

BARROS, Vanessa Andrade de; LHUILIER, Dominique. Marginalidade e reintegração social: o trabalho nas prisões. *In*: BORGES, L. O.; MOURÃO, L. (org.). *O trabalho e as organizações*: atuações a partir da psicologia. Porto Alegre: Artmed, 2013.

BARROSO, Luís Roberto. *Curso de Direito Constitucional Contemporâneo*: os conceitos fundamentais e a construção do novo modelo. 3. ed. São Paulo: Saraiva, 2011.

BATISTA, Vera. *Introdução crítica à criminologia brasileira*. Rio de Janeiro: Revan, 2011.

BAYER, Diego. Teoria do etiquetamento: a criação de estereótipos e a exclusão social dos tipos. *Jusbrasil*, 2023. Disponível em https://www.jusbrasil.com.br/artigos/teoria-do-etiquetamento-a-criacao-de-esteriotipos-e-a-exclusao-social-dos-tipos/121943199. Acesso em: 3 de dez. 2023.

BECCARIA, Cesare. *Dos delitos e das penas*. Tradução de Neury Carvalho Lima. São Paulo: Hunter Books, 2012.

BECKER, Howard Saul. *Outsiders*: estudos de sociologia do desvio. Rio de Janeiro: Zahar, 2008.

BERHING, Elaine Rossetti. Expressões políticas da crise e as novas configurações do Estado e da sociedade civil. *In*: SERVIÇO Social: Direitos Sociais e Competências profissionais. Brasília: CFESS: Abepss, 2009.

BITENCOURT, Cezar Roberto. *Falência da pena de prisão*: causas e alternativas. São Paulo: Saraiva, 2001.

BITENCOURT, Cezar Roberto. *Tratado de direito penal*. Volume 1: parte geral. 13. ed. São Paulo: Saraiva, 2008.

BOSCHETTI, Ivanete. A política de seguridade no Brasil. *In*: SERVIÇO Social: direitos sociais e competências profissionais. Brasília: CFESS: Abepss, 2009.

BRASIL. *Exposição de Motivos n.º 213, de 9 de maio de 1983*. Brasília, DF: Presidência da República, [2011]. Disponível em: https://www2.camara.leg.br/legin/fed/lei/1980-1987/lei-7210-11-julho-1984-356938-exposicaodemotivos-149285-pl.html. Acesso em: 23 nov. 2023.

BRASIL. *Lei n.º 7.210, de 11 de julho de 1984*. Institui a Lei de execução penal. Brasília, DF: Presidência da República, [2011]. Disponível em: https://www.planalto.gov.br/ccivil_03/leis/l7210.htm. Acesso em: 23 nov. 2023.

BRASIL. Conselho Nacional de Justiça. *Recomendação n.º 44*. Brasília, DF: CNJ, 2013.

BRASIL. Conselho Nacional de Justiça. *Resolução n.º 213*. Brasília, DF: CNJ, 2015.

BRASIL. Conselho Nacional de Justiça. *Resolução n.º 288*. Brasília, DF: CNJ, 2019.

BRASIL. Conselho Nacional de Justiça. *Resolução n.º 391*. Brasília, DF: CNJ, 2021.

BRASIL. Conselho Nacional de Política Criminal e Penitenciária. *Plano Nacional de Política Criminal e Penitenciária*. Brasília, 2019.

BRASIL. Conselho Nacional de Política Criminal e Penitenciária. *Resolução n.º 09*. Brasília, 2011.

BRASIL. Conselho Nacional de Política Criminal e Penitenciária. *Resolução n.º 08*. Brasília, 2011.

BRASIL. Conselho Nacional de Política Criminal e Penitenciária. *Resolução n.º 05*. Brasília, 2016.

BRASIL. [Constituição (1988)]. *Constituição da República Federativa do Brasil*. Disponível em: https://www.planalto.gov.br/ccivil_03/constituicao/constituicao.htm. Acesso em: 23 nov. 2023.

BRASIL. *Decreto-lei n.º 2.848, de 7 de setembro de 1940*. Institui o Código Penal. Brasília, DF: Presidência da República, [1991]. Disponível em: https://www.planalto.gov.br/ccivil_03/decreto-lei/del2848compilado.htm. Acesso em: 23 nov. 2023.

BRASIL. *Lei Complementar n.º 79 de 07 de janeiro de 1994*. Dispõe sobre o Fundo Penitenciário Nacional - FUNPEN e dá outras providências. Brasília, DF, 1990.

BRASIL. *Lei n.º 7.210, de 11 de julho de 1984*. Institui a lei de execução penal. Brasília, DF: Presidência da República, [2011]. Disponível em: https://www.planalto.gov.br/ccivil_03/leis/l7210.htm. Acesso em: 23 nov. 2023.

BRASIL. *Projeto de lei n.º 4459, de 03 de setembro de 2000*. Disponível em: https://www.camara.leg.br/proposicoesWeb/fichadetramitacao?idProposicao=226207. Acesso em: 23 nov. 2023.

BRASIL. *Projeto de lei n.º 4540/2021, de 17 de dezembro de 2021*. Disponível em: https://www.camara.leg.br/proposicoesWeb/fichadetramitacao?idProposicao=2313222. Acesso em: 23 nov. 2023.

BRASIL. *Projeto de lei n.º 5.516, de 05 de maio de 2013*. Disponível em: https://www.camara.leg.br/proposicoesWeb/prop_mostrarintegra?codteor=1086052&filename=PL%205516/2013. Acesso em: 23 nov. 2023.

BRASIL. *Projeto de lei n.º 5.900, de 02 de agosto de 2013*. Disponível em: https://www.camara.leg.br/proposicoesWeb/fichadetramitacao?idProposicao=2092728. Acesso em: 23 nov. 2023.

BRASIL. *Secretaria Nacional de Políticas Penais*. Brasília, DF, 2023. Disponível em: https://www.gov.br/senappen/pt-br/pt-br/servicos/sisdepen. Acesso em: 2 de jul. 2024.

BRASIL. *Relatório de informações penais (RELIPEN)*. Brasília, DF, 2023. Disponível em: https://www.gov.br/senappen/pt-br/servicos/sisdepen/relatorios/relipen/relipen-2-semestre-de-2023.pdf. Acesso em: 2 de jul. 2024.

BRASIL. Superior Tribunal de Justiça, 5ª turma. *Recurso Especial n.º 585.727/DF*. Rel. Min.º Gilson Dipp, 8 mar. 2004. Disponível em: https://www.mprj.mp.br/documents/20184/2764833/Habeas_Corpus_n_35003.pdf. Acesso em: 2 abr. 2024.

BRASIL. Supremo Tribunal Federal. *Ação de descumprimento de preceito fundamental n.º 45-MC-DF*. Rel. Min. Celso de Mello, noticiada no Informativo 345. Disponível em: https://www.stf.jus.br/arquivo/informativo/documento/informativo345.htm. Acesso em: 21 nov. 2023.

BRASIL. Supremo Tribunal Federal. *Recurso extraordinário n.º 641.320/RS*. Relator: Min.º Gilmar Mendes. Brasília, 2016. Disponível em: https://redir.stf.jus.br/paginadorpub/paginador.jsp?docTP=TP&docID=11436372. Acesso em: 7 dez. 2023.

BRASIL. *Projeto de lei n.º 677, de 03 de março de 2021*. Disponível em: https://www25.senado.leg.br/web/atividade/materias/-/materia/147135. Acesso em: 23 nov. 2023.

BRITTO, Carlos Ayres. *Teoria da Constituição*. Rio de Janeiro: Forense, 2003.

CALHAU, Lélio. *Resumo de criminologia*. 6. ed. Niterói: Impetus, 2011.

CAMPOS, Carlos Alexandre de Azevedo. *Estado de Coisa Inconstitucional*. 1. ed. Salvador: Juspodivm, 2016.

CANOTILHO, José Joaquim Gomes *et al*. *Comentários à constituição do Brasil*. São Paulo: Saraiva: Almedina, 2013.

CANOTILHO, José Joaquim Gomes; José Joaquim Gomes. *Direito constitucional*. Coimbra: Livraria Almedina, 1998.

CARMO, Paulo Sérgio do. *A ideologia do trabalho*. São Paulo: Moderna, 2005.

CARVALHO FILHO, Luís Francisco. *A prisão*. São Paulo: Publifolha, 2002.

CARVALHO, Salo de. *Penas e garantias*. Rio de Janeiro: Lumen Juris, 2008.

CASTRO, Carla Rodrigues Araújo de. Co-culpabilidade. *Revista do MP*, Rio de Janeiro, n. 21, 2005. p. 49.

CATÃO, Mariana Camila Silva. Entre a doutrina da proteção integral e a reserva do possível: uma análise da problemática em torno da efetivação preferencial dos direitos fundamentais de crianças e adolescentes. *FIDES*: Revista de Filosofia do Direito, do Estado e da Sociedade, [s. l.], v. 3, n. 1, p. 82-9, 2012.

CHIES, Luiz Antônio Bogo. Prisão: tempo, trabalho e remição: reflexões motivadas pela inconstitucionalidade do artigo 127 da LEP e outros tópicos revisados. *In*: CARVALHO, Salo. *Crítica à execução penal*. 2. ed. Rio de Janeiro: Lumen juris, 2007.

CIPRIANI, Mário Luís Lírio. *Das penas*: suas teorias e funções no moderno direito penal. Canoas: Ulbra, 2005.

CLÈVE, Clèmerson Merlin. A Eficácia dos Direitos Fundamentais Sociais. *Revista Crítica Jurídica*, [s. l.], n. 22, jul.-dez. 2003.

COELHO, Sergio Neves; SILVEIRA, Daniel Prado da. Execução penal: breves considerações sobre a remição da pena. *Justitia*, São Paulo, 1985.

COIMBRA, Cecilia. *Operação Rio*: o mito das classes perigosas – um estudo sobre a violência urbana, a mídia impressa e os discursos de segurança pública. Rio de Janeiro: Intertexlo, 2001.

CONTI, José Maurício. Solução para a crise carcerária tem significativo reflexo orçamentário. *Boletim de Notícias Conjur*, São Paulo, 2015. Disponível em: https://www.conjur.com.br/2015-ago-25/contas-vista-solucao-situacao-carceraria-significativos-reflexos-orcamentarios/. Acesso em: 19 nov. 2023.

COUTINHO, Aldacy Rachid. Trabalho e pena. *Revista da Faculdade de Direito da UFPR*, Curitiba, v. 32, 1999.

CUNHA, Rogério Sanches. *Direito penal*: parte especial. 3. ed. rev., atual e ampl. São Paulo: Revista dos Tribunais, 2010.

CUNHA, Rogério Sanches; Rogério Sanches. *Curso de direito penal*: volume 3 - parte especial: artigos 213 a 361 do código penal. 19. ed. São Paulo: Atlas, 2022.

DOLCE, Júlia; PINA, Rute. Famélicos: A fome que o Judiciário não vê. *Publica*, São Paulo, 11 de março de 2019. Disponível em: https://apublica.org/2019/03/famelicos-a-fome-que-o-judiciario-nao-ve/. Acesso em: 1 dez. 2023.

DOS ANJOS, Fernando Vernice. *Análise crítica da finalidade da pena na execução penal*: ressocialização e o direito penal brasileiro. 2009. Dissertação (Mestrado) – Faculdade de Direito, Universidade de São Paulo, São Paulo, 2009.

DOTTI, René Ariel. *Bases alternativas para o sistema de penas*. São Paulo: Revista dos Tribunais, 1998.

ENGELS, Frederich. *A origem da família, da propriedade privada e do Estado*. São Paulo: Escala Educacional, 2009.

FAGUNDES, Juliana. A remição da pena. In: Universidade Federal do Paraná. 2003. Monografia (Bacharel em Direito) – Universidade Federal do Paraná, Curitiba, 2003. p. 26. Disponível em: https://acervodigital.ufpr.br/xmlui/bitstream/handle/1884/45136/M286.pdf?sequence=1&isAllowed=y. Acesso em: 23 nov. 2023.

FAIR, Helen; WALMSLEY, Roy. World Prison Population List. *Institute for Crime and Justice Policy Research*, [2023]. Disponível em: https://www.prisonstudies.org/sites/default/files/resources/downloads/world_prison_population_list_13th_edition.pdf. Acesso em: 26 set. 2023.

FALCADE, Ires Aparecida; ASINELLI-LUZ, Araci. Discriminações de gênero no sistema penitenciário: implicações vividas. *In*: FALCADE, Ires Aparecida. *Mulheres invisíveis*: por entre muros e grades. Curitiba: JM Editora: Livraria Jurídica, 2016.

FALEIROS, Vicente de Paula. *O que é política social*. 5. ed. São Paulo: Brasiliense, 1991.

FEELEY, Malcolm, SIMON, Jonathan. A nova penalogia: notas sobre a emergente estratégia correcional e suas implicações. *In*: CANÊDO, Carlos; FONSECA, David S. (org.). *Ambivalência, contradição e volatilidade no sistema penal*: leituras contemporâneas da sociologia da punição. Belo Horizonte: Editora UFMG, 2012.

FELICIANO, Guilherme Guimarães. *Curso crítico de Direito do Trabalho*: teoria geral do Direito do Trabalho. São Paulo: Saraiva, 2013.

FERNANDES, Lucas. Furto por fome: levantamento da Defensoria da Bahia aponta aumento de prisões por furtos famélicos em cinco anos. *Defensoria Pública*, Bahia, 2022. Disponível em: https://www.defensoria.ba.def.br/noticias/furto-por-fome-levantamento-da-defensoria-da-bahia-aponta-o-dobro-de-prisoes-por-furtos-famelicos-em-cinco-anos/. Acesso em: 1 dez. 2023.

FERREIRA FILHO, Manoel Gonçalves. *Curso de direito constitucional*. 27. ed. São Paulo: Saraiva, 2001.

FONSECA, Maria Hemília. *Direito ao Trabalho*: um direito fundamental. São Paulo: LTr, 2009.

FOUCAULT, Michel. *A verdade e as formas jurídicas*. Rio de Janeiro: Nau, 2003.

FOUCAULT, Michel. *Microfísica do Poder*. São Paulo: Graal, 2012.

FOUCAULT, Michel. *Vigiar e punir*. 23. ed. Rio de Janeiro: Vozes, 2000.

FRAGOSO, Christiano Falk. *Autoritarismo e sistema penal*. Rio de Janeiro: Lumen Juris, 2015.

FREIRE, Christiane Russomano. A *violência do sistema penitenciário brasileiro contemporâneo*: o caso RDD. São Paulo: IBCCRIM, 2005.

FREITAS, Rosana de Carvalho Martinelli; NUNES, Letícia Soares; NÉLSIS, Camila Magalhães. A crítica marxista ao desenvolvimento (in) sustentável. *R. Katál.*, Florianópolis, v. 15, n. 1, p. 41-51, jan./jun. Disponível em: https://www.scielo.br/j/rk/a/NLZZZWFwtHXHYMMPKz5YtQB/?format=pdf&lang=pt. Acesso em: 3 dez. 2023.

FRIGOTTO, Gaudêncio. A interdisciplinaridade como necessidade e como problema nas ciências sociais. *In*: JANTSCH, A. P.; BIANCHETTI, L. (org.). *Interdisciplinaridade para além da filosofia do sujeito*. Petrópolis: Vozes, 2008.

GADOTTI, Moacir. *Organização do trabalho na escola*: alguns pressupostos. São Paulo: Editora Ática, 1993.

GALVÃO, Giovana Mendonça; MARTINS, Tallita de Carvalho. Criminalização da pobreza: o produto de uma violência estrutural. *Rev. Transgressões*, [s. l.], v. 1, n. 2, p. 42- 65, 2015.

GOHN, Maria da Glória. Educação Não Formal, Aprendizagens e Saberes em Processos Participativos. *Investigar em Educação* - II Série, n. 1, 2014.

GONZAGA, Christiano. *Manual de criminologia*. São Paulo: Saraiva Educação, 2018.

GOULD, Stephen Jay. *A falsa medida do homem*. Tradução de: Valter Lellis Siqueira. São Paulo: Martins Fontes, 2003.

GRAMSCI, Antônio. *Cadernos do cárcere, volume 3*: Maquiavel, notas sobre o estado e a política/Antônio Gramsci. Tradução de Luiz Sérgio Henriques, Marco Aurélio Nogueira e Carlos Nelson Coutinho. 1. ed. Rio de Janeiro: Civilização Brasileira, 2017.

GRECO, Rogério. *Curso de direito penal*. 14. ed. Rio de Janeiro: Impetus, 2013.

GRECO, Rogério; Rogério. *Curso de direito penal, volume 1*: parte geral: artigos 1º a 120 do Código Penal. 24. ed. Barueri: Atlas, 2022.

GRECO, Rogério; Rogério. *Sistema Prisional*: Colapso Atual e Soluções Alternativas. 2. ed. Rio de Janeiro: Editora Impetus, 2015.

GUIMARÃES, Claudio Alberto Gabriel. A Culpabilidade compartilhada como princípio mitigador da ausência de efetivação dos direitos humanos fundamentais nos delitos patrimoniais. *Espaço jurídico*, [s. l.], v. 10, n. 1, 2009.

HÄBERLE, Peter. *El Estado Constitucional*. Tradução de Héctor Fix-Fierro. México: Universidad Nacional Autónoma de México, 2003.

IAMAMOTO, Marilda Villela. *Serviço Social em tempo de capital fetiche*: capital financeiro, trabalho e questão social. São Paulo: Cortez, 2008.

INELLAS, Gabriel César Zaccaria de. *Da exclusão de ilicitude*: estado de necessidade, legítima defesa, estrito cumprimento do dever legal, exercício regular do direito. São Paulo: Juarez de Oliveira, 2001.

IRELAND. Timothy Denis. Educação em prisões no Brasil: direito, contradições e desafios. *Em Aberto*, Brasília, v. 24, n. 86, 2011.

JACINTO, Lucas. Estudo da Esalq constata que educação promove redução na criminalidade. *USP Online*, 2013. Disponível em: https://www5.usp.br/noticias/

pesquisa-noticias/pesquisa-da-esalq-constata-que-educacao-promove-reducao-na-criminalidade/. Acesso em: 23 nov. 2023.

JINKINGS, Isabella. Cárcere e trabalho: gênese e atualidade em suas inter-relações. *In*: ANTUNES, Ricardo (org.). *Riqueza e miséria do trabalho no Brasil II*. São Paulo: Boitempo, 2013.

JULIÃO, Elionaldo Fernandes. *Sistema penitenciário brasileiro*: a educação e o trabalho na política de execução penal. Rio de Janeiro: DP et Alli, 2012.

JUNIOR, Irineu de Almeida; AQUOTTI, Marcus Vinicius Feltrim. Breve análise do instituto da remição da pena realizado pelo trabalho e estudo. *In*: ENCONTRO TOLEDO DE INICIAÇÃO CIENTÍFICA PROF. DR. SEBASTIÃO JORGE CHAMMÉ, 10., 2014, Presidente Prudente. *Anais* [...], Presidente Prudente, 2014.

JUNQUEIRA, Gustavo Octaviano Diniz; FULLER, Paulo Henrique Aranda. *Legislação penal especial*. São Paulo: Saraiva, 2010.

KELLER, Arno Arnoldo. *O Descumprimento dos Direitos Sociais*: Razões Políticas, Econômicas e Jurídicas. São Paulo: LTR, 2001.

KRELL, Andreas Joachim. *Direitos sociais e controle judicial no Brasil e na Alemanha*: os descaminhos de um direito constitucional "comparado". Porto Alegre: Sergio Antônio Fabris Editor, 2002.

LEAL, João José. Obrigatoriedade do trabalho prisional, regime semiaberto e trabalho externo em face da inexistência de colônia penal. *Revista Brasileira de Ciências Criminais*, [s. l.], n. 46, 2004.

LIMA, Abili Lázaro Castro de. *Globalização Econômica Política e Direito*: análise das mazelas causadas no plano político-jurídico. Porto Alegre: Sérgio Antônio Fabris, 2002.

LIMA, Renato Brasileiro de. *Manual de Execução Penal*. São Paulo: Editora JusPodivm, 2022.

LOPES JÚNIOR, Aury Celso Lima. *Direito processual penal*. 18. ed. São Paulo: Saraiva, 2021.

LUKÁCS, György. *Para uma ontologia do ser social, II*. Tradução de Nélio Schneider, Ivo Tonet e Ronaldo Vielmi Fortes. São Paulo: Boitempo, 2013.

MAEYER, Marc de. Aprender e desaprender. *In*: EDUCANDO para a liberdade: trajetória, debates e proposições de um projeto para educação nas prisões brasileiras. Brasília: UNESCO, Governo Japonês, Ministério da Educação, Ministério da Justiça, 2006.

MAEYER, Marc de. Na prisão existe a perspectiva da educação ao longo da vida? *Alfabetização e Cidadania*: Revista de Educação de Jovens e Adultos. Brasília: Raaab, Unesco, Governo japonês, 2006.

MAIA, Erick de Figueiredo. *Execução penal e criminologia*. São Paulo: Saraiva Educação, 2021.

MALTHUS, Thomas Robert. *Ensaio sobre a população*. São Paulo: Nova Cultural, 1996.

MARÇAL, Fernanda Lira; FILHO, Sidney Soares. *O princípio da coculpabilidade e sua aplicação no direito penal brasileiro*, 2011.

MARCÃO, Renato. *Curso de Execução Penal*. São Paulo: Saraiva, 2016.

MARCÃO, Renato. *Curso de Processo Penal*. 5. ed. São Paulo: Saraiva, 2019.

MARTINS, Sergio Pinto. *Direito do Trabalho*. 30. ed. São Paulo: Atlas, 2014.

MASSON, Nathalia. *Manual de direito constitucional*. 8. ed. Revisada, ampliada e atualizada. Salvador: JusPodivm, 2020.

MATOS, Lucas Vianna. Entre o discurso e a prisão: elementos para uma análise do trabalho prisional no Brasil contemporâneo. *Revista Eletrônica Direito e Sociedade*, [s. l.], v. 4, 2016.

MELOSSI, Dario; PAVARINI, Massimo. *Cárcere e Fábrica*: as origens do sistema penitenciários (séculos XVI – XIX). Tradução de Sérgio Lamarão. Rio de Janeiro: Revan, 2006.

MENDES, Gilmar Ferreira; BRANCO, Paulo Gustavo Gonet. *Curso de Direito Constitucional*. 10. ed. Revisada e atualizada. São Paulo: Saraiva, 2015.

MÉSZÁROS, István. *A educação para além do capital*. São Paulo: Boitempo, 2005.

MIRABETE, Júlio Fabbrini. *Execução Penal*: comentários à lei n.º 7.210. 12. ed. revisada e atualizada. São Paulo: Atlas, 2014.

MIRABETE, Júlio Fabbrini; FABBRINI, Renato N. *Manual de Direito Penal, Parte Geral*. 26. ed. São Paulo: Atlas, 2011.

MIRANDA, Jorge. *Manual de Direito Constitucional*. Tomo IV. 3. ed. Coimbra: Coimbra Editores, 2000.

MOLINA; García Pablos de, Antônio; GOMES, Luiz Flávio. *Criminologia*: introdução a seus fundamentos teóricos, introdução às bases criminológicas da Lei 9.099/95, lei dos juizados especiais criminais. 3. ed. rev., atual. e ampl. São Paulo: Revista dos Tribunais, 2000.

MORAES, Alexandre de. *Constituição do Brasil interpretada e legislação constitucional*. São Paulo: Atlas, 2006.

MOURA, Grégore. *Do princípio da coculpabilidade*. Rio de Janeiro: Impetus, 2006.

NEUMAN, Elías. *Prisión abierta*. Buenos Aires: Dep. Buenos Aires, 1974.

NEVES, Marcelo. A Constitucionalização Simbólica. *In*: LENZA, Pedro. *Direito Constitucional Esquematizado*. 15. ed. São Paulo: Saraiva, 2011.

NOGUEIRA, Paulo Lúcio. *Comentários à lei de execução penal*. 3. ed. São Paulo: Saraiva, 1996. p. 64.

NOVELINO, Marcelo. *Curso de direito constitucional*. 16. ed. Revisada, ampliada e atualizada. Salvador: JusPodivm, 2021.

NUCCI, Guilherme de Souza. *Corrupção de anticorrupção*. Rio de Janeiro: Forense, 2015.

NUCCI, Guilherme de Souza. *Curso de Direito Penal*: parte especial: artigos 121 a 212 do Código Penal. 3. ed. Rio de Janeiro: Forense, 2019.

NUCCI, Guilherme de Souza. *Curso de execução penal*. 1. ed. Rio de Janeiro: Forense, 2018.

NUCCI, Guilherme de Souza. *Manual de Direito Penal*. 10. ed. Rio de Janeiro: Forense, 2014.

NUCCI, Guilherme de Souza. *Manual de Processo Penal e Execução Penal*. 11. ed. rev. e atual. Rio de Janeiro: Forense, 2014.

OLIVEIRA, Edmundo. *O futuro alternativo das prisões*. Rio de Janeiro: Forense, 2002.

OLIVEIRA, Felipe Cardoso Moreira de. Pesquisa inovadora ou reprise lombrosiana. *Boletim do IBCCrim*, São Paulo, ano 15, n. 184, 2008.

OLIVEIRA, Márcia de Freitas. *O princípio da humanidade das penas e o alcance da proibição constitucional de penas cruéis*. 2014. Dissertação (Mestrado em Direito Penal) – Universidade de São Paulo, São Paulo, 2014.

OLIVEIRA, Natacha Alves de. *Criminologia*. 2. ed. Salvador: Juspodivm, 2020.

OLIVEIRA. Odete Maria de. *Prisão*: um paradoxo social. 3. ed. rev. Florianópolis: UFSC, 2013.

ONOFRE, Elenice Maria Cammarosano. *Educação escolar na prisão*: o olhar de alunos e professores. Jundiaí: Paco Editorial, 2014.

ONOFRE, Elenice Maria Cammarosano. Educação, escolarização e trabalho em prisões: apontamentos teóricos e reflexões do cotidiano. *Cadernos CEDES*, 2016.

ONOFRE, Elenice Maria Cammarosano. Processos educativos em espaços de privação de liberdade. *Revista de educação PUC Campinas*, n. 27, 2009.

PAIXÃO, Luiz Antônio. *Recuperar ou Punir?* Como o Estado trata o criminoso. São Paulo: Ed. Autores Associados, 1987.

PARANÁ. *Lei n.º 17.329, de 8 de outubro de 2012*. Institui o Projeto Remição pela Leitura no âmbito dos Estabelecimentos Penais do Estado do Paraná. Disponível em: https://leisestaduais.com.br/pr/lei-ordinaria-n-17329-2012-parana-institui--o-projeto-remicao-pela-leitura-no-ambito-dos-estabelecimentos-penais-do--estado-do-parana. Acesso em: 23 nov. 2023.

PELAYO, Manuel García. *As transformações no Estado Contemporâneo*. Rio de Janeiro: Forense, 2009.

PENTEADO FILHO, Nestor Sampaio. *Manual esquemático de criminologia*. 2. ed. São Paulo: Saraiva, 2012.

PEREIRA, Juliana Pedrosa. *Direitos humanos, criminalidade e capitalismo*: uma estreita relação. *Revista Urutágua*, Maringá, n. 12, 2007.

PEREZ LUÑO, Antônio Enrique. *Derechos Humanos, Estado y Constitución*. Madrid: Tecnos, 1999.

PESCADOR, Daiane da Conceição. Remição da Pena. *Revista UNOPAR Científica*, Ciências Jurídicas e Empresariais, [s. l.], v. 7, 2006. Disponível em: https://bdjur.stj.jus.br/jspui/bitstream/2011/18636/Remi%c3%a7%c3%a3o_da_pena.pd. Acesso em: 23 nov. 2023.

PIMENTEL. *O drama da pena de prisão*. São Paulo: Revista dos Tribunais, v. 613, 1986.

POSTERLI, Renato. *Temas de criminologia*. Belo Horizonte: Del Rey, 2001.

PRADO, Luís Regis et al. *Direito de Execução Penal*. 3. ed. revisada, atualizada e ampliada. São Paulo: Revista dos Tribunais, 2013.

PRADO, Rodrigo Murad do. *Teoria do etiquetamento*. 2019. Disponível em: https://www.youtube.com/watch?app=desktop&v=OxU67zwdk88. Acesso em: 3 dez. 2023.

RABELO, Janaina da Silva. *A cláusula da reserva do possível e a efetivação dos direitos sociais no ordenamento jurídico brasileiro*: o papel do poder judiciário na defesa de direitos Fundamentais. [S. l.: s. n.], 2012. Disponível em: http://www.publicadireito.com.br/artigos/?cod=1b12189170921fa4. Acesso em: 20 out. 2023.

RAMOS, Mariana Barbabela de Castro. Cláusula da reserva do possível: a origem da expressão alemã e sua utilização no direito brasileiro. *Conteúdo Jurídico*, 2014. Disponível em: https://conteudojuridico.com.br/consulta/Artigos/40197/clausula-da-reserva-do-possivel-a-origem-da-expressao-alema-e-sua-utilizacao-no-direito-brasileiro. Acesso em: 20 out. 2023.

RANGEL, Caio Mateus Caires. *Co-culpabilidade e a (in) aplicabilidade no direito penal brasileiro*. Buenos Aires: Universidade de Bueno Aires, 2013.

RANGEL, Hugo (coord.). Mapa Regional latino-americano sobre educación en prisiones. Notas para el análisis de la situación y la problemática regional. *Centre International d'études pédagogiques (CIEP)*. Eurosocial. Paris, França, 2009.

RIOS, Sâmara Eller. *Trabalho penitenciário*: uma análise sob a perspectiva justrabalhista. 2009. 148 f. Dissertação (Mestrado em Direito Trabalhista) – Universidade Federal de Minas Gerais, Belo Horizonte.

RODRIGUES, Cristiano. *Teorias da Culpabilidade*. Rio de Janeiro: Lumen Juris, 2004.

RODRIGUES, Francisco Erivaldo. *A polêmica utilização do instituto da remição da pena através do estudo*. 2007. Monografia (Especialização em Direito Penal) – Universidade Estadual do Ceará, Fortaleza, 2007. Disponível em: http://www.mpce.mp.br/wp-content/uploads/ESMP/monografias/d.penal-d.proc.penal/a.polemica.da.utilizacao.do.instituto.da.remicao.da.pena.atraves.do.estudo[2007].pdf. Acesso em: 23 nov. 2023.

ROIG, Rodrigo Duque Estrada. *Direito e prática histórica da execução penal no Brasil*. Rio de Janeiro: Revan, 2005.

ROIG, Rodrigo Duque Estrada. *Execução Penal*: teoria crítica. 4. ed. São Paulo: Saraiva Educação, 2018.

ROMEIRO, Adriana. *Corrupção e poder no Brasil*: uma história, séculos XVI a XVIII. Belo Horizonte: Autêntica, 2017.

RUSCHE, Georg; KIRCHHEIMER, Otto. *Punição e estrutura social*. 2. ed. Rio de Janeiro: Revan, 2004.

SABADELL, Ana Lúcia. *Algumas reflexões sobre as funções da prisão da atualidade e o imperativo de segurança*. Estudos de Execução Criminal: direito e psicologia. Belo Horizonte: Tribunal de Justiça do Estado de Minas Gerais, 2009.

SALLA, Fernando. *As prisões em São Paulo*: 1822–940. 2. ed. São Paulo: Fapesp, 2006.

SALVADOR NETTO, Alamiro Velludo. *Curso de execução penal*. São Paulo: Revista dos Tribunais, 2019.

SANTOS, Juarez Cirino dos. *A criminologia radical*. 3. ed. Curitiba: Lumem Juris, 2008.

SANTOS, Juarez Cirino dos. *Direito penal*: Parte Geral. 8. ed. Florianópolis: Tirant lo Blansh, 2018.

SANTOS, Myrian Sepúlveda dos. *Os Porões da República* – A barbárie nas Prisões da Ilha Grande: 1894-1945. Rio de Janeiro: Garamond, 2009.

SANTOS, Sintia Menezes. Ressocialização através da educação. *Direitonet*, 2005. Disponível em: https://egov.ufsc.br/portal/sites/default/files/anexos/13522-13523-1-PB.pdf. Acesso em: 23 nov. 2023.

SARLET, Ingo Wolfgang. *A eficácia dos direitos fundamentais*. Porto Alegre: Livraria do Advogado, 2003.

SARLET, Ingo Wolfgang. *A Eficácia Horizontal dos Direitos Fundamentais*: uma teoria geral dos direitos fundamentais na perspectiva constitucional. 10. ed. Revisada, ampliada e atualizada. Porto Alegre: Livraria do Advogado, 2009.

SHECAIRA, Sérgio Salomão. *Criminologia*. 6. ed. São Paulo: Revista dos Tribunais, 2014.

SHECAIRA, Sérgio Salomão; CORRÊA JÚNIOR, Alceu. *Teoria da pena*: finalidades, direito positivo, jurisprudência e outros estudos de ciência criminal. São Paulo: Revista dos Tribunais, 2002.

SILVA, Haroldo Caetano da. *Manual de Execução Penal*. 2. ed. Campinas: Bookseller, 2002.

SILVA, José Afonso da. *Curso de Direito Constitucional positivo*. 33. ed. atualizada. São Paulo: Malheiros, 2010.

SILVA, Luís Virgílio Afonso da. *Direitos Fundamentais*: Conteúdo Essencial, Eficácia e Restrições. 2. ed. São Paulo: Malheiros, 2009.

SILVA, Rodrigo Barbosa. *A escola pública encarcerada*: como o Estado educa seus presos. 2004. Tese (Doutorado) – Departamento de Educação e Currículo, Pontifícia Universidade Católica de São Paulo, São Paulo, 2004.

SILVEIRA, Maria Helena Pupo. *O processo de normalização do comportamento social em Curitiba*: Educação e Trabalho na Penitenciária do Ahú (1908). Tese (Doutorado em Educação) – Universidade Federal do Paraná, Curitiba, 2009.

SODRÉ, Flavius Raymundo Arruda. *Os impactos da corrupção no desenvolvimento humano, desigualdade de renda e pobreza nos municípios brasileiros*. 2014. 61 f. Dissertação (Mestrado em Economia) – Universidade Federal de Pernambuco, Recife, 2014.

STRECK, Lênio Luiz. *Jurisdição Constitucional e Hermenêutica*: uma nova crítica do Direito. Porto Alegre: Livraria do Advogado, 2004.

TAVARES, André Ramos. *Curso de Direito Constitucional*. 6. ed. São Paulo: Saraiva, 2008.

TAVARES, André Ramos. Jurisdição Constitucional como força política. *In*: TAVARES, André Ramos (org.). *Justiça Constitucional*: pressupostos teóricos e análises concretas. São Paulo: Fórum, 2007.

THOMPSON, Augusto F. G. *A questão penitenciária*. Rio de Janeiro: Forense, 1993.

TORRES, Eli Narciso da Silva. *A gênese da remição de pena pelo estudo*: o dispositivo jurídico-político e a garantia do direito à educação aos privados de liberdade no Brasil. 2017. Tese (Doutorado em Educação) – Universidade Estadual de Campinas, Campinas, 2017.

TORRES, Ricardo Lobo. *O Orçamento na Constituição*. Rio de Janeiro: Renovar, 1995.

VARELLA, Drauzio. *Estação Carandiru*. São Paulo: Companhia das Letras, 1999.

VIANA, Eduardo. *Criminologia*. 6. ed. Salvador: JusPODIVM, 2018.

VIDOLIN, Lucimara Aparecida de Moura. *Educação no sistema prisional*: desafios, expectativas e perspectivas. 2017. Dissertação (Mestrado em Educação) – Universidade Tuiuti do Paraná, Curitiba, 2017.

VILLALOBOS, Verônica Silva. O Estado de Bem-Estar Social na América Latina: necessidade de redefinição. *Cadernos Adenauer*, [s. l.], n. 1, p. 49, 2000.

WOLFF, Maria Palma. *Antologia de vidas e histórias na prisão*: emergência e injunção de controle social. Rio de Janeiro: Lumen Júris, 2005.

ZAFFARONI, Eugenio Raul. *A questão criminal*. Tradução de Sérgio Lamarão. 1. ed. Rio de Janeiro: Revan, 2013.

ZAFFARONI, Eugenio Raul. *Em busca das penas perdidas*: a perda de legitimidade do sistema penal. 5. ed. Rio de Janeiro: Revan, 2001.

ZAFFARONI, Eugenio Raul. La corrupción: su perspectiva latinoamericana. *In*: OLIVEIRA, E. (org.). *Criminologia crítica*. Belém: Edições CEJUP, 1990.

ZAFFARONI, Eugenio Raul. *Manual de direito penal brasileiro* – Parte geral. 2. ed. São Paulo: Revista dos Tribunais, 1999.

ZAFFARONI, Eugenio Raul; PIERANGELI, José Henrique. *Manual de direito penal brasileiro*: parte geral. 4. ed. São Paulo: Revista dos Tribunais, 2002.

ZANETTI, Maria A.; CATELLI JR., Roberto. Notas sobre a produção acadêmica acerca da educação em prisões - 2000/2012. *In*: FALCADE-PEREIRA, Ires A.; ASINELLI-LUZ, Araci (org.). *O espaço prisional*: estudos, pesquisas e reflexões de práticas educativas. Curitiba: Appris, 2014.